2025年度版

大阪府・大阪市・堺市・豊能地区の 社会科

過 去 問

協同教育研究会 編

協同出版

本書には，大阪府・大阪市・堺市・豊能地区の
教員採用試験の過去問題を収録しています。各問
題ごとに，以下のように5段階表記で，難易度，頻
出度を示しています。

難　易　度

非常に難しい　☆☆☆☆☆
やや難しい　☆☆☆☆
普通の難易度　☆☆☆
やや易しい　☆☆
非常に易しい　☆

頻　出　度

◎　　ほとんど出題されない
◎◎　　あまり出題されない
◎◎◎　普通の頻出度
◎◎◎◎　よく出題される
◎◎◎◎◎　非常によく出題される

※**本書の過去問題における資料，法令文等の取り扱いについて**
　　本書の過去問題で使用されている資料や法令文の表記や基準は，出題さ
れた当時の内容に準拠しているため，解答・解説も当時のものを使用して
います。ご了承ください。

はじめに～「過去問」シリーズ利用に際して～

　教育を取り巻く環境は変化しつつあり，日本の公教育そのものも，教員免許更新制の廃止やGIGAスクール構想の実現などの改革が進められています。また，現行の学習指導要領では「主体的・対話的で深い学び」を実現するため，指導方法や指導体制の工夫改善により，「個に応じた指導」の充実を図るとともに，コンピュータや情報通信ネットワーク等の情報手段を活用するために必要な環境を整えることが示されています。

　一方で，いじめや体罰，不登校，暴力行為など，教育現場の問題もあいかわらず取り沙汰されており，教員に求められるスキルは，今後さらに高いものになっていくことが予想されます。

　本書の基本構成としては，出題傾向と対策，過去5年間の出題傾向分析表，過去問題，解答および解説を掲載しています。各自治体や教科によって掲載年数をはじめ，「チェックテスト」や「問題演習」を掲載するなど，内容が異なります。

　また原則的には一般受験を対象としております。特別選考等については対応していない場合があります。なお，実際に配布された問題の順番や構成を，編集の都合上，変更している場合があります。あらかじめご了承ください。

　最後に，この「過去問」シリーズは，「参考書」シリーズとの併用を前提に編集されております。参考書で要点整理を行い，過去問で実力試しを行う，セットでの活用をおすすめいたします。

　みなさまが，この書籍を徹底的に活用し，教員採用試験の合格を勝ち取って，教壇に立っていただければ，それはわたくしたちにとって最上の喜びです。

協同教育研究会

C O N T E N T S

第1部

大阪府・大阪市・堺市・豊能地区の社会科出題傾向分析

大阪府・大阪市・堺市・豊能地区の 社会科 傾向と対策

◆中学社会

　中学社会は2023年度に続き，歴史的分野(日本史と世界史)，地理的分野，公民的分野それぞれの大問計4題に加え，総合問題1題で構成される。総合問題のみ記述式問題が見られ，残りはマークシートによる選択式である。

　歴史的分野の問題では，日本史，世界史を問わず，基礎的な内容で一問一答や時代の推移を問う出題が多い傾向にある。日本史においては，年度によって出題される時代に偏りがある。2022年度は近代からの出題が見られなかったが，2023年度は出題されており，2024年度は古代から近代まで幅広い出題が見られた。まんべんなく学習することが求められる。世界史も同様に出題範囲が非常に広かった。内容自体の難易度はそれほど高くないので，どの時代，どの地域についても十分に対策をしておくこと。地理的分野については，地図や地図の利用に関する設問が多かった。また時事問題としてG7サミットに関連した出題がなされ，出席国家の気候や人口，産業などについて問われていた。

　公民的分野では，2024年度は地方自治と経済や消費，国際連合に関わる出題がされた。他自治体でも頻出の内容であるため，過去問題演習などを行い対策をされたい。

　論述問題である総合問題では地理的分野と公民的分野におけるテーマからの出題がされた。知識の暗記にとどまらず，知識や概念をアウトプットできるように，学習した内容を自分の言葉で説明できるようになることが求められる。

◆高校地理歴史科・公民科

　2024年度は，高校地理，高校日本史，高校世界史，高校政治・経済，高校倫理の試験が実施された。問題はすべて大問5問で統一され，大問3までは受験科目を除いた中学社会と共通問題であり，論述を求められる大問5については，受験科目の応用的な問題が出題されている。出題形式

は，中学社会と同様に，選択式，記述式，論述式と多岐にわたる。

　中学社会との共通問題は各分野からの幅広い出題となるため，専門分野以外の範囲についても中学社会レベルの見直しは必要である。教科書を通読し，全体との関連で用語を押さえるのと同時に，用語集を活用して確かな知識を身に付けることができるような学習を心がけたい。

　高校地理は地図や統計データ，グラフなどからの出題が多いが，特に地図の読図に関する出題も目立つ。系統地理的な内容が，地図上ではいかに表されるのか，また，日本の特徴的な地形などが見られる地域の地図についての理解が必須である。加えて，日本だけでなく，世界の地形や産業，人口についても地図や資料集，データブックなどを参照してその他の出題にも対応できるようにしたい。

　高校日本史は年度により，出題範囲が大きく偏る傾向がある。2024年度は大問4と大問5では古代に関する出題はなかった。応用的な出題が目立つ大問5では，資料の読解が求められる。資料中の用語の記述を求める問題もあるため，法令などの背景や目的，結果に着目して学習を進めよう。

　高校世界史は時代，地域ともに出題が広範囲であるが，2024年度は大問4と大問5では中国史，ヨーロッパ史からの出題が中心であった。世界史の特徴は，字数指定なしの論述が課せられる点である。問われているのは歴史的事象の推移や用語の説明が多いため，資料集の年表や用語集を活用して対策できるだろう。

　高校政治・経済は時事的なテーマをもとにした出題が多い傾向にあることが特徴であったが，2024年度は日本国憲法からの出題が中心であった。また，学習指導要領からの出題はなかった。

　高校倫理は多くが政治・経済と同様の問題で構成されている。用語の説明や，指定された条件に基づき根本的な部分を説明させるような論述問題が出題されており，論述問題の難易度は高いと思われる。対策として，代表的な思想家の言説がどのような社会状況のもとで生まれ，どのように評価され，受容あるいは排除されたのかなど，内容に対して深く理解する学習などが効果的だろう。

　全体として，教科書などにとどまらず，現代的な諸課題にも目を配り，地理・歴史・公民に対応する学習内容を深めてほしい。

過去5年間の出題傾向分析

大分類	中分類（小分類）	主な出題事項	2020年度	2021年度	2022年度	2023年度	2024年度
中学地理	地図	縮尺, 図法, 地図の種類・利用, 地域調査	●	●	●	●	●
	地形	山地, 平野, 海岸, 特殊な地形, 海水・陸水	●	●	●	●	
	気候	気候区分, 植生, 土壌, 日本の気候			●	●	●
	人口	人口分布, 人口構成, 人口問題, 過疎・過密			●		
	産業・資源(農牧業)	農牧業の発達・条件, 生産, 世界の農牧業地域	●		●	●	
	産業・資源(林業・水産業)	林産資源の分布, 水産業の発達・形態, 世界の主要漁場					●
	産業・資源(鉱工業)	資源の種類・開発, エネルギーの種類・利用, 輸出入	●	●		●	
	産業・資源(第3次産業)	商業, サービス業など		●			
	貿易	貿易の動向, 貿易地域, 世界・日本の貿易	●	●			●
	交通・通信	各交通の発達・状況, 情報・通信の発達					
	国家・民族	国家の領域, 国境問題, 人種, 民族, 宗教				●	
	村落・都市	村落・都市の立地・形態, 都市計画, 都市問題					
	世界の地誌(アジア)	自然・産業・資源などの地域的特徴		●		●	
	世界の地誌(アフリカ)	自然・産業・資源などの地域的特徴			●		
	世界の地誌(ヨーロッパ)	自然・産業・資源などの地域的特徴	●			●	●
	世界の地誌(南北アメリカ)	自然・産業・資源などの地域的特徴		●		●	
	世界の地誌(オセアニア・南極)	自然・産業・資源などの地域的特徴					
	世界の地誌(その他)	自然・産業・資源などの地域的特徴					
	日本の地誌	地形, 気候, 人口, 産業, 資源, 地域開発	●	●	●	●	
	環境問題	自然環境, 社会環境, 災害, 環境保護	●		●		
	その他	地域的経済統合, 世界のボーダレス化, 国際紛争	●			●	
	指導法	指導計画, 学習指導, 教科教育					
	学習指導要領	内容理解, 空欄補充, 正誤選択					
中学歴史	原始	縄文時代, 弥生時代, 奴国, 邪馬台国		●			
	古代	大和時代, 飛鳥時代, 奈良時代, 平安時代		●	●	●	●
	古代の文化	古墳文化, 飛鳥文化, 天平文化, 国風文化		●	●	●	
	中世	鎌倉時代, 室町時代, 戦国時代	●		●	●	
	中世の文化	鎌倉文化, 鎌倉新仏教, 室町文化					●
	近世	安土桃山時代, 江戸時代	●	●	●	●	
	近世の文化	桃山文化, 元禄文化, 化政文化	●		●		
	近代	明治時代, 大正時代, 昭和戦前期(〜太平洋戦争)	●	●		●	●
	近代の文化	明治文化, 大正文化	●	●	●		

大分類	中分類（小分類）	主な出題事項	2020年度	2021年度	2022年度	2023年度	2024年度
中学歴史	現代	昭和戦後期, 平成時代, 昭和・平成の経済・文化	●	●	●		
	その他の日本の歴史	日本仏教史, 日本外交史, 日本の世界遺産					
	先史・四大文明	オリエント, インダス文明, 黄河文明				●	●
	古代地中海世界	古代ギリシア, 古代ローマ, ヘレニズム世界	●	●	●		●
	中国史	春秋戦国, 秦, 漢, 六朝, 隋, 唐, 宋, 元, 明, 清	●	●	●		●
	中国以外のアジアの歴史	東南アジア, 南アジア, 西アジア, 中央アジア	●				●
	ヨーロッパ史	古代・中世ヨーロッパ, 絶対主義, 市民革命	●	●	●		●
	南北アメリカ史	アメリカ古文明, アメリカ独立革命, ラテンアメリカ諸国			●	●	
	二度の大戦	第一次世界大戦, 第二次世界大戦	●	●			●
	現代史	冷戦, 中東問題, アジア・アフリカの独立, 軍縮問題			●	●	●
	その他の世界の歴史	歴史上の人物, 民族史, 東西交渉史, 国際政治史	●				
	指導法	指導計画, 学習指導, 教科教育					
	学習指導要領	内容理解, 空欄補充, 正誤選択					
中学公民	政治の基本原理	民主政治の発達, 法の支配, 人権思想, 三権分立		●		●	
	日本国憲法	成立, 基本原理, 基本的人権, 平和主義, 新しい人権	●	●		●	●
	日本の政治機構	立法, 行政, 司法, 地方自治	●	●		●	
	日本の政治制度	選挙制度の仕組み・課題, 政党政治, 世論, 圧力団体			●		
	国際政治	国際法, 国際平和機構, 国際紛争, 戦後の国際政治	●	●			
	経済理論	経済学の学派・学説, 経済史, 資本主義経済					●
	貨幣・金融	通貨制度, 中央銀行（日本銀行）, 金融政策	●		●	●	
	財政・租税	財政の仕組み, 租税の役割, 財政政策		●		●	
	労働	労働法, 労働運動, 労働者の権利, 雇用問題				●	
	戦後の日本経済	高度経済成長, 石油危機, バブル景気, 産業構造の変化					
	国際経済	為替相場, 貿易, 国際収支, グローバル化, 日本の役割	●	●	●		
	現代社会の特質と課題	高度情報化社会, 少子高齢化, 社会保障, 食料問題	●	●			
	地球環境	温暖化問題, エネルギー・資源問題, 国際的な取り組み	●			●	●
	哲学と宗教	ギリシア・西洋・中国・日本の諸思想, 三大宗教と民族宗教		●			
	その他	最近の出来事, 消費者問題, 地域的経済統合, 生命倫理				●	●
	指導法	指導計画, 学習指導, 教科教育					
	学習指導要領	内容理解, 空欄補充, 正誤選択					
高校地理	地図	縮尺, 図法, 地図の種類・利用, 地域調査	●	●	●	●	●
	地形	山地, 平野, 海岸, 特殊な地形, 海水・陸水	●	●	●		●
	気候	気候区分, 植生, 土壌, 日本の気候	●			●	●
	人口	人口分布, 人口構成, 人口問題, 過疎・過密	●			●	
	産業・資源（農牧業）	農牧業の発達・条件, 生産, 世界の農牧業地域	●	●		●	

大分類	中分類（小分類）	主な出題事項	2020年度	2021年度	2022年度	2023年度	2024年度
高校地理	産業・資源(林業・水産業)	林産資源の分布, 水産業の発達・形態, 世界の主要漁場				●	●
	産業・資源（鉱工業）	資源の種類・開発, エネルギーの種類・利用, 輸出入	●			●	●
	産業・資源(第3次産業)	商業, サービス業など					
	貿易	貿易の動向, 貿易地域, 世界・日本の貿易	●	●	●	●	●
	交通・通信	各交通の発達・状況, 情報・通信の発達	●			●	
	国家・民族	国家の領域, 国境問題, 人種, 民族, 宗教	●			●	
	村落・都市	村落・都市の立地・形態, 都市計画, 都市問題			●	●	
	世界の地誌(アジア)	自然・産業・資源などの地域的特徴	●		●	●	
	世界の地誌(アフリカ)	自然・産業・資源などの地域的特徴	●	●		●	
	世界の地誌(ヨーロッパ)	自然・産業・資源などの地域的特徴	●			●	
	世界の地誌(南北アメリカ)	自然・産業・資源などの地域的特徴	●			●	
	世界の地誌(オセアニア・南極)	自然・産業・資源などの地域的特徴	●				
	世界の地誌(その他)	自然・産業・資源などの地域的特徴					
	日本の地誌	地形, 気候, 人口, 産業, 資源, 地域開発	●	●	●	●	
	環境問題	自然環境, 社会環境, 災害, 環境保護	●		●	●	
	その他	地域的経済統合, 世界のボーダレス化, 国際紛争	●			●	
	指導法	指導計画, 学習指導, 教科教育					
	学習指導要領	内容理解, 空欄補充, 正誤選択					●
高校日本史	原始	縄文時代, 弥生時代, 奴国, 邪馬台国		●		●	
	古代(大和時代)	大和政権, 倭の五王, 『宋書』倭国伝, 氏姓制度	●	●	●	●	
	古代(飛鳥時代)	推古朝と聖徳太子, 遣隋使, 大化改新, 皇親政治	●		●		●
	古代(奈良時代)	平城京, 聖武天皇, 律令制度, 土地制度	●			●	●
	古代(平安時代)	平安京, 摂関政治, 国風文化, 院政, 武士台頭	●				
	古代の文化	古墳文化, 飛鳥文化, 白鳳文化, 天平文化, 国風文化			●	●	
	中世(鎌倉時代)	鎌倉幕府, 御成敗式目, 元寇, 守護・地頭	●	●		●	
	中世(室町時代)	南北朝, 室町幕府, 勘合貿易, 惣村, 一揆				●	
	中世(戦国時代)	戦国大名, 分国法, 貫高制, 指出検地, 町の自治					
	中世の文化	鎌倉文化, 鎌倉新仏教, 室町文化, 能			●		
	近世(安土桃山時代)	鉄砲伝来, 織豊政権, 楽市楽座, 太閤検地, 刀狩	●			●	
	近世(江戸時代)	江戸幕府, 幕藩体制, 鎖国, 三大改革, 尊王攘夷	●			●	●
	近世の文化	桃山文化, 元禄文化, 化政文化	●	●		●	
	近代(明治時代)	明治維新, 大日本帝国憲法, 日清・日露戦争, 条約改正	●			●	●
	近代(大正時代)	大正デモクラシー, 第一次世界大戦, 米騒動, 協調外交				●	●
	近代(昭和戦前期)	恐慌, 軍部台頭, 満州事変, 日中戦争, 太平洋戦争	●	●	●	●	
	近代の経済	地租改正, 殖産興業, 産業革命, 貿易, 金本位制		●	●	●	●

大分類	中分類（小分類）	主な出題事項	2020年度	2021年度	2022年度	2023年度	2024年度
高校日本史	近代の文化	明治文化, 大正文化	●	●			●
	現代	昭和戦後期, 平成時代	●	●		●	●
	現代の経済	高度経済成長, 為替相場, 石油危機, バブル景気	●			●	
	その他	地域史, 制度史, 仏教史, 外交史, 経済史				●	
	指導法	指導計画, 学習指導, 教科教育					
	学習指導要領	内容理解, 空欄補充, 正誤選択					
高校世界史	先史・四大文明	オリエント, インダス文明, 黄河文明			●		
	古代地中海世界	古代ギリシア, 古代ローマ, ヘレニズム世界	●	●	●	●	●
	中国史(周～唐)	周, 春秋戦国, 諸子百家, 漢, 三国, 晋, 南北朝, 隋, 唐	●	●	●	●	●
	中国史（五代～元）	五代, 宋, 北方諸民族, モンゴル帝国, 元	●	●	●	●	
	中国史(明・清・中華民国)	明, 清, 列強の進出, 辛亥革命, 中華民国	●	●	●		
	東南アジア史	ヴェトナム, インドネシア, カンボジア, タイ, ミャンマー	●	●		●	
	南アジア史	インド諸王朝, ムガル帝国, インド帝国, 独立運動	●			●	
	西アジア史	イスラム諸王朝, オスマン=トルコ, 列強の進出	●	●		●	
	東西交渉史	シルクロード, モンゴル帝国, 大航海時代	●		●		
	ヨーロッパ史（中世・近世）	封建制度, 十字軍, 海外進出, 宗教改革, 絶対主義	●		●	●	●
	ヨーロッパ史（近代）	市民革命, 産業革命, 帝国主義, ロシア革命	●	●		●	●
	南北アメリカ史	アメリカ古文明, アメリカ独立革命, ラテンアメリカ諸国					
	二度の大戦	第一次世界大戦, 第二次世界大戦	●	●		●	
	その他の地域の歴史	内陸アジア, 朝鮮, オセアニア, 両極, アフリカ	●			●	●
	現代史	冷戦, 中東問題, アジア・アフリカの独立, 軍縮問題	●			●	●
	宗教史	インドの諸宗教, キリスト教, イスラム教		●			
	文化史	古代ギリシア・ローマ文化, ルネサンス, 近代ヨーロッパ文化		●			
	その他	時代または地域を横断的に扱う問題, 交易の歴史, 経済史				●	●
	指導法	指導計画, 学習指導, 教科教育					
	学習指導要領	内容理解, 空欄補充, 正誤選択					
高校政経	政治の基本原理	民主政治の発達, 法の支配, 人権思想, 三権分立	●				●
	日本国憲法	成立, 基本原理, 基本的人権, 平和主義, 新しい人権	●	●	●		●
	立法	国会の仕組み・役割, 議会政治, 関係条文	●			●	
	行政	内閣の仕組み・役割, 議院内閣制, 関係条文					
	司法	裁判所の仕組み・役割, 国民審査, 裁判員制度, 関係条文	●				●
	地方自治	地方自治の意義, 直接請求権, 組織と権限, 地方分権	●		●	●	
	日本の政治制度	選挙制度の仕組み・課題, 政党政治, 世論, 圧力団体	●				●
	国際政治	国際法, 国際連盟と国際連合, 核・軍縮問題, 国際紛争	●			●	●
	戦後政治史	戦後日本の政治・外交の動き					●

大分類	中分類（小分類）	主な出題事項	2020年度	2021年度	2022年度	2023年度	2024年度
高校政経	経済理論	経済学説, 経済史, 社会主義経済の特徴	●		●		●
	資本主義経済	資本主義の仕組み, 市場機構, 企業活動	●	●			●
	貨幣・金融	貨幣の役割, 金融と資金循環の仕組み, 金融政策	●				
	財政・租税	財政の仕組み, 租税の役割, 財政政策	●	●		●	●
	労働	労働法, 労働運動, 労働者の権利, 雇用問題	●	●	●		
	国民経済	国民所得の諸概念, 経済成長, 景気の循環	●		●	●	
	戦後の日本経済	高度経済成長, 石油危機, バブル景気, 産業構造の変化	●				●
	国際経済	為替相場, 貿易, 国際収支, グローバル化, 日本の役割	●	●		●	
	地域的経済統合	各地域での経済統合の動向とその特徴				●	
	その他	消費者問題, 公害問題, 環境問題		●		●	●
	指導法	指導計画, 学習指導, 教科教育					
	学習指導要領	内容理解, 空欄補充, 正誤選択		●			
高校現社	青年期の意義と課題	青年期の特質, 精神分析, 自己実現				●	
	現代社会の特質	高度情報化社会, 消費者問題	●			●	
	人口問題	人口構造の変化, 少子高齢化とその対策				●	
	労働問題	労働運動, 労使関係, 労働問題の現状	●				
	福祉問題	社会保障の仕組みと課題, 年金制度	●				
	食糧問題	農業の課題, 食糧自給, 食品汚染					
	環境問題	公害, 地球環境, 地球温暖化, 日本の取り組み	●			●	
	その他	行政の民主化・効率化, 男女共同参画社会, 日本的経営	●				
	指導法	指導計画, 学習指導, 教科教育					
	学習指導要領	内容理解, 空欄補充, 正誤選択					
高校倫理	哲学と宗教	三大宗教, ユダヤ教, 宗教改革	●		●		
	古代ギリシアの思想	古代ギリシアの諸思想, ヘレニズム哲学				●	●
	中国の思想	諸子百家, 儒教, 朱子学, 陽明学	●				●
	ヨーロッパの思想（～近代）	ルネサンス, 合理的精神, 啓蒙思想, 観念論	●	●	●	●	
	日本人の思考様式	日本の風土と文化, 日本人の倫理観, 神道	●				
	日本の仏教思想	奈良仏教, 密教, 末法思想, 浄土信仰, 鎌倉仏教				●	●
	日本の思想（近世）	日本の儒学, 国学, 心学, 民衆の思想, 洋学		●		●	
	日本の思想（近代）	福沢諭吉, 中江兆民, 夏目漱石, 内村鑑三, 西田幾多郎	●		●	●	
	現代の思想	実存主義, プラグマティズム, 構造主義, ロールズ		●	●	●	●
	その他	青年期の特質と課題, 現代社会における倫理		●	●	●	
	指導法	指導計画, 学習指導, 教科教育					
	学習指導要領	内容理解, 空欄補充, 正誤選択		●			

大分類	中分類（小分類）	主な出題事項	2020年度	2021年度	2022年度	2023年度	2024年度
高校公共	青年期の意義と課題	青年期の特質, 精神分析, 自己実現				●	
	現代社会の特質	高度情報化社会, 消費者問題					
	人口問題	人口構造の変化, 少子高齢化とその対策			●	●	
	労働問題	労働運動, 労使関係, 労働問題の現状					
	福祉問題	社会保障の仕組みと課題, 年金制度				●	
	食糧問題	農業の課題, 食糧自給, 食品汚染					
	環境問題	公害, 地球環境, 地球温暖化, 日本の取り組み				●	●
	その他	行政の民主化・効率化, 男女共同参画社会, 日本的経営			●		
	指導法	指導計画, 学習指導, 教科教育					
	学習指導要領	内容理解, 空欄補充, 正誤選択					

第2部

大阪府・大阪市・堺市・豊能地区の教員採用試験実施問題

2024年度　実施問題

中学社会・高校世界史・地理・公民　共通(日本史)

【1】日本史について，次の各問いに答えよ。

(1) 7世紀における次のア～オの出来事を，古い順に左から右へ並べた場合，正しいものはどれか。以下の1～5から一つ選べ。

ア　近江大津宮への遷都　　イ　壬申の乱

ウ　乙巳の変　　　　　　　エ　改新の詔の宣布

オ　庚寅年籍の作成

1　ウ→エ→ア→イ→オ　　　2　オ→ア→イ→エ→ウ

3　ウ→ア→イ→エ→オ　　　4　オ→ウ→ア→エ→イ

5　エ→ウ→ア→イ→オ

(2) 次のア～オのうち，平安時代に起きた出来事として，正しいものを○，誤っているものを×とした場合，正しい組合せはどれか。以下の1～5から一つ選べ。

ア　平治の乱　　　　　　　イ　承平・天慶の乱

ウ　前九年合戦(前九年の役)　エ　文永の役

オ　長屋王の変

	ア	イ	ウ	エ	オ
1	×	○	×	○	×
2	○	×	○	×	×
3	×	×	○	○	○
4	×	×	×	○	○
5	○	○	×	×	×

(3) 12世紀～13世紀に成立した宗派について説明したものとして，正しいものはどれか。次の1～5から一つ選べ。

1　法然が臨済宗を開いた。

14

  2 親鸞が時宗を開いた。

  3 宋に渡った道元が，曹洞宗を日本に伝えた。

  4 宋に渡った栄西が，法華宗を日本に伝えた。

  5 浄土宗を開いた一遍は，踊念仏をおこなった。

(4) 京都を主戦場として戦った応仁の乱(応仁・文明の乱)において，東西両軍それぞれの大将となった人物として正しい組合せはどれか。次の1～5から一つ選べ。

     東   西

  1 畠山政長 山名氏清

  2 細川勝元 山名持豊

  3 細川政元 斯波義敏

  4 大内義隆 斯波義廉

  5 畠山義就 大内義弘

(5) 16世紀に起きた次のア～オの戦いを，古い順に左から右へ並べた場合，正しいものはどれか。以下の1～5から一つ選べ。

  ア 小牧・長久手の戦い イ 長篠の戦い

  ウ 関ヶ原の戦い   エ 山崎の戦い

  オ 桶狭間の戦い

  1 ア→イ→オ→ウ→エ 2 オ→イ→ウ→エ→ア

  3 ア→オ→エ→ウ→イ 4 オ→ア→イ→エ→ウ

  5 オ→イ→エ→ア→ウ

(6) 次のア～オのうち，江戸時代におこなわれた政策について説明したものとして，正しいものを〇，誤っているものを×とした場合，正しい組合せはどれか。以下の1～5から一つ選べ。

  ア 徳川綱吉は優秀な人材を登用するため，足高の制を取り入れた。

  イ 徳川吉宗は享保の改革において，上げ米の制を実施した。

  ウ 田沼意次が老中の時に，異国船打払令が発令された。

  エ 松平定信は寛政の改革において，物価高を抑えるため株仲間の解散を命令した。

  オ 水野忠邦は天保の改革において，幕領支配の再編強化を目的に

上知令を出した。

	ア	イ	ウ	エ	オ
1	○	○	×	×	×
2	×	○	×	×	○
3	○	×	○	○	×
4	×	×	×	○	○
5	×	○	○	×	○

(7)　次のア〜オのうち，江戸時代に描かれた絵画とその絵師の名前として，正しいものを○，誤っているものを×とした場合，正しい組合せはどれか。以下の1〜5から一つ選べ。

ア　「東海道五十三次」－歌川広重

イ　「富嶽三十六景」　－葛飾北斎

ウ　「紅白梅図屛風」　－鈴木春信

エ　「見返り美人図」　－喜多川歌麿

オ　「婦女人相十品」　－尾形光琳

	ア	イ	ウ	エ	オ
1	○	○	×	×	×
2	×	×	×	○	○
3	○	○	○	×	×
4	×	○	×	×	○
5	○	○	×	×	○

(8)　江戸幕府滅亡以後における次のア〜オの出来事を，古い順に左から右へ並べた場合，正しいものはどれか。以下の1〜5から一つ選べ。

ア　西南戦争が起きる。　　　　イ　廃刀令が出される。

ウ　五箇条の誓文が出される。　エ　立志社が結成される。

オ　集会条例が制定される。

1　ウ→エ→イ→ア→オ　　　2　ウ→イ→エ→ア→オ

3　オ→ウ→イ→エ→ア　　　4　オ→ア→イ→エ→ウ

5　ウ→オ→エ→イ→ア

(9)　ロシア皇太子の遭難と犯人の処刑をめぐる政治問題に発展した大

津事件が起きた時期はいつか。次の年表中の1～5から一つ選べ。

年	出来事
1879	沖縄県の設置
	・・・ 1 ・・・
1884	秩父事件の発生
	・・・ 2 ・・・
1889	大日本帝国憲法の発布
	・・・ 3 ・・・
1894	日清戦争の勃発
	・・・ 4 ・・・
1899	日英通商航海条約の発効
	・・・ 5 ・・・
1904	日露戦争の勃発

(10) 1902(明治35)年，日英同盟を締結した当時の内閣総理大臣はだれか。次の1～5から一つ選べ。

1 西園寺公望　　2 桂太郎　　3 山県有朋　　4 松方正義
5 伊藤博文

(☆☆☆◎◎◎)

中学社会・高校日本史・地理・公民　共通(世界史)

【1】世界史に関する次の(1)～(10)の問いに答えよ。

(1) 古代エジプト王国について述べた次の文章を読み，1～5より誤っているものを一つ選べ。

1 古王国時代には，クフ王がギザに巨大なピラミッドを築かせた。

2 古王国時代の首都はメンフィスであった。

3 中王国時代の末期には，シリア方面からヒッタイトが流入した。

4 新王国においてアメンホテプ4世(イクナートン)は，従来の神々の崇拝を否定してアトン神だけを信仰する改革を行った。

5 古代エジプト文字には，象形文字の神聖文字(ヒエログリフ)や民

衆文字(デモティック)などがあった。

(2) 古代アテネの政治家について述べた次の文章を読み，1〜5より誤っているものを一つ選べ。

1　ドラコンはアテネの慣習法をはじめて成文化した。

2　ソロンは家柄に応じて市民の参政権を定めた。

3　ペイシストラトスは，前6世紀半ばに僭主政治を行った。

4　クレイステネスは，僭主の出現を防止するために陶片追放(オストラキスモス)の法を制定した。

5　ペリクレスの主導によって，民会を中心とする民主政が実現された。

(3) 前漢第7代の皇帝である武帝が行った一連の政策について述べた次の文章を読み，1〜5より誤っているものを一つ選べ。

1　衛氏朝鮮を征服し，楽浪郡をはじめとする4郡を設置した。

2　董仲舒の提案により，儒学を官学とした。

3　価格が下がったときに物資を買い入れて，価格が上がったときに売りに出すことで物価の水準を保つ均輸法を実施した。

4　匈奴に対抗するために，張騫を交渉役として大月氏に派遣した。

5　地方の有力者から推薦された人物を官吏として採用する郷挙里選を制度化した。

(4) 十字軍に関連する次の文章を読み，1〜5より誤っているものを一つ選べ。

1　第1回十字軍はクレルモン公会議において教皇ウルバヌス2世の提唱により開始された。

2　第1回十字軍はイェルサレムを占領してイェルサレム王国を建設した。

3　第3回十字軍には神聖ローマ皇帝，フランス王，イングランド王が参加した。

4　第4回十字軍は教皇インノケンティウス3世の提唱で行われたが，ジェノヴァ商人の要求にせまられて，ビザンツ帝国の首都であるコンスタンティノープルを攻めた。

5　1291年に最後の拠点であるアッコンが陥落し，イェルサレム王
国は滅亡した。

(5)　明について，次のア〜オの出来事をおこった順に左から右へと並
び替えた場合，正しいものはどれか。1〜5より一つ選べ。
ア　永楽帝が命じた鄭和の遠征は，アフリカ沿岸にまで至った。
イ　正統帝がオイラト部に捕らえられた。
ウ　洪武帝が中書省を廃止し，六部を皇帝の直属に置いた。
エ　建文帝の時代に靖難の変が起こった。
オ　崇禎帝の時代に李自成の反乱軍が北京を占領した。
1　ウ→イ→エ→オ→ア　　2　ウ→エ→イ→ア→オ
3　ウ→エ→ア→イ→オ　　4　エ→ウ→ア→イ→オ
5　エ→ア→ウ→オ→イ

(6)　オスマン帝国について述べた次の文章を読み，1〜5より誤ってい
るものを一つ選べ。
1　1402年のアンカラの戦いでティムール朝に敗れた。
2　1453年にコンスタンティノープルを征服し，ビザンツ帝国を滅
ぼした。
3　1517年にエジプトへ遠征して，マムルーク朝を滅ぼした。
4　1538年のプレヴェザの海戦にてスペイン，ヴェネツィアなどの
連合艦隊を破った。
5　1699年のカルロヴィッツ条約により，ハンガリーをポーランド
に割譲した。

(7)　15〜18世紀のロシアに関連する次の文章を読み，1〜5より誤って
いるものを一つ選べ。
1　イヴァン3世は分裂していたロシアを統一し，はじめてツァーリ
の称号を用いた。
2　イヴァン4世は，コサックの首長であったイェルマークが占領し
たシベリアの一部を領土に組み入れた。
3　ミハイル＝ロマノフが即位してロマノフ朝を開いた。
4　ピョートル1世は中国の清朝とアイグン条約を結び，両国の境界

を定め通商を開始した。

　　5　エカチェリーナ2世はポーランド分割に参加して領土を拡大した。

(8)　17・18世紀のヨーロッパにおける自然・哲学・政治思想について，1〜5よりそれぞれの人物と著作の組合せとして誤っているものを一つ選べ。

　　1　グロティウス　　　―　『戦争と平和の法』

　　2　アダム＝スミス　　―　『諸国民の富』

　　3　ルソー　　　　　　―　『人間不平等起源論』

　　4　ディドロ　　　　　―　『哲学書簡』

　　5　ロック　　　　　　―　『統治二論』

(9)　ビスマルクが行った政策に関連する次の文章を読み，1〜5より誤っているものを一つ選べ。

　　1　ヴィルヘルム1世から首相に任じられると，議会の支持のもと軍備を拡張する鉄血政策を行った。

　　2　カトリック勢力を警戒し，「文化闘争」を開始してカトリック教徒を弾圧した。

　　3　社会主義者鎮圧法を制定して，社会主義政党や社会主義運動を弾圧した。

　　4　ドイツ・オーストリア・ロシアとの間に三帝同盟を結んだ。

　　5　プロイセン＝フランス戦争に勝利し，ドイツ帝国を建設した。

(10)　世界恐慌に対する1930年代のアメリカの政策に関連する次の文章を読み，1〜5より誤っているものを一つ選べ。

　　1　全国産業復興法によって工業製品の価格協定を公認した。

　　2　経済の復興・救済の施策として，金本位制から離脱した。

　　3　農業調整法で農作物の生産量を調整し，価格を引き下げた。

　　4　地域総合開発事業として，テネシー川流域開発公社(TVA)などを設立した。

　　5　ラテンアメリカ諸国に対して善隣外交を展開した。

(☆◎◎◎)

中学社会・高校日本史・世界史・公民　共通(地理)

【1】次の問1，問2の問いに答えよ。

問1　地図の見方に関する次の(1)～(4)の問いに答えよ。

(1)　地図には使う目的に応じたさまざまな図法がある。次のA～D
の図は，サンソン図法，正距方位図法，メルカトル図法，モルワ
イデ図法により作成されたものである。以下の1～5のうち，A～
Dの名称の組合せとして正しいものはどれか。1～5から一つ選べ。

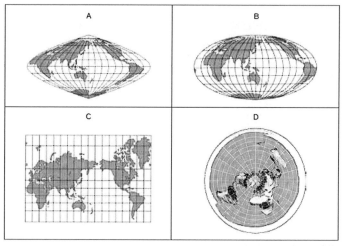

(『デジタル大辞泉』より作成)

	A	B	C	D
1	サンソン図法	モルワイデ図法	メルカトル図法	正距方位図法
2	メルカトル図法	サンソン図法	正距方位図法	モルワイデ図法
3	モルワイデ図法	サンソン図法	メルカトル図法	正距方位図法
4	サンソン図法	正距方位図法	メルカトル図法	モルワイデ図法
5	メルカトル図法	モルワイデ図法	サンソン図法	正距方位図法

(2)　地図において，赤道は緯度を測る基準となる。次の1～5のうち，
領土に赤道が通っている国として誤っているものはどれか。1～5
から一つ選べ。

21

　　1　ケニア　　　2　ブラジル　　　3　エチオピア　　　4　コロンビア
　　5　インドネシア

(3)　地図上の経度0度の経線は本初子午線であり，世界各地の時刻
　　の基準となる。12月24日午後5時50分に大阪からロサンゼルスに
　　向けて飛行機で出発し，ロサンゼルスには12月24日午前10時50分
　　に到着した。飛行機のフライト時間を10時間として，2つの都市
　　の時差からロサンゼルスが位置する経度を求めると約何度になる
　　か。1〜5から一つ選べ。なお，サマータイムは実施していないも
　　のとする。

　　1　東経約15度　　　2　東経約30度　　　3　西経約75度

　　4　西経約105度　　　5　西経約120度

(4)　地形図は，土地の高低や土地の使われ方，道路や建物，市町村
　　の境など，地表面の情報を規則に従って表現した地図である。2
　　万5千分1地形図上において，実際の距離1,250mは何㎝で表現され
　　るか。1〜5から一つ選べ。

　　1　2.5㎝　　　2　5㎝　　　3　20㎝　　　4　25㎝　　　5　50㎝

問2　次の文章は，2023(令和5)年に開催のG7サミット(主要国首脳会
　　議)について述べたものである。以下の(1)，(2)の問いに答えよ。

　　G7サミット(主要国首脳会議)とは，①フランス，アメリカ合
衆国，イギリス，ドイツ，日本，イタリア，カナダの7か国及
び欧州連合(EU)の首脳が参加して毎年開催される国際会議で
す。
　　2023年のG7サミットでは，②広島での首脳会議のほか，日
本各地で関係閣僚会合を開催し，各分野の重要課題について
議論します。一年を通じ，10を超える関係閣僚会合が開催さ
れ，各国から政府関係者やメディアの皆さんなど多くの人た
ちが日本を訪れます。

---

(1)　下線部①のG7メンバーの国に関する次の(i)〜(iii)の問いに答えよ。

　(i)　次の1〜5のグラフは，アメリカ合衆国，カナダ，ドイツ，日

本, フランスの首都の月平均気温と月降水量をそれぞれ示した
ものである。アメリカ合衆国の首都の月平均気温と月降水量に
該当するものはどれか。1〜5から一つ選べ。

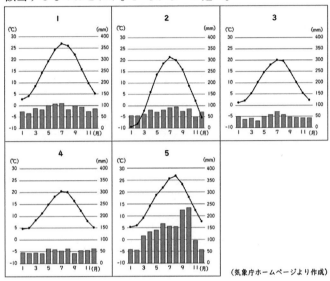

(気象庁ホームページより作成)

(ii) 次の表1は, イギリス, イタリア, ドイツ, 日本, フランス
の面積及び2019(平成31／令和元)年における, 人口密度, 国民
総所得, 1人当たり国民総所得, 輸出額, 輸入額をそれぞれ示
したものである。イタリアに該当するものはどれか。1〜5から
一つ選べ。

表 1

	面積（千km²）	人口密度（人／km²）	国民総所得（億ドル）	1人当たり国民総所得（ドル）	輸出額（百万ドル）	輸入額（百万ドル）
1	242	278.5	27,788	42,130	475,705	641,609
2	302	200.4	20,224	34,830	532,667	473,516
3	357	233.7	39,661	48,550	1,489,190	1,234,463
4	378	330.1	52,524	41,580	705,619	720,764
5	552	118.1	27,718	42,290	569,740	651,143

フランスの面積と人口密度については、海外県を含まない。
(『データブック　オブ・ザ・ワールド』2020年版、2021年版、2022年版より作成)

(iii)　次の表2は，2018(平成30)年から2021(令和3)年における，アメリカ合衆国，イギリス，ドイツ，日本，フランスの電気自動車保有台数をそれぞれ示したものである。日本に該当するものはどれか。1〜5から一つ選べ。

表　2

単位（千台）

	2018年	2019年	2020年	2021年
1	1,123	1,450	1,778	2,064
2	236	264	293	337
3	184	259	434	746
4	177	239	633	1,315
5	165	227	416	725

（『世界国勢図会』2022/23より作成）

(2)　下線部②の開催地のうち，広島県と大阪府に関する次の(i)〜(iii)の問いに答えよ。

(i)　次の図1は，国土地理院が発行する5万分1地形図『広島』(平成20年1月1日発行)の一部を約90％に縮小したものである。図1中にみられる，河川が運搬した砂泥が河口付近に堆積して形成された低平な地形は何と呼ばれているか。1〜5から一つ選べ。

図　1

24

   1　リアス式海岸　　2　フィヨルド　　3　三角州

   4　扇状地　　　　　5　峡谷

(ii)　次の表3は，2020(令和2)年における，岡山県，島根県，鳥取県，広島県，山口県の耕地面積，林野面積，農業産出額，海面漁業産出額をそれぞれ示したものである。広島県に該当するものはどれか。1～5から一つ選べ。

表　3

	耕地面積 (ha)	林野面積 (千ha)	農業産出額 (億円)	海面漁業産出額 (億円)
1	34,300	258	764	185
2	36,400	528	620	169
3	63,600	489	1,414	16
4	53,500	618	1,190	61
5	44,900	440	589	123

海面漁業産出額については、海面養殖業産出額を含まない。
(『データでみる県勢』2022、2023より作成)

(iii)　全国各地で開催する関係閣僚会合のうち，大阪府では貿易大臣会合が開催される。次の表4は，2019(平成31／令和元)年の大阪港，神戸港，東京港，名古屋港，横浜港の5港における，貿易額と主要貿易品目をそれぞれ示したものである。以下の1～5のうち，港A～Eの組合せとして正しいものはどれか。1～5から一つ選べ。

表　4

港	貿易額（億円）		主要貿易品目	
	輸出額	輸入額	輸出品目	輸入品目
A	58,237	114,913	半導体等製造装置	衣類
B	123,068	50,849	自動車	液化ガス
C	69,461	48,920	自動車	石油
D	37,742	47,781	集積回路	衣類
E	55,571	33,103	プラスチック	たばこ

(『日本国勢図会』2020/21より作成)

25

	A	B	C	D	E
1	横浜港	東京港	大阪港	神戸港	名古屋港
2	名古屋港	東京港	横浜港	大阪港	神戸港
3	東京港	名古屋港	神戸港	大阪港	横浜港
4	名古屋港	横浜港	東京港	神戸港	大阪港
5	東京港	名古屋港	横浜港	大阪港	神戸港

(☆☆☆◎◎◎)

中学社会・高校日本史・世界史・地理　共通(公民)

【1】次の問いに答えよ。

　問1　地方自治について，次の(1)～(3)の問いに答えよ。

　　(1)　日本国憲法の条文の一部を読み，以下の問いに答えよ。

> 第92条　地方公共団体の組織及び運営に関する事項は，地方自治の（　ア　）に基いて，法律でこれを定める。
>
> 第93条　地方公共団体には，法律の定めるところにより，その議事機関として議会を設置する。
>
> 2　　地方公共団体の長，その議会の議員及び法律の定めるその他の（　イ　）は，その地方公共団体の住民が，（　ウ　）これを選挙する。
>
> 第94条　地方公共団体は，その財産を管理し，事務を処理し，及び行政を執行する権能を有し，法律の範囲内で（　エ　）を制定することができる。

　　条文中の（　ア　）～（　エ　）に入る語句の組合せとして正しいものを1～5から一つ選べ。

	ア	イ	ウ	エ
1	本旨	官吏	間接的に	政令
2	本旨	官吏	直接	条例
3	本旨	吏員	直接	条例
4	原則	吏員	直接	政令
5	原則	官吏	間接的に	条例

(2) 地方公共団体の選挙権と被選挙権，首長や都道府県・市(区)町村議会議員の任期について述べた次のア〜オの文のうち正しいものを〇，誤っているものを×とした場合，正しい組合せを1〜5から一つ選べ。

ア 市(区)町村議会議員・市(区)町村長の選挙権は，日本国民で満18歳以上であり，引き続き2か月以上その市(区)町村の区域内に住所を有する者が有する。

イ 市(区)町村議会議員の被選挙権は，日本国民で満25歳以上かつその市(区)町村議会議員の選挙権を有する者が有する。

ウ 市(区)町村長・都道府県知事の被選挙権は，日本国民で満25歳以上の者が有する。

エ 市(区)町村議会議員・都道府県議会議員の任期は，4年である。

オ 市(区)町村長・都道府県知事の任期は，6年である。

	ア	イ	ウ	エ	オ
1	×	〇	×	〇	×
2	〇	×	×	×	〇
3	×	×	〇	〇	×
4	×	×	〇	×	〇
5	〇	〇	×	〇	×

(3) 地方自治法第76条の条文を読み，以下の問いに答えよ。

> 第76条　選挙権を有する者は，政令の定めるところにより，その総数の三分の一(その総数が四十万を超え八十万以下の場合にあつてはその四十万を超える

数に六分の一を乗じて得た数と四十万に三分の一を乗じて得た数とを合算して得た数，その総数が八十万を超える場合にあつてはその八十万を超える数に八分の一を乗じて得た数と四十万に六分の一を乗じて得た数と四十万に三分の一を乗じて得た数とを合算して得た数)以上の者の連署をもつて，その代表者から，普通地方公共団体の選挙管理委員会に対し，当該普通地方公共団体の議会の解散の請求をすることができる。

　　有権者が87万人のある自治体において，この条文に基づいて議会の解散請求を行う場合，必要とされる署名数として最も近いものを1〜5から一つ選べ。

1　13万人分　　2　17万人分　　3　21万人分　　4　25万人分
5　29万人分

問2　需要・供給と価格との関係について，次の(1)・(2)の問いに答えよ。

(1)　　図1　の曲線アは，商品A(商品Aは不定とする)の需要量と商品Aの価格との関係を示す曲線である。

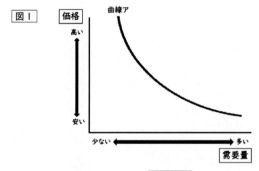

　　以下の1〜5の事例のうち，　図2　のように曲線アが曲線ア'にシフトする事例として最も適したものを一つ選べ。

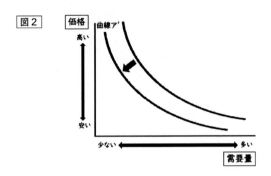

1 商品Aをマーガリンとするとき，商品Aの代替財であるバターの価格が上昇した。

2 商品Aをタイヤとするとき，商品Aの補完財である自動車の価格が上昇した。

3 商品Aをキャベツとするとき，豊作で商品Aの収穫量が増加した。

4 商品Aをココアとするとき，商品Aがメディアに取り上げられ，流行した。

5 商品AをSSD(ソリッドステートドライブ)とするとき，技術革新により商品Aの生産コストが減少した。

(2) 一般に，財・サービスの価格は市場にあらわれる需要・供給の状態に規定されて定まる。【資料①】は，商品B(商品Bは不定とする)の価格と商品Bの需要・供給の関係をあらわしたものであり，【資料②】は【資料①】について述べた文である。

【資料①】

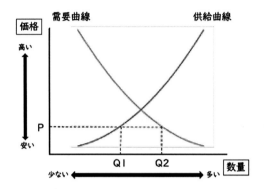

【資料②】

> 　自由な競争が行われている市場において，商品Bの価格がPと設定された場合，供給量Q1が需要量Q2を（　ア　）おり，（　イ　）の式で表される量の（　ウ　）が生じている。この市場において，価格の自動調節機能がはたらいている場合，商品Bの価格は（　エ　）して均衡価格に近付いていくと考えられる。

　【資料②】の（　ア　）～（　エ　）に入る語句の組合せとして正しいものを1～5から一つ選べ。

	ア	イ	ウ	エ
1	上回って	Q1＋Q2	超過需要	下落
2	下回って	Q2－Q1	超過需要	上昇
3	上回って	Q1＋Q2	超過需要	上昇
4	下回って	Q2－Q1	超過供給	上昇
5	上回って	Q2－Q1	超過供給	下落

問3　消費生活について，次の(1)・(2)の問いに答えよ。

(1)　1962年にアメリカ合衆国のケネディ大統領が「消費者の4つの権利」を提唱した。この「消費者の4つの権利」にあたらないものを1～5から一つ選べ。

1 安全への権利　　2 被害の救済を受けられる権利

3 選択をする権利　　4 情報を与えられる権利

5 意見を聴かれる権利

(2) 消費者を保護し，消費者の自立を支援するための法律や国の施策についての記述として誤っているものを1〜5から一つ選べ。

1 消費者契約法では，商品の重要事項について事実と異なる説明があったり，事業者の不当な勧誘行為で消費者が契約したりした場合に，契約期間に関わりなく契約を取り消すことができると定められている。

2 消費者庁は，事業者の保護育成を通じた行政を国民一人一人の立場に立ったものへと改めるため，各府省庁の所管分野に横断的にまたがる事案に対して，消費者行政の「司令塔」として機能することを求められて設置された内閣府外局の行政機関である。

3 製造物責任法(PL法)では，製造物の欠陥が原因で生命，身体又は財産に損害を被った場合に，被害者が製造業者等に対して損害賠償を求めることができることを規定している。

4 消費者教育の推進に関する法律では，国や地方公共団体に対して，学校における消費者教育の推進，発達段階に応じた教育機会の確保，研修の充実，人材の活用を義務付けている。

5 2004年に消費者保護基本法を改正して成立した消費者基本法では，国や地方公共団体の責務として，法律や制度の整備や，情報開示の推進によって，消費者が被害にあうことを防ぎ，自立した消費生活を送れるよう支援することを定めている。

問4 国際連合について，次の(1)・(2)の問いに答えよ。

(1) 国際連合に関する説明として誤っているものを1〜5から一つ選べ。

1 1945年6月にサンフランシスコ会議で採択された国際連合憲章に基づき，同年10月に発足した国際連合は，アメリカ合衆国のニューヨークに本部が置かれている。

2　国際連合の主たる審議機関である総会は，すべての加盟国の代表から構成され，各国はそれぞれ1票の投票権を持っている。

3　国際連合憲章のもとに，国際の平和と安全の維持につき主要な責任を持つ安全保障理事会は，5か国の常任理事国と，総会が4年の任期で選ぶ10か国の非常任理事国とで構成されている。

4　経済・社会・文化・教育・保健衛生・人権など幅広い分野を担当し，調査・研究，政策の提案を行う経済社会理事会は，総会が3年の任期で選ぶ54か国の理事国で構成されている。

5　条約の解釈や国際法上の問題に関する紛争についての裁判を行う国際司法裁判所が，オランダのハーグに置かれ，15名の裁判官で構成されている。

(2)　国際連合における専門機関及び関連機関の略称及び機関の役割について説明したア～エのうち，正しいものを○，誤っているものを×とした場合，正しい組合せを1～5から一つ選べ。

	略称	説明
ア	IMF	国際貿易の促進・加盟国の高水準の雇用と国民所得の増大・為替の安定に寄与するため，加盟国の為替政策の監視や，国際収支が著しく悪化した加盟国に対して融資を実施している。
イ	UNESCO	すべての子どもたちの権利が守られる世界を実現するため，子どもの生存に必要な基礎的な社会サービスの支援や，子どもたちをめぐる現状の分析・モニタリングを実施し，具体的な政策提言を各国の指導者や国際社会に対して行っている。
ウ	WHO	「すべての人々が可能な最高の健康水準に到達すること」を目的に，国際保健事業の指導・調整，各国に対する保健事業への援助などを行っている。
エ	ILO	原子力の平和的利用を促進するとともに，原子力が平和的利用から軍事的利用に転用されることを防止するため，技術援助，科学者・技術者の交換や訓練，核物質の軍事転用防止のための査察などを行っている。

	ア	イ	ウ	エ
1	×	○	×	○
2	×	×	○	○
3	○	×	×	○
4	○	○	○	×
5	○	×	○	×

問5　地球環境問題の解決に向けた次のA～Dの条約，協定，議定書と，その説明であるア～エの組合せとして正しいものを1～5から一つ選べ。

A　パリ協定　　B　モントリオール議定書　　C　ラムサール条約
D　ワシントン条約

ア　国際的に重要な湿地及びそこに生息・生育する動植物の保全を促進する。

イ　世界におけるオゾン層を破壊する物質の総放出量を衡平に規制する。

ウ　世界の平均気温の上昇を産業革命以前と比べて2℃以内におさえることを目標とする。

エ　輸出国と輸入国とが協力して国際取引の規制を実施することで，国際取引のための過度の利用による野生動植物種の絶滅を防止し，それらの種の保全を図る。

1　A－ウ　　B－イ　　C－エ　　D－ア
2　A－エ　　B－ア　　C－ウ　　D－イ
3　A－イ　　B－ウ　　C－ア　　D－エ
4　A－ウ　　B－イ　　C－ア　　D－エ
5　A－ウ　　B－エ　　C－イ　　D－ア

(☆☆☆◎◎◎)

中　学　社　会

【1】次の問1～3に答えよ。

問1　選挙や投票に関する次の各問いに答えよ。

(1)　住民投票のうち，日本国憲法第95条に基づき「一の地方公共団体のみに適用される特別法」の制定に当たって行われる住民投票の結果がもつ法的拘束力について，「同意」「国会」の語を両方用いて簡潔に答えよ。

(2)　次のグラフは，衆議院議員総選挙が実施された1890(明治23)年，

1902(明治35)年，1920(大正9)年，1928(昭和3)年，1946(昭和21)年，2017(平成29)年における，人口に占める有権者の割合を示したものである。そのうち，1928年，1946年，2017年の総選挙が実施された時の有権者の資格について，「帝国臣民」・「日本国民」であるという条件を除いてそれぞれ説明せよ。

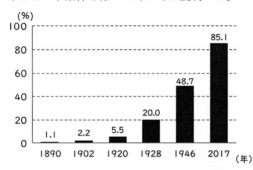

（総務省・内閣府の資料より作成）

(3)　次のグラフは，統一地方選挙の統一率の推移を示したものである。統一率とは，地方自治体の首長・議員の全選挙のうち，統一地方選挙で行われる選挙の割合のことである。1947(昭和22)年の統一率は100％であり，2023(令和5)年の統一率は約27.5％まで減少している。なぜこのように統一率が減少しているのか，首長及び議会それぞれにかかる要因に触れて簡潔に説明せよ。

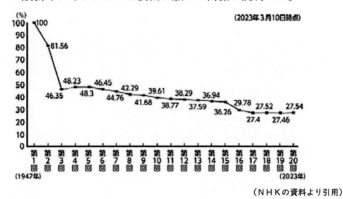

（NHKの資料より引用）

(4) 次の文は，2023(令和5)年4月に行われた統一地方選挙後に掲載された，『朝日新聞』の記事から抜粋したものである。空欄（　ア　）に当てはまる最も適切な語句を答えよ。

> 41道府県議選が9日に投開票され，（　ア　）当選者が，統一地方選としては過去最多の316人となった。これまで最多だった前回2019年の237人を超えた。定数(2260)に占める割合も前回の10.4％を上回る14.0％だったが，なお1割台にとどまった。……
>
> 今回の道府県議選は，（　ア　）候補者の割合が前回の12.7％から増え，過去最高の15.6％(489人)だった。ただ，国が目標とする「35％」は大きく下回っていた。
>
> （『朝日新聞』デジタル2023年4月10日）

(5) 次の資料に基づき，以下のi・iiに答えよ。

■選挙の種類と供託額の及び没収の規定

選挙の種類	供託額	供託額が没収される得票数，またはその没収額
衆議院小選挙区	300万円	有効投票総数×1/10未満
衆議院比例代表	候補者1名につき600万円※1	没収額＝供託額−{300万円×重複立候補者のうち小選挙区の当選者数＋600万円×比例代表の当選者数×2}
参議院比例代表	候補者1名につき600万円	没収額＝供託額−600万円×比例代表の当選者数×2
参議院選挙区	300万円	有効投票総数÷その選挙区の議員定数×1/8未満
都道府県知事	300万円	有効投票総数×1/10未満
都道府県議会	60万円	有効投票総数÷その選挙区の議員定数×1/10未満
指定都市の長※2	240万円	有効投票総数×1/10未満
指定都市議会※2	50万円	有効投票総数÷その選挙区の議員定数×1/10未満
その他の市区の長※3	100万円	有効投票総数×1/10未満
その他の市区の議会※3	30万円	有効投票総数÷その選挙区の議員定数×1/10未満
町村長	50万円	有効投票総数×1/10未満
町村議会	15万円	有効投票総数÷その選挙区の議員定数×1/10未満

※1　候補者が重複立候補者である場合は，比例代表の供託額は300万円となる。
※2　ここでいう「指定都市」は政令指定都市のことである。
※3　ここでいう「市区」の「区」は東京23区のことである。

（総務省の資料より作成）

i. 人口400,000人の市の長(首長)に立候補する場合，供託額はいくらか答えよ。

ii. 2023(令和5)年4月に行われた大阪府知事選挙では，立候補者は6名であった。次の表は，この大阪府知事選挙の開票結果のうち，得票数を多いものから順に示している。この選挙で没収された供託額の総額はいくらか答えよ。

	得票数
1	2,439,444
2	437,972
3	263,355
4	114,764
5	32,459
6	22,367
合計（有効投票総数）	3,310,361

（総務省の資料より作成）

問2　次の資料は，2015年の国連サミットで採択された「持続可能な開発目標(SDGs)」を構成する17の国際目標(ゴール)を示したものである(ただし，アイコンの文字列は省略している)。この資料に関連する以下の各問いに答えよ。

（外務省の資料より作成）

(1)　17の国際目標のうち，「貧困をなくそう」「飢餓をゼロに」を表すアイコンはどれか。アイコンに示された数字でそれぞれ答えよ。

(2)　次のグラフは，2018年におけるOECD(経済協力開発機構)の加盟国の貧困率を示したものである。貧困率とは，所得が貧困線(全人口の家計所得中央値の半分)を下回っている人の数の割合のことである。以下のア～ウについて，グラフから読み取れる内容として，正しいものには○，誤っているものには×で答えよ。

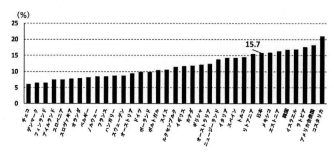

（OECDの資料より作成）

ア　グラフに示されたOECD加盟国のうち，従来のNAFTA(北米
　　自由貿易協定)にかわる貿易協定であるUSMCAに署名している
　　国は，いずれも日本の貧困率15.7％を上回っている。

イ　グラフに示されたOECD加盟国のうち，貧困率が10％を下回
　　っている国は，いずれもヨーロッパ地域の国である。

ウ　グラフに示されたOECD加盟国のうち，トルコを含まないア
　　ジア・中東地域の国は，いずれも貧困率が15％を上回っている。

(3)　次の表は，2021年における世界の各地域の栄養不足人口及び各
　　地域の人口に占める栄養不足人口の割合を示しており，表中A〜
　　Dには「アジア」「アフリカ」「オセアニア」「ラテンアメリカ・カ
　　リブ」のいずれかの地域が当てはまる。以下のi・iiに答えよ。

地域	栄養不足人口（万人）	栄養不足人口の割合（％）
A	42450	9.1
B	27800	20.2
C	5650	8.6
D	250	5.8
北アメリカ・ヨーロッパ	（報告なし）	2.5未満

（国際連合「世界の食料安全保障と栄養の現状：2022年版」より作成）

i.　表中Bに当てはまる地域はどこか。次の1〜4から一つ選べ。

1　アジア　　　2　アフリカ　　　3　オセアニア

4　ラテンアメリカ・カリブ

ii.　飢餓には，紛争・気候変動・災害・構造的貧困と格差という
　　問題が絡み合っている。開発途上国における構造的貧困が生じ

る要因の一つに，モノカルチャー経済がある。モノカルチャー経済について，モノカルチャー経済の課題に触れながら，「一次産品」の語を用いて80字以上120字以内で説明せよ。

(4) 開発途上地域の開発を主たる目的とする政府及び政府関係機関による国際協力活動のための公的資金をODAという。次の文は，ODAについて説明したものであり，文中の下線部に誤りが1ヵ所ある。誤っている語句を①〜④から一つ選び，正しい語句を答えよ。

　ODAとは，①政府開発援助の略称である。ODAの種類の一つに，日本が開発途上国を直接支援する②多国間援助があり，これは「贈与」と「政府貸付」に分けることができる。「贈与」は途上国に対して無償で提供される協力のことで，「無償資金協力」と「③技術協力」というものがある。逆に「政府貸付」とは，将来，途上国が返済することを前提としたもので，「有償資金協力」がこれにあたり，「④円借款」とも呼ばれている。

---

(5) 国際協力の一環として，開発途上国の経済的自立や貧困解消を促すため，経済的・社会的に立場の弱い生産者に対して，通常の国際市場価格よりも高めに設定した価格で継続的に農作物や手工芸品などを取引するという取組みがある。一般的にこの取組みを何というか，カタカナで答えよ。

(6) 2022年8月，日本政府が主導するTICAD8(第8回アフリカ開発会議)がチュニジアで開催され，それに併せ，アフリカのための医学研究・医療活動それぞれの分野において顕著な功績を挙げた方々を顕彰する授賞式が行われた。この賞には，1927年，アフリカ西海岸で発生した黄熱病の研究及び治療のためガーナのアクラに渡った人物の名前がつけられている。この人物は誰か，答えよ。

問3　次の資料は，わが国で2024年度に発行開始を予定している新しい日本銀行券を示したものである。以下の各問いに答えよ。

（財務省の資料より引用）

(1) 新一万円券には，渋沢栄一の肖像が採用されている。渋沢栄一に関連する次のア～ウの出来事を，古い順に左から右へ並べよ。

ア　関東大震災が起こった後，大震災善後会を創設し，また帝都復興計画にも参画し，復興支援に尽力した。

イ　富岡製糸場の設置主任に任命されると，フランス人技師ポール・ブリュナを雇うことを決議し，富岡製糸場の建設を進めた。

ウ　欧米視察をおこない，当時アメリカ合衆国の大統領であったセオドア＝ルーズベルトと会見した。

(2) 新五千円券に採用されている肖像の人物について，次のi・iiに答えよ。

i. 新五千円券に採用されているこの人物は，明治新政府が派遣した最初の使節団に同行した女子留学生であり，その女子留学生の中で当時，最年少であった。1871(明治4)年11月から1873(明治6)年9月にかけて米欧12か国を歴訪した，この使節団の大使に任命された人物は誰か，答えよ。

ii. 新五千円券に採用されているこの人物の説明として正しいものを，次の1～4から一つ選べ。

1　青鞜社を設立し，文芸誌『青鞜』の創刊号で「元始，女性は太陽であった」を執筆した。

2　新婦人協会を創立するなど婦人参政権運動の中心となり，戦後は参議院議員を務めた。

3　日本浪漫主義を代表する歌人として，『みだれ髪』など多くの歌集を発表した。

　　4　女子英学塾の創設者であり，英語教科書や英文学書の出版
　　　など英語教育に功績を残した。

(3)　新千円券に採用されている肖像の人物は，1894(明治27)年，政
　府からの依頼により香港で発生したペストの原因調査のため現地
　に赴き，ペスト菌を発見した。この人物は誰か，答えよ。

(☆☆☆◎◎◎)

地　理・歴　史

【日本史】

【1】次の問1〜問3の問いに答えよ。

　問1　次の史料を読んで，(1)〜(3)の問いに答えよ。

上天の眷命せる①大蒙古国皇帝書を日本国王に奉る。朕惟ふに，
古より小国の君，境土相接するは尚講信修睦に務む。況んや
我が祖宗は天の明命を受け，区夏を奄有す。遐方異域の威を
畏れ徳に懐く者数へつくすべからず。…中略…（　ア　）は朕
の東藩なり。日本は(　ア　)に蜜邇し，開国以来，亦時に中国
に通ず。朕の躬に至つて一乗の使も以て和好を通ずること無
し。尚王の国これを知ること未だ審ならざるを恐る。故に特
に使を遣はし，書を持して朕が志を布告せしむ。冀くは，今
より以往，問を通じ好を結び，以て相親睦せん。且つ聖人は
四海を以て家と為す。相通好せざるは豈一家の理ならんや。
兵を用ふるに至るは，夫れ孰か好む所ならん。王其れ之を図
れ。不宣

　②至元三年八月　　日

(『東大寺尊勝院蔵本　蒙古国牒状』)

---

(1)　下線部①に関して，当時の「大蒙古国皇帝」はだれか。次の1
　〜5から一つ選べ。

　1　フビライ・ハーン　　　2　モンケ・ハーン

40

　　3　オゴタイ・ハーン　　4　チンギス・ハーン

　　5　フレグ・ハーン

(2)　空欄(　ア　)に当てはまる語句として，正しいものはどれか。次の1～5から一つ選べ。

　　1　高麗　　2　渤海　　3　新羅　　4　契丹　　5　刀伊

(3)　下線部②に関して，この年代以前に起こった出来事として，正しいものはどれか。次の1～5から一つ選べ。

　　1　御家人の安達泰盛が，御内人勢力の代表と対立し滅ぼされた。

　　2　京都守護にかわり，朝廷との交渉や西国の政務，裁判に当たる機関が設置された。

　　3　建長寺造営のために，幕府が許可した貿易船が中国に派遣された。

　　4　得宗北条貞時によって，得宗家の内管領である平頼綱らが滅ぼされた。

　　5　九州統治機関として，現地において訴訟を裁決する鎮西探題が設置された。

問2　次の史料を読んで，(1)～(3)の問いに答えよ。

一　①日本は神国たる処，きりしたん国より邪法を授け候儀，太以て然るべからず候事。

一　其国郡の者を近付け，門徒になし，神社仏閣を打破るの由，前代未聞に候。…中略…

一　　伴天連其知恵の法を以て，心ざし次第に檀那を持ち候と思召され候へば，右の如く日域の仏法を相破る事曲事に候条，伴天連儀日本の地にはおかせられ間敷候間，今日より廿日の間に用意仕り，帰国すべく候。…中略…

一　②黒船の儀は商売の事に候間，各別に候の条，年月を経，諸事売買いたすべき事。

　　(　ア　)十五年　六月十九日

　　　　　　　　　　　　　　　　　　　　　　　　　　『松浦家文書』

---

(1)　下線部①に関して，日本におけるキリスト教に関する記述として正しいものはどれか。次の1～5から一つ選べ。

1　最初のキリシタン大名とされる肥前の有馬晴信は，長崎の地をイエズス会に寄進した。

2　正使に伊東マンショと千々石ミゲル，副使に原マルチノと中浦ジュリアンが選ばれて慶長遣欧使節として教皇グレゴリウス13世に謁した。

3　江戸時代に行われた宗門改めにおいて，禁制された宗派であるキリシタンや日蓮宗不受不施派などの信徒ではないことを，檀那寺が証明する本末制度が実施された。

4　徳川家康によってキリスト教禁令が出されると，キリシタン大名の高山右近はマニラに追放され，帰国できず没した。

5　オランダ商館は，オランダとの国交が開かれたとき長崎の出島に置かれたが，ポルトガル人の来航が禁止されると，平戸に移転を命ぜられた。

(2)　下線部②に関して，この「黒船」はポルトガルやスペイン(イスパニア)などの南蛮船を表していると考えられる。南蛮文化に関する記述として誤っているものはどれか。次の1～5から一つ選べ。

1　ポルトガルやスペインとの交易の様子を描いた南蛮屏風が数多く制作され，代表的作品として狩野内膳の『南蛮屏風』がある。

2　ポルトガル人のイエズス会士ルイス＝フロイスによって始められた外科医学は，南蛮医学として興隆し，多くの外科医を輩出したが，禁教によりしだいに衰えた。

3　南蛮菓子の一種であるカステラや，南蛮船によって船載されたビロードなどの言葉は，南蛮文化のなごりである。

4　イエズス会のバリニャーノ(ヴァリニャーニ)は，活字印刷機によるキリシタン版の出版を開始した。

5　イエズス会宣教師数名によって編集された『日葡辞書』は，

日本語をポルトガル語で説明したものである。

(3) 空欄(ア)に当てはまる元号として正しいものはどれか。次の1～5から一つ選べ。

　　1　文禄　　2　天正　　3　天文　　4　元和　　5　寛永

問3　次の史料を読んで，(1)～(4)の問いに答えよ。

異国船渡来の節取計方，前々より数度仰せ出されこれ有り，(ア)船の儀については，文化の度改めて相触れ候次第も候処，(イ)の船，①先年長崎において狼藉に及び，近来は所々へ小船にて乗寄せ，薪水食料を乞ひ，②去年に至り候ては猥に上陸致し，…中略… 一体(イ)に限らず，南蛮・西洋の儀は御制禁邪教の国に候間，以来何れの浦方におゐても異国船乗寄候を見受候はば，其所に有合候人夫を以て，有無に及ばず一図に打払い，逃延候はば追船等差出すに及ばず，其分に差置き，若し押して上陸いたし候はば，搦捕又は打留め候ても苦しからず候。…中略… (ウ)船は見分も相成かね申すべく，右等の船，万一見損ひ，打誤り候共，御察度はこれある間敷候間，(エ)，打払を心掛け，図を失はざる取計候処，専要の事に候 …中略…

（『御触書天保集成』）

---

(1) 空欄(ア)～(ウ)に当てはまる語句の組合せとして，正しいものはどれか。次の1～5から一つ選べ。

	ア	イ	ウ
1	いきりす	おろしや	阿蘭陀
2	おろしや	めりけん	伊太利
3	おろしや	いきりす	阿蘭陀
4	めりけん	おろしや	西班牙
5	めりけん	いきりす	伊太利

(2) 下線部①が示す事件に関連する記述として正しいものはどれか。次の1～5から一つ選べ。

1　外国船が対日貿易の開始と漂流民の送還を目的として来航したが，長崎で砲撃をうけ，鹿児島湾においても再び砲撃された。

2　根室で交付された貿易許可証明書を携えて外国船が長崎に来航したが，幕府によって親書は突き返され，交易は拒絶された。

3　この事件の責任を負って長崎奉行の松平康英は切腹し，佐賀藩主も処分をうけた。

4　この事件に驚いた幕府は，長崎の防備に着手し海軍伝習所を設置した。

5　この事件について蘭学者高野長英は，『戊戌夢物語』を書いて批判した。

(3)　下線部②に関して，この「去年」にあたる年，異国船の船員が牛を強奪しようとし，現地に派遣されていた役人との間で銃撃戦が繰り広げられた場所がある。この銃撃戦が繰り広げられた場所として正しいものはどれか。次の1〜5から一つ選べ。

1　蝦夷地択捉島　　　2　浦賀久里浜　　　3　薩摩宝島

4　土佐浦戸　　　　5　豊後臼杵湾

(4)　空欄(　エ　)に当てはまる語句として，正しいものはどれか。次の1〜5から一つ選べ。

1　二念無く　　　2　一心に　　　3　専一に　　　4　左右無く

5　夢中に

(☆☆☆☆◎◎)

【2】次の問1〜問3の問いに答えよ。

問1　文化に関連した問い(1)〜(6)に答えよ。

(1)　次の年表は，1868年から1877年までにおける，宗教政策に関連する主な出来事を示している。以下の問いア・イに答えよ。

年代	出来事
1868	<u>キリスト教禁止の高札の掲示</u> ／ 神仏分離令の発布
1869	【 i 】を太政官から独立させる
1870	【 ii 】の詔（詔書）を発布
1871	【 i 】を神祇省に格下げする
1872	神祇省の廃止。教部省の設置。
1873	キリスト教禁止の高札の撤去 ／ 祝祭日の制定
1876	黒住教を【 iii 】として公認
1877	教部省の廃止

ア）　年表中の下線部に関連して，長崎の浦上村の村民がキリスト教信仰を神父に表明し，キリスト教の改宗を拒否したことから，明治新政府は長崎の浦上教徒を弾圧した。1865年，長崎の浦上村の村民がキリスト教信仰を神父に表明した場所とされているカトリック教会堂の名称を答えよ。

イ）　神道に関する政策の展開および国家神道の確立の経緯について，年表に示された出来事に基づき，年表中の空欄【　i　】～【　iii　】に入る適切な語句をすべて用いて100字以上160字以内で説明せよ。

(2)　明治期，主として欧米諸国から，外国人が様々な分野の指導者として日本に招かれた。次の説明ア・イが示している「御雇外国人」はだれか，それぞれ答えよ。

ア）　1877年に来日したアメリカの生物学者。同年に大森貝塚を発見し，その発掘調査の報告書『大森介墟古物編』を刊行した。

イ）　1877年に来日したイギリスの建築家。設計の代表作には，上野博物館(1882年)，鹿鳴館(1883年)，ニコライ堂(1891年)などがある。

(3)　1880年代，民友社を創立して『国民之友』を発刊して平民的欧化主義を唱えたが，1890年代には国家膨張主義の立場へと移り，のちに大日本言論報国会および大日本文学報国会の会長となった

人物はだれか，答えよ。

(4)　アメリカの美術研究家フェノロサとともに新しい日本絵画の創造を唱え，また，1903(明治36)年には，アジアの解放を主張しアジアの文化的優秀性を強調した著書『東洋の理想(The Ideals of the East, with Special Reference to the Art of Japan)』を出版した人物はだれか，答えよ。

(5)　次の説明ア〜ウが示している美術家の作品を，それぞれ1〜6から一つずつ選び，番号で答えよ。

ア)　1888(明治21)年，東京美術学校の創立とともに最初の日本画教授となった日本画家。日本美術院の創立にあたり，その主幹となった。

イ)　フランスに留学して外光派の画家ラファエル＝コランに師事した洋画家。帰国後の1896(明治29)年，久米桂一郎らとともに白馬会を結成した。

ウ)　木彫の衰退期に，西洋画の写実を参考とした写生を取り入れ，新しい作風を開いた彫刻家。1893(明治26)年のシカゴ万国博覧会では，妙技二等賞を受賞した。

I

（静嘉堂文庫美術館蔵）

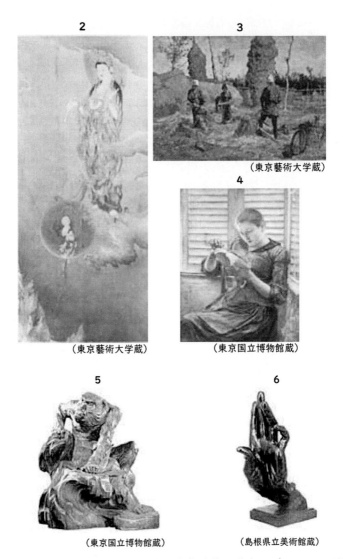

2

3

（東京藝術大学蔵）

4

（東京藝術大学蔵）　　　　　（東京国立博物館蔵）

5　　　　　　　　　6

（東京国立博物館蔵）　　　　（島根県立美術館蔵）

(6)　近代芸術の確立を目的とする文化改革運動をめざし，1906(明
治39)年，島村抱月らによって創立され，坪内逍遙の『桐一葉』
や『ハムレット』『人形の家』などを上演して新劇運動の先駆け

となった団体の名称を答えよ。

問2　次の表は，1891(明治24)年度から1940(昭和15)年度までの日本の
　　会計年度(4月～翌年3月)における，軍事費総額および国家財政に占
　　める軍事費の比率を示している。以下の問い(1)～(7)に答えよ。

表

年度	軍事費総額（万円）	国家財政に占める軍事費の比率（%）	年度	軍事費総額（万円）	国家財政に占める軍事費の比率（%）
1891	2382	28.5	1916	24207	40.4
1892	2390	31.1	1917	34614	47.4
1893	2296	27.1	1918	48117	51.9
1894	12857	69.4	1919	85848	65.1
1895	11719	65.6	1920	90428	58.4
1896	7342	43.5	1921	84188	52.7
1897	11073	49.5	1922	69257	45.7
1898	11265	51.3	1923	52955	34.2
1899	11444	45.0	1924	48732	29.6
1900	13381	45.7	1925	44824	29.4
1901	10696	40.1	1926	43675	27.7
1902	8652	29.9	1927	49663	28.1
1903	15132	47.9	1928	51974	28.6
1904	67302	81.9	1929	49641	28.6
1905	73061	82.3	1930	44430	28.5
1906	37874	54.4	1931	46120	31.2
1907	21512	34.9	1932	70103	35.9
1908	21376	33.6	1933	88106	39.1
1909	17762	33.3	1934	94839	43.8
1910	18557	32.6	1935	103924	47.1
1911	20622	35.2	1936	108545	47.6
1912	20093	33.8	1937	329399	69.5
1913	19230	33.5	1938	597906	77.0
1914	22006	35.6	1939	648957	73.7
1915	22004	37.0	1940	796349	72.5

※『日本長期統計総覧』より作成。
・軍事費総額 ＝ 一般会計（陸海軍省所管経費・徴兵費・臨時事件費）＋ 臨時軍事費特別会計年度別支出額
・国家財政に占める軍事費の比率 ＝ 軍事費総額 ／（一般会計，臨時軍事費特別会計の純計）×100

(1)　表を参考にして，日本の軍事費や戦争に関連して述べた文とし
　　て正しいものを，次の1～5から一つ選び，番号で答えよ。ただし，
　　文中の「○○年に始まる会計年度」は「○○年度」を意味し，例
　　えば，「1890年に始まる会計年度」は「1890年度」を意味する。

　1　帝国国防方針が最初に制定された年に始まる会計年度から5年
　　間，軍事費総額も国家財政に占める軍事費の比率も増え続けて
　　いる。

　2　日露戦争が勃発した年に始まる会計年度における国家財政に
　　占める軍事費の比率は，1891年度から1940年度までの中で最も
　　大きい。

3 第1次山東出兵が実施された年に始まる会計年度は，軍事費総額は5億円以下であり，国家財政に占める軍事費の比率は30%以下である。

4 シベリア出兵が宣言された年に始まる会計年度からシベリア出兵の撤退が完了した年に始まる会計年度までの間，軍事費総額はいずれも5億円以上である。

5 日清戦争が勃発した年に始まる会計年度は，その前年に始まる会計年度と比べると，軍事費総額は5倍以上に増え，国家財政に占める軍事費の比率は3倍以上に増えている。

(2) 1890(明治23)年，内閣総理大臣の山県有朋は，国家の独立には「主権線」の外側にある朝鮮の確保が必要であるという趣旨の施政方針演説をおこなった。この時，山県首相は，「主権線」に対する言葉として，朝鮮についてどのように表現したのか。漢字3字で答えよ。

(3) 1912(大正元)年，陸軍の二個師団増設案が閣議で否決されると，当時の陸軍大臣は，帷幄上奏の形で単独辞職し，陸軍は後任陸相を推薦しなかったため当時の内閣は総辞職に追い込まれた。帷幄上奏の形で単独辞職したこの陸相はだれか，答えよ。

(4) 1922(大正11)年，日本を含む5ヵ国によって締結されたワシントン海軍軍縮条約で，主力艦の保有量の上限が定められた。主力艦の保有量の上限について，総トン数を比率で表した場合，イギリス・アメリカの比率を10とすると，日本の比率はいくらか。整数で答えよ。

(5) 1925(大正14)年，加藤高明内閣の陸軍大臣は，陸軍の軍備縮小を実施した。この陸相は，後の1937(昭和12)年に組閣の命を受けた際に，陸軍の反対にあって組閣を断念することとなった。陸軍の軍備縮小を実施したこの陸相はだれか，答えよ。

(6) 1936(昭和11)年に組閣し，軍部大臣現役武官制を復活させた内閣総理大臣はだれか，答えよ。

(7) 1931年度から1940年度までの軍事費総額の推移とその背景につ

いて，大蔵大臣高橋是清が主導した財政政策および軍部の動向を踏まえ，次の枠内の言葉をすべて使って100字以上160字以内で説明せよ。

赤字公債　　二・二六事件

問3　次の史料Ⅰ～史料Ⅴを読み，それらに関連した(1)～(15)の問いに答えよ。

史料Ⅰ

臣等伏シテ①方今政権ノ帰スル所ヲ察スルニ，上帝室ニ在ラス，下人民ニ在ラス，而独有司ニ帰ス。夫有司，上帝室ヲ尊フト曰ハサルニハ非ス，而帝室漸ク其尊栄ヲ失フ。下人民ヲ保ツト云ハサルニハ非ス，而政令百端，朝出暮改，政情実ニ成リ，賞罰愛憎ニ出ツ。言路壅蔽，困苦告ルナシ。夫如是ニシテ天下ノ治安ナラン事ヲ欲ス，三尺ノ童子モ猶其不可ナルヲ知ル。因仍改メス，恐クハ国家土崩ノ勢ヲ致サン。臣等愛国ノ情自ラ已ム能ハス，乃チ之ヲ振救スルノ道ヲ講求スルニ，唯天下ノ公議ヲ張ルニ在ル而已。天下ノ公議ヲ張ルハ，【　ア　】ヲ立ルニ在ル而已。則有司ノ権限ル所アツテ，而シテ上下其安全幸福ヲ受ル者アラン。

（『②日新真事誌』）

(1)　史料Ⅰの下線部①は，当時の政権への批判を表現したものである。当時，参議兼内務卿として政府の実権を握っていた人物はだれか，答えよ。

(2)　史料Ⅰの空欄【　ア　】に入る適切な語句を答えよ。

(3)　史料Ⅰの下線部②が示す新聞を創刊したイギリス人はだれか，答えよ。

史料Ⅱ

朕祖宗ノ遺烈ヲ承ケ万世一系ノ帝位ヲ践ミ朕カ親愛スル所ノ

【　イ　】ハ即チ朕カ祖宗ノ恵撫慈養シタマヒシ所ノ【　イ　】

ナルヲ念ヒ其ノ康福ヲ増進シ其ノ懿徳良能ヲ発達セシメムコ

トヲ願ヒ又其ノ翼賛ニ依リ与ニ倶ニ国家ノ進運ヲ扶持セムコ

トヲ望ミ乃チ明治【　ウ　】年十月十二日ノ詔命ヲ履践シ茲

ニ大憲ヲ制定シ朕カ率由スル所ヲ示シ朕カ後嗣及【　イ　】

及【　イ　】ノ子孫タル者ヲシテ永遠ニ循行スル所ヲ知ラシ

ム

……

朕ハ我カ【　イ　】ノ権利及財産ノ安全ヲ貴重シ及之ヲ保護

シ此ノ憲法及法律ノ範囲内ニ於テ其ノ享有ヲ完全ナラシムヘ

キコトヲ宣言ス

帝国議会ハ明治二十三年ヲ以テ之ヲ召集シ議会開会ノ時ヲ以

テ此ノ憲法ヲシテ有効ナラシムルノ期トスヘシ

……

朕カ在廷ノ大臣ハ朕カ為ニ此ノ憲法ヲ施行スルノ責ニ任スヘ

ク朕カ現在及将来ノ【　イ　】ハ此ノ憲法ニ対シ永遠ニ従順

ノ義務ヲ負フヘシ

　御名御璽

　　明治二十二年二月十一日

　　内閣総理大臣　　伯爵　黒田清隆

　　【　エ　】議長　伯爵　伊藤博文

　　外務大臣　　　　伯爵　大隈重信

……　　　　　　　　　　　　　　　（『官報　号外』）

(4)　史料Ⅱの空欄【　イ　】に入る適切な語句を答えよ。

(5)　史料Ⅱの空欄【　ウ　】に入る適切な語句を，漢字で答えよ。

(6)　史料Ⅱの空欄【　エ　】に入る適切な語句を答えよ。

史料Ⅲ

> ……君主が【　オ　】権の主体であると言へば,【　オ　】権が君主の御一身の利益の為に存する権利であり, 又【　オ　】の行為は君主の一個人としての行為であるといふ意味に帰するのであります。併ながら君主が御一身の利益の為に【　オ　】権を行はせらるゝのであると言ふのは, 実に我が古来の歴史に反し我が国体に反するの甚しいものであります。若し君主が【　オ　】権の主体であると解して即ち君主が御一身の利益の為に【　オ　】権を保有し給ふものとするならば,【　オ　】権は団体共同の目的の為に存するものではなく, 唯君主御自身の目的の為にのみ存するものとなつて, 君主と国民とは全く其の目的を異にするものとなり, 随て国家が一の団体であるとする思想と全く相容れないことになるのであります。
>
> (『③憲法講話』)

(7)　史料Ⅲの空欄【　オ　】に入る適切な語句を答えよ。

(8)　史料Ⅲの下線部③が示す書籍の著者はだれか, 答えよ。

(9)　史料Ⅲに示された学説を排除するため, 1935(昭和10)年, 政府は二度の声明を出した。この声明は何と呼ばれているか, 漢字6字で答えよ。

史料Ⅳ

> 【　カ　】会議ニ対シテ我国ハ補助艦兵力量ニ関シ或ル主張ヲ以テ之ニ臨ムコトトシタ。④我全権ハ英米全権ト交渉努力ノ結果一ノ妥協案ニ達シテ請訓シテ来タ。之ハ我主張トハ多少ノ開キガアツタガ政府ハ会議ノ決裂ヲ避クルヲ以テ国家ノ為大局上有利ナリトシ, 妥協案ノ筋ニ添ツテ話ヲ纏メントシタ。海軍ハ, 原主張ヲ固持シテ貫イタイガ, ソレガ出来ヌトスレバ兵力ノ不足ヲ補フ意味デ此ノ機会ニ内容充実術力向上ノ為ニ必要ナル諸対策ノ実現ヲ考慮セラレ度イ旨ヲ政府ニ申入レ

> タ。政府ハ海軍ノ言分ヲ聞イタ上デ回訓ヲ発シ条約ハ調印ノ
> 運ビトナツタ。ソレガ軟弱外交政策等ノ形デ帝国議会ノ問題
> ト迄ナリ世間ニ八釜敷クナルニツレテ海軍部内ニモ相当ノ
> 「センセーシヨン」ヲ起シタ。加藤軍令部長ノ態度ハ一変シタ。
> ⑤統帥権干犯ト謂ツタ様ナ問題ガ本格的ニ台頭シテ来タ。
>
> 　　　　　　　　　　　　　（『太平洋戦争への道　開戦外交史』）

(10)　史料Ⅳの空欄【　カ　】に入る都市の名称を，カタカナで答えよ。

(11)　史料Ⅳの下線部④が示す「全権」の首席であった人物はだれか，答えよ。

(12)　史料Ⅳの下線部⑤が示す「問題」に関して，衆議院の議席数において第二党であった政党は，野党として政府を批判した。当時，衆議院の議席数において第二党であったこの政党の正式名称を答えよ。

史料Ⅴ

> 1　天皇は，国の最上位にある。皇位の継承は世襲による。……
>
> 2　国権の発動たる戦争は，廃止する。日本は，紛争解決の手段として，さらには自らの安全維持の手段としても，戦争を放棄する。……
>
> 3　日本の封建制度は廃止される。貴族の権利は，皇族の場合を除き，当該現存者一代に限り認められる。華族の特権は，今後はいかなる国民的または公民的な政治権力もともなうものではない。……　　　　　　　　　（『資料日本占領』）

(13)　史料Ⅴの「三原則」を提示した人物はだれか，答えよ。

(14)　史料Ⅴの内容に基づき，GHQ(連合国最高司令官総司令部)では，民主化政策を推進する専門部局において憲法草案が作成された。この専門部局の名称を答えよ。

(15)　上記(14)の専門部局は，憲法草案の作成にあたり，1945(昭和20)年に発表された憲法研究会の憲法草案を参考にしたとされる。この憲法研究会を結成した人物のうち，大原社会問題研究所の初代所長に就任した経歴をもつのはだれか，答えよ。

(☆☆☆◎◎◎)

【世界史】

【1】次の(1)～(10)の問いに答えよ。

(1)　古代ギリシアの詩人ホメロスの作とされる，トロイア軍とギリシア軍との戦争を題材にした作品を，次の1～5から一つ選べ。

1　『アガメムノン』　　2　『神統記』　　3　『歴史』

4　『イリアス』　　　　5　『オイディプス王』

(2)　次のA～Eのうち，紀元前1世紀のローマの様子を述べた文として正しいものを○，誤っているものを×とした場合，正しい組合せはどれか。以下の1～5から一つ選べ。

A　アクティウムの海戦ののち，ローマの地中海支配体制は完成し，「内乱の1世紀」に終止符が打たれた。

B　イエスや使徒の言行などがまとめられた『新約聖書』が成立した。

C　ウェルギリウスがローマ建国叙事詩である『アエネイス』を著した。

D　カエサル没後の覇権争いのなかで，オクタウィアヌスはエジプト女王クレオパトラと結びアントニウスと対立していた。

E　平民会の議決が元老院の許可なしに国法となるホルテンシウス法が制定された。

	A	B	C	D	E
1	×	×	×	○	○
2	×	○	×	○	○
3	○	×	○	×	×
4	○	×	○	○	×
5	○	○	○	×	×

(3) 7世紀の出来事として誤っているものを，次の1〜5から一つ選べ。

1 　隋の煬帝は，大土木工事に着手し通済渠をはじめとする大運河の開削，改修を行った。

2 　ウマイヤ家のムアーウィヤがダマスクスを首都としてウマイヤ朝を建てた。

3 　日本・百済の連合軍が唐・新羅の連合軍と白村江で戦い，敗れた。

4 　玄奘が，ハルシャ王の時代のインドを訪問した。

5 　エグバートが七王国を制し，侵入したバイキングを撃退するなど，イングランドの統一に道をひらいた。

(4) トゥール＝ポワティエ間の戦いは8世紀にフランク王国が，ウマイヤ朝の軍に勝利した戦いである。この戦いにおいて，フランク王国の宮宰としてフランク王国軍を率いた人物を，次の1〜5から一つ選べ。

1 　カール＝マルテル　　2 　ピピン　　3 　クローヴィス

4 　カール大帝　　　　　5 　テオドリック

(5) 中世の東欧に関して述べた文として誤っているものを，次の1〜5から一つ選べ。

1 　キエフ公国のウラディミル1世は，ギリシア正教を国教とした。

2 　セルビア人は，バルカン半島に定住後，ギリシア正教に改宗した。

3 　ポーランド王国は，カジミェシュ大王の時にリトアニアと合体してヤゲウォ朝が成立した。

4 　ブルガール人はバルカン半島に定住後，ギリシア正教に改宗した。

5 　マジャール人はパンノニア平原に定住後，ローマ＝カトリックを受容した。

(6) ヨーロッパにおける宗教をめぐる対立に関して述べた文として誤っているものを，次の1〜5から一つ選べ。

1 　ハインリヒ4世は，聖職叙任権をめぐって，グレゴリウス7世と

対立した。

2　ボニファティウス8世は，教皇権の絶対性を主張し，フィリップ4世と対立した。

3　ベーメンで起きたフス戦争の結果，フスは処刑された。

4　アウクスブルクの和議で，ドイツ諸侯にはルター派を選択する権利が認められた。

5　三十年戦争において，旧教国であるフランスは新教側で参戦した。

(7)　次の文A～Eのうち，東方問題に関する内容について述べた文として正しいものを○，誤っているものを×とした場合，正しい組合せはどれか。以下の1～5から一つ選べ。

A　ギリシア独立戦争では，ロシアはギリシアを支援した。

B　第一次エジプト＝トルコ戦争では，ロシアはオスマン帝国を支援した。

C　クリミア戦争後，アレクサンドル3世は農奴解放令を発して，全国の農奴農民を解放した。

D　1878年のベルリン会議では，モンテネグロ，ブルガリア，ルーマニアが独立国として承認された。

E　オーストリア＝ハンガリー帝国は青年トルコ革命が勃発すると，ボスニア・ヘルツェゴヴィナを併合した。

	A	B	C	D	E
1	○	×	×	○	○
2	○	○	×	×	○
3	×	×	○	○	×
4	○	○	○	×	×
5	×	×	×	○	○

(8)　アフリカの植民地化やそれに対する抵抗に関して述べた文として正しいものを，次の1～5から一つ選べ。

1　スーダンでは，イギリスに対して，マフディー派の反乱が起こった。

2 トランスヴァール共和国は，南アフリカ戦争に敗れ，オランダ
領となった。

3 エチオピアは，侵入したイギリス軍をアドワの戦いで破り，独
立を維持した。

4 マダガスカルは，ドイツの植民地となったが第一次世界大戦後
に独立を達成した。

5 ベルギーは，フランスのモロッコ支配に干渉するモロッコ事件
を起こした。

(9) 19世紀にアジア諸国が列強と結んだ条約に関して述べた文として
正しいものを，次の1～5から一つ選べ。

1 ロシアはアイグン条約により，清から黒竜江左岸を獲得した。

2 フランスはフエ条約により，清からベトナムの保護権を獲得し
た。

3 イランはトルコマンチャーイ条約により，ロシアへアフガニス
タンを割譲した。

4 清は黄埔条約により，アメリカに対する関税自主権を失った。

5 イギリスは南京条約により，清に天津を開港させた。

(10) 第二次世界大戦後に起こった紛争や民族対立について述べた文
として正しいものを，次の1～5から一つ選べ。

1 朝鮮戦争では，中国は義勇軍を派遣して，国連軍に加わった。

2 ユーゴスラヴィア内戦による混乱の結果，ティトーが退陣を余
儀なくされた。

3 ベトナム戦争において，ケネディ政権は北ベトナムへの爆撃(北
爆)を行った。

4 ユダヤ人がイスラエルの建国を宣言したことをきっかけに，こ
れに反対するアラブ諸国との間にパレスティナ戦争(第一次中東
戦争)が起こった。

5 スリランカでは，シンハラ人とタミル人の内戦(スリランカ内戦)
を経て，インドからの分離独立を果たした。

(☆☆◎◎◎)

【2】次の問いに答えよ。

(1) 次の年表を見て，これらに関連する以下の問いに答えなさい。

```
1789年　全国三部会開催(ア)

　　　　人権宣言採択

1791年　憲法制定(イ)

1793年　ルイ16世処刑(ウ)

　　　　恐怖政治開始(エ)

1794年　テルミドール反動

1795年　総裁政府成立

1799年　ブリュメール十八日のクーデタ

1804年　第一帝政開始(オ)

1806年　ライン同盟結成(カ)

　　　　大陸封鎖令(キ)

1808年　スペイン独立戦争開始(ク)

1812年　ロシア遠征

1813年　ライプツィヒの戦い

1815年　ワーテルローの戦い
```

1. (ア)に関して，1789年に『第三身分とは何か』を刊行し，旧体制を打倒しようとする世論形成に大きな影響を与えた聖職者は誰か。

2. (イ)の憲法制定から(ウ)のルイ16世処刑へと至る経緯について説明せよ。その際，次の三つの語句を必ず使用すること。

   山岳派　　国民公会　　立法議会

3. (エ)に関して，山岳派右派の指導者で，恐怖政治の強化に反対し，1794年4月に処刑された人物は誰か。

4. (オ)に関して，第一帝政の樹立を機に，イギリス首相ピットの提唱で，第(　　)回対仏大同盟が結成された。(　　)に入る数字を答えよ。

5. (カ)に関して，これにより神聖ローマ帝国は完全に崩壊した。神

聖ローマ帝国の変遷について，次の年代に起こった出来事に触れながら，説明せよ。

962年　　1356年　　1648年

6. (キ)に関して，この目的とその影響を説明せよ。

7. (ク)に関して，次の絵画の (a)　作品名 と (b)　作者名 を答えよ。

(2)　次の文章を読み，以下の問いに答えなさい。

　　唐末から五代十国時代，中国社会は変動期を迎え，かつての支配層であった門閥貴族は没落し，開発の進んだ江南を中心に①新興地主が台頭した。

　　モンゴル高原では，契丹の勢力が強まり，10世紀初めに耶律阿保機によって統一・建国された。②契丹は，五代の後晋の建国を援助した見返りとして，華北平野の領土を獲得し，時期によって遼という中国風の国号を用いた。中国西北部では，11世紀前半にチベット系のタングートが，③西夏を建国した。西夏は東西交易の要所をおさえ，また民族固有の西夏文字をつくるなど独自の文化を発展させた。

　　後周の武将出身の趙匡胤は，960年に宋を建国し，④大運河と黄河の接点で物資の集積地であった開封に都をおき，次の太宗が中国の主要部を統一した。宋は，唐末以来の軍人優位の風潮をおさえるために，節度使を廃止して，皇帝の親衛軍を強化し，⑤科挙によって選ばれた文人官僚が政治をとりおこ

なうようにした。

　12世紀になると，中国東北部のツングース系の女真が契丹から自立し，1115年に完顔阿骨打が金を建国した。⑥契丹と同じく金も，中国から受け継いだ文化や制度を独自に発展させていった。

　1125年，金は宋と結んで契丹を滅ぼした。しかしその後，⑦金と宋との間で争いがおこり，宋は都の開封を占領され，多数の皇族・高官が捕虜となった。江南に逃れた皇帝の弟は，⑧1127年に宋を再興した(南宋)。南宋は，金と戦い華北の奪還をはかったが，やがて和平派が主戦派をおさえて⑨金と和議を結んだ。

　宋代には経済が大きく発展した。中国商人の海上進出も活発化し，絹や陶磁器・銅銭等が輸出された。⑩宋は市舶司を広州などの港において，海上交易を管理した。南宋時代には江南の開発がさらに進み，干拓や占城稲の導入などによって稲の生産量が増大したことで，⑪長江下流域は穀倉地帯となった。また，⑫宋代は文化の面においても転換期であり，唐代の貴族にかわって新たに文化の担い手となったのは，官僚や地主，都市の繁栄を背景とする庶民であった。

1. 下線部①に関して，唐末から台頭してきた新興地主層は，宋代になると何と呼ばれるようになったか。
2. 下線部②に関して，
　ア　この獲得した地域を何と呼ぶか。
　イ　この獲得した地域に含まれる現在の中国の都市を，次から一つ選べ。
　　　大連　　瀋陽　　青島　　長春　　北京
3. 下線部③に関して，西夏の建国者は誰か。
4. 下線部④に関して，首都開封のにぎわいを描いた，張択端の作である次の絵巻物の作品名を答えよ。

5. 下線部⑤に関して，宋代に行われた変革とその影響について説明せよ。

6. 下線部⑥に関して，契丹と金の統治政策について，共通点に触れながら説明せよ。その際，次の語句を必ず使用すること。

　　二重統治体制

7. 下線部⑦に関して，

　ア　この事件を何と呼ぶか。

　イ　この事件で北に連れ去られた宋の前皇帝は誰か。

8. 下線部⑧に関して，南宋の首都名を答えよ。

9. 下線部⑨に関して，金と南宋の国境線となった河川名を答えよ。

10. 下線部⑩に関して，

　ア　福建省の港市で，のちにマルコポーロによってザイトンの名で西方に紹介された港市名を答えよ。

　イ　アで答えた港市の位置を，地図中a～eから一つ選び記号で答えよ。

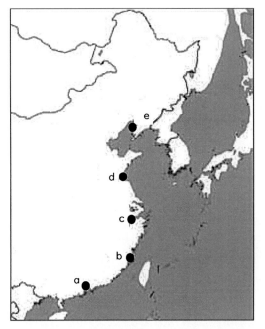

11. 下線部⑪に関して，宋代中期から，江南地方が中国の穀倉地帯となったことを示す言葉として，「(　　)熟すれば天下足る」がある。(　　)に入る語句を答えよ。

12. 下線部⑫に関して，宋代の文化について，次の問いに答えなさい。

　ア　道家思想や仏教哲学を導入しながら，『太極図説』を著し，宋学の先駆者となった北宋の儒学者は誰か。

　イ　心の内省を重んじて「心即理」説を唱え，のちの陽明学の源流をなした南宋の儒学者は誰か。

　ウ　『新唐書』『新五代史』を編纂した北宋の学者は誰か。

　エ　宋代に最盛期を迎えた，写実的で装飾的な宮廷様式の画風を何と呼ぶか。

(☆☆◎◎◎)

【地理】

【1】 次の問1, 問2の問いに答えよ。

問1　日本の地形や国土, 自然災害に関する次の(1)~(3)の問いに答えよ。

(1)　次の文章は, 日本の地形について述べたものである。次の(i),
(ii)の問いに答えよ。

> ①日本列島の地形は起伏に富み, 火山地・丘陵を含む山地の面積は国土の約75％を占める。山地は谷によって細かく刻まれ, 斜面は一般に急傾斜で, 大部分は森林に覆われている。山地の高度は中部地方で3,000mを越える。氷河時代に氷河の侵食・堆積作用によって形成された②小規模な氷河地形が日高山脈や飛驒山脈に断片的に分布する。

(i)　下線部①に関して, 次の図1は近畿地方と中部地方の一部を示した地図である。以下のA~Cの図は, 図1中の地点Tと地点U, 地点Vと地点W, 地点Xと地点Yとを結ぶ直線が通る地点の標高を示した模式的な地形断面図である。あとの1~5のうち, 模式的な地形断面図の組合せとして正しいものはどれか。1~5から一つ選べ。ただし, 模式的な地形断面図については, 水平距離に対して垂直距離は約35倍で表現し, 水平距離の0kmが図1中の直線の北側, 100kmが図1中の直線の南側を示している。

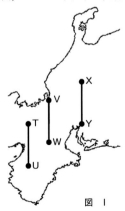

図　Ⅰ

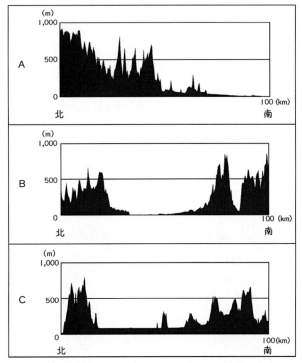

	地点Tと地点U	地点Vと地点W	地点Xと地点Y
1	A	B	C
2	B	A	C
3	A	C	B
4	B	C	A
5	C	B	A

(ii)　下線部②に関して，氷河・周氷河作用による地形の1つで，急な谷壁で囲まれた，半円形ないし半楕円形の平面形をもつ谷は何と呼ばれているか。1〜5から一つ選べ。

1　フィヨルド　　2　モレーン　　3　カール　　4　パルサ
5　ホルン

(2)　次の1〜5は，大阪府，京都府，滋賀県，兵庫県，和歌山県にお

ける，各府県の東端と西端との経度差，北端と南端との緯度差を
それぞれ示したものである。兵庫県に該当するものはどれか。1
〜5から一つ選べ。

	東端と西端との経度差	北端と南端との緯度差
1	1度12分58秒	1度31分10秒
2	1度12分07秒	1度04分24秒
3	1度00分53秒	0度57分07秒
4	0度41分29秒	0度54分46秒
5	0度39分17秒	0度46分46秒

(3) 日本で発生する自然災害に関する次の(i)，(ii)の問いに答えよ。

(i) 次の表1は，1985(昭和60)年から2018(平成30)年までに日本で
発生した火山，洪水，地震，地滑り，台風の5つの自然災害に
おける，発生総件数に占める災害別の発生件数割合と被害総額
に占める災害別の被害額割合をそれぞれ示したものである。以
下の1〜5のうち，災害の種類A〜Eの組合せとして正しいもの
はどれか。1〜5から一つ選べ。

表　1

単位（％）

災害の種類	発生件数割合	被害額割合
A	17.9	82.8
B	57.1	14.0
C	14.7	3.3
D	6.0	0.1
E	4.3	0.002

（中小企業庁の資料より作成）

	A	B	C	D	E
1	地震	台風	地滑り	洪水	火山
2	台風	地震	洪水	火山	地滑り
3	台風	地震	火山	洪水	地滑り
4	地滑り	洪水	台風	火山	地震
5	地震	台風	洪水	地滑り	火山

65

(ii) ハザードマップを作成するためには防災地理情報が必要であり，国土地理院では防災地理情報が表示されている主題図を作成し，一般に提供している。次の1〜5のうち，これらの主題図の1つである土地条件図の説明として正しいものはどれか。1〜5から一つ選べ。

1 内陸部の活断層などの位置を詳細に表示した地図である。

2 洪水，土砂災害対策や土地保全・地域開発などの計画策定において必要な基礎資料を提供することを主な目的とする地図である。

3 火山災害の予測，火山防災対策，噴火時の防災計画策定において必要な基礎資料を提供することを主な目的とする地図である。

4 津波や高潮，海岸浸食などに対する防災対策，沿岸域における各種開発・保全において必要な基礎資料を提供することを主な目的とする地図である。

5 国・都道府県が管理する河川の流域のうち主に平野部を対象として，扇状地，自然堤防，旧河道，後背湿地などの詳細な地形分類及び堤防などの河川工作物などを表示した地図である。

問2 国際博覧会条約に基づき開催される国際博覧会には，登録博覧会と認定博覧会の2種類があり，2025(令和7)年に大阪で登録博覧会が開催予定である。次の表2は，2008(平成20)年から2025年までの国際博覧会の開催国と開催地に関してまとめたものの一部である。開催国や開催地に関する以下の(1)〜(5)の問いに答えよ。ただし，表2には国際園芸博覧会を含んでいない。

表　2

開催年	開催国	開催地	国際博覧会名	種類
2008年	スペイン	サラゴサ	サラゴサ国際博覧会	認定博覧会
2010年	中国	上海	上海国際博覧会	登録博覧会
2012年	韓国	麗水（ヨス）	麗水国際博覧会	認定博覧会
2015年	イタリア	ミラノ	ミラノ国際博覧会	登録博覧会
2017年	カザフスタン	アスタナ	アスタナ国際博覧会	認定博覧会
2021年 ～2022年	アラブ首長国連邦	ドバイ	ドバイ国際博覧会	登録博覧会
2025年	日本	大阪	日本国際博覧会	登録博覧会

登録博覧会の開催期間は、6週間以上6ヶ月以内。
認定博覧会の開催期間は、3週間以上3ヶ月以内。　　　（経済産業省の資料より作成）

(1)　次の表3は，表2中の開催国のうち，アラブ首長国連邦，イタリア，カザフスタン，韓国，中国の2019年における，1人当たり国民総所得，国内総生産成長率，人口に占める年少人口と生産年齢人口及び老年人口の割合をそれぞれ示したものである。アラブ首長国連邦に該当するものはどれか。1～5から一つ選べ。

表　3

	1人当たり国民総所得（ドル）	国内総生産成長率（%）	年少人口（%）	生産年齢人口（%）	老年人口（%）
1	43,470	1.3	14.7	84.1	1.2
2	34,830	0.3	13.2	63.8	23.0
3	33,790	2.0	12.7	72.2	15.1
4	10,390	6.1	17.8	70.7	11.5
5	8,820	4.5	28.9	63.5	7.7

（『データブック　オブ・ザ・ワールド』2020年版、2021年版、2022年版より作成）

(2)　次の1～5のグラフは，アラブ首長国連邦の首都のアブダビ，カザフスタンのアスタナ，韓国の麗水(ヨス)，スペインのサラゴサ，中国の上海の月平均気温と月降水量をそれぞれハイサーグラフで示したものである。カザフスタンのアスタナの月平均気温と月降水量に該当するものはどれか。1～5から一つ選べ。

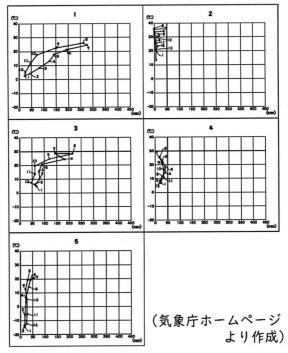

（気象庁ホームページ
より作成）

(3)　韓国は1960年代から80年代にかけて急激な経済成長を達成し，アジアNIEsを構成する1か国となった。次の1～5のうち，アジアNIEsを構成する国や地域の組合せとして正しいものはどれか。1～5から一つ選べ。

1　韓国　　シンガポール　　タイ　　　　ホンコン
2　韓国　　インドネシア　　ベトナム　　マカオ
3　韓国　　インドネシア　　タイ　　　　台湾
4　韓国　　シンガポール　　台湾　　　　ホンコン
5　韓国　　インド　　　　　ベトナム　　マカオ

(4)　ミラノ国際博覧会の開催地であるイタリアのミラノは，イタリア北部の大商工業都市であり，古代から交通の要地である。イタリアは，バチカン市国とサン・マリノ共和国を除き，陸上におい

て4か国と国境を接している。次の1〜5のうち，イタリアが陸上において国境を接している現在の4か国の組合せとして正しいものはどれか。1〜5から一つ選べ。

1	ドイツ	スイス	フランス	クロアチア
2	オーストリア	フランス	スペイン	セルビア
3	オーストリア	スイス	フランス	スロベニア
4	チェコ	フランス	スペイン	クロアチア
5	ドイツ	スイス	ポルトガル	スロベニア

(5) 2025年に日本国際博覧会の開催予定地である大阪は，水運に支えられて経済と文化の中心的都市として発展し，明治の頃には水の都と呼ばれていた。次の表4は，2010(平成22)年における，阿賀野川水系，木曽川水系，信濃川水系，利根川水系，淀川水系の全流域面積，流域などの総人口，流域の主な都道府県の数をそれぞれ示したものである。淀川水系に該当するものはどれか。1〜5から一つ選べ。

表　4

	全流域面積（km²）	総人口（人）	都道府県の数
1	7,710	542,304	3
2	8,240	11,073,576	6
3	9,100	1,927,559	4
4	11,900	2,832,685	3
5	16,840	13,087,825	6

（国土交通省の資料より作成）

(☆☆☆◎◎◎◎)

【2】次の問1〜問3の問いに答えよ。

問1　次の文は，高等学校学習指導要領(平成30年3月告示)の「地理探究」の目標の一部である。以下の(1)〜(4)の問いに答えよ。

> 地理に関わる事象の意味や意義，特色や相互の関連を，①位置や分布，②場所，③人間と自然環境との相互依存関係，空間

的相互依存作用，地域などに着目して，系統地理的，地誌的に，概念などを活用して多面的・多角的に考察したり，地理的な課題の解決に向けて（　ア　）したりする力や，考察，（　ア　）したことを効果的に説明したり，それらを基に議論したりする力を養う。

(1)　上の文について，次の(i)，(ii)の問いに答えよ。

　(i)　文中の（　ア　）に当てはまる語句を答えよ。

　(ii)　「地理探究」の学習を通じて育成される3つの資質・能力のうち，上の文で示した目標の一部はどれに該当するか。1～3から一つ選び，数字で答えよ。

　　1　知識及び技能
　　2　思考力，判断力，表現力等
　　3　学びに向かう力，人間性等

(2)　下線部①に関して，1992(平成4)年に制定された地理教育国際憲章には，「人間と場所の位置に関する知識は，地元，地域，国家，地球上でのそれぞれの相互依存関係を理解するための前提条件となる」と記載がある。次の(i)，(ii)の問いに答えよ。

　(i)　日付変更線は，地球上で人為的に日付を変更する境界線である。世界の国のうち，1月1日を最も早く迎えるライン諸島のミレニアム島(カロリン島)がある国はどこか。

　(ii)　パナマ地峡以南からはじまる南アメリカ大陸において，最北端に位置するガジナス(ガイナス)岬がある太平洋とカリブ海に臨む国はどこか。

(3)　下線部②に関して，上述の地理教育国際憲章には，「場所の自然的特徴に関する知識，あるいは人々の環境への関心や行為は，人間と場所の相互依存関係を理解するための基礎となる」と記載がある。次の(i)，(ii)の問いに答えよ。

　(i)　次の表1は，2021年における，鉛鉱，金鉱，銀鉱，鉄鉱石，銅鉱の埋蔵量の多い上位4か国をそれぞれ示したものである。

鉄鉱石に該当するものはどれか。1～5から一つ選び，数字で答えよ。

表 I

	1位	2位	3位	4位
1	オーストラリア	ロシア	南アフリカ共和国	アメリカ合衆国
2	チリ	オーストラリア	ペルー	ロシア
3	オーストラリア	ブラジル	ロシア	中国
4	ペルー	オーストラリア	ポーランド	ロシア
5	オーストラリア	中国	ペルー	メキシコ

（『世界国勢図会』2022/23より作成）

(ii) 次の文は，北極圏について述べたものである。文中の（ ア ）～（ ウ ）に当てはまる数字や語句を答えよ。ただし，文中の（ ア ）には数字，（ イ ）と（ ウ ）には語句が入る。

> 地球上の，北緯（ ア ）度33分39秒以北の地域のことを北極圏といい，真夏に太陽が沈まない状態が続く現象は（ イ ），真冬に太陽が昇らない状態が続く現象は（ ウ ）と呼ばれている。

(4) 下線部③に関して，M先生は谷地形に興味をもち，生駒山地と矢田丘陵にはさまれた生駒谷の自然環境や土地利用について地域調査を行った。次の図1を見て，この地域調査に関する以下の(i)，(ii)の問いに答えよ。

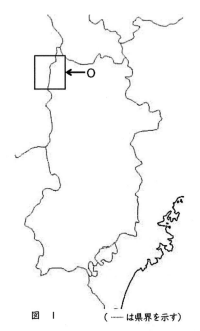

図　Ｉ　　　　　（ ……… は県界を示す）

(i)　次の図2は，国土地理院が発行する2万5千分1地形図『生駒山』(平成29年8月1日発行)の一部を約90％に縮小したものである。M先生は，図1中のOの範囲のうち，次の図2に示した生駒山地の地形について調べた。以下の(a)，(b)の問いに答えよ。

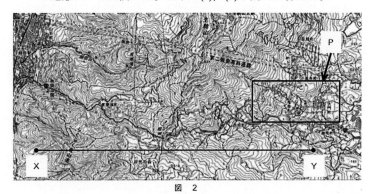

図　2

(a)　生駒山地は断層山地のうち，傾動山地(傾動地塊)である。傾動山地(傾動地塊)の特徴について，図2中の地点Xと地点Yとを結ぶ直線と交わる等高線の間隔から読み取れることにふれて簡潔に説明せよ。

(b)　次の図3は，図2中のPの範囲を約250％に拡大したものである。次の図3中の斜面には，田を示す地図記号がみられる。斜面を階段状に切り盛りして造成した水田地帯は何と呼ばれているか。

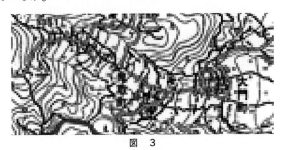

図　3

(ii)　次の図4は，国土地理院が発行する2万5千分1地形図『生駒山』(平成29年8月1日発行)の一部を約110％に拡大したものである。M先生は，図1中のOの範囲のうち，次の図4に示した生駒谷の地形について調べた。図4中の中央を南北に流れる河川は竜田川と呼ばれている。以下の(a)～(c)の問いに答えよ。

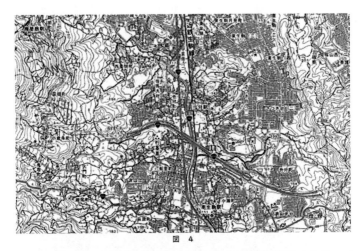

図　4

(a)　次の図5は，国土地理院が作成する陰影起伏図である。M
先生は，図4中の範囲のうち，次の図5に示した範囲の陰影起
伏図を利用して典型地形について調べることにした。図5中
のQの範囲には，竜田川の作用によって形成された典型地形
がみられる。河川の沿岸にみられる崖ないし急斜面と平坦面
とからなる階段状に形成された典型地形の名称を答えよ。ま
た，この典型地形の形成過程について簡潔に説明せよ。

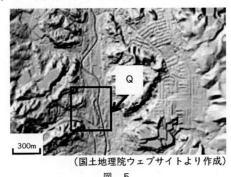

（国土地理院ウェブサイトより作成）

図　5

(b)　竜田川は大和川水系に属している。大和川はその源を奈
良県桜井市の笠置山地に発し，奈良盆地を放射状に広がる大

74

和川水系の支流が合流して，亀の瀬を経て河内平野に入り大阪湾に注ぐ。奈良盆地における大和川水系の水の流れの特徴について，「低平地」の語を用いて簡潔に説明せよ。

(c)　次の図6は，大日本帝國陸地測量部が発行した2万5千分1地形圖『生駒山』(大正15年1月30日発行)の一部を約150％に拡大したものである。M先生は，図4中の範囲のうち，次の図6に示した集落について調べた。生駒谷の集落の形態は塊村であり，自然発生的な集落である。図6中のRの集落では，16世紀後半に始まった清酒醸造が現在も行われている。図6中のRの集落がこの位置に形成された要因のうち，水に係る要因について，図6中のRの集落の北側と南側の等高線から読み取れる地形の特徴にふれて簡潔に説明せよ。

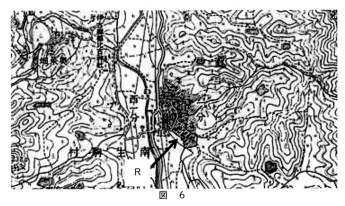

図　6

問2　次の図7で示した中国に関する以下の(1)～(3)の問いに答えよ。なお，図7中のmは山脈を示している。

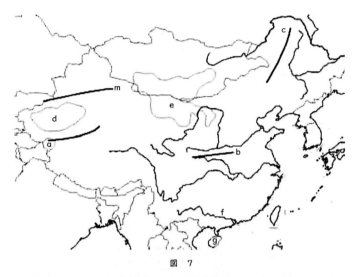

図　7

(1)　図7中のa・b・cの山脈名，d・eの砂漠名，fの河川名，gの島名を答えよ。

(2)　図7中のmは，テンシャン(天山)山脈を示している。テンシャン山脈の東側に位置するトゥルファン(吐魯番)盆地では，カレーズ(カンアルチン)を用いて，綿花やブドウなどの栽培が行われている。カレーズ(カンアルチン)とは何か。

(3)　次の図8は，中国の行政区分を示したものである。以下の(i)，(ii)の問いに答えよ。

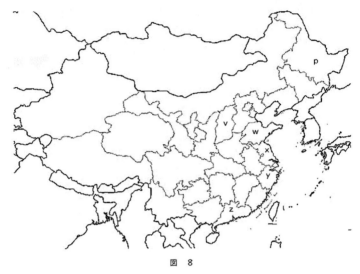

図　8

(i)　図8中のpの省は，ヘイロンチヤン(黒竜江)省である。次の図9
中のA〜Dは，2019年における，中国の国内全体とヘイロンチ
ヤン省の農作物の作付総面積に占める小麦，米，とうもろこし，
豆類の作付面積の割合を示したものである。図9中のA〜Dには，
小麦，米，とうもろこし，豆類のいずれかが入る。豆類に該当
するものはどれか。A〜Dから一つ選び，記号で答えよ。

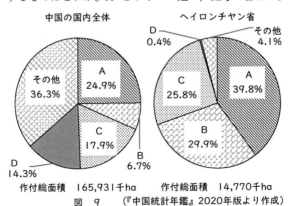

図　9　（『中国統計年鑑』2020年版より作成）

(ii)　コワントン(広東)省に関する次の(a)，(b)の問いに答えよ。

(a)　図8中のv～zのうち，コワントン省を示すものはどれか。v～zから一つ選び，記号で答えよ。

(b)　次の1～5は，図8中のv～zの省の産業について，それぞれ述べたものである。コワントン省に該当するものはどれか。1～5から一つ選び，数字で答えよ。

1　2020年における集積回路の生産量83,645百万個は国内第1位となっており，スーチョウ(蘇州)には蘇州ハイテク産業開発区が設けられている。

2　2020年における化学繊維の生産量29,642千トンは国内第1位となっており，シャオシン(紹興)には繊維製品集積センターが設けられている。

3　2020年におけるテレビの生産台数112,334千台は国内第1位となっており，シェンチェン(深圳)は「中国のシリコンバレー」と呼ばれている。

4　2020年における塩の生産量12,958千トンは国内第1位となっており，チヤオチョウ(膠州)湾岸は中国有数の海塩生産地である。

5　2020年における石炭の産出量1,079百万トンは国内第1位となっており，タートン(大同)は石炭輸送の拠点となっている。

問3　高校生のOさんは，環境問題に興味をもち，調査を行った。次の(1)～(3)の問いに答えよ。

(1)　林野庁の『令和4年版　森林・林業白書』では，2050年カーボンニュートラルという語句が繰り返し使用されている。2050年カーボンニュートラルについて，「差し引き」「抑え」の2語を用いて簡潔に説明せよ。

(2)　森林保全に関する次の(i)，(ii)の問いに答えよ。

(i)　次の表2は，2019年におけるアジア，アフリカ，オセアニア，北中アメリカ，南アメリカ，ヨーロッパの森林面積，木材伐採

高，木材伐採高のうち針葉樹の伐採高をそれぞれ示したものである。南アメリカに該当するものはどれか。1～5から一つ選び，数字で答えよ。

表 2

	森林面積（千ha）	木材伐採高（千m³）	うち針葉樹（千m³）
1	185,249	86,799	53,461
2	753,009	705,025	479,725
3	621,427	1,165,381	164,730
4	1,017,239	814,950	574,640
5	846,311	412,827	95,162
アフリカ	640,609	784,386	29,913
世界計	4,063,843	3,969,368	1,397,631

ロシアはヨーロッパに含まれる。　　　（『世界国勢図会』2021/22，2022/23より作成）

(ii)　国際連合食糧農業機関の『世界森林資源評価2020』によると，世界の森林面積は，アフリカや南アメリカなどの熱帯雨林を中心に，世界全体としては依然として減り続けている。自然保護のために，例として，カメルーン南西部の熱帯雨林地帯では，コアとなる地区を環境保護活動・研究に限って開放し，周辺に緩衝地帯を設け，熱帯雨林に熱帯作物を混植し，森林生態系を維持しながら農業経営を行うことを推進するなどにより，地域住民の経済発展を図る，という新たな管理戦略をとっている。このような樹木の栽培と農作物の栽培などとを組み合わせ，森林生態系を維持しながら農業経営などを行うことは何と呼ばれているか。カタカナで答えよ。

(3)　2021(令和3)年，世界的に貴重な固有種や絶滅危惧種が数多く生息・生育しており，独特で豊かな生物多様性の生息域内保全において極めて重要な自然の生息地を包含していることが評価されるなどにより，日本において5件めとなる世界自然遺産が登録された。次の1～5のうち，2021年に登録された日本の世界自然遺産を構成する島の組合せとして正しいものはどれか。1～5から一つ選び，数字で答えよ。

1	奄美大島	徳之島	沖縄島	西表島
2	奄美大島	徳之島	石垣島	西表島
3	種子島	奄美大島	沖縄島	石垣島
4	種子島	徳之島	宮古島	西表島
5	種子島	沖縄島	宮古島	石垣島

(☆☆☆◎◎◎◎)

公 民 科

【共通問題】

【1】

(1)　日本の地方自治制度に関する記述として，誤っているものを1～5から一つ選べ。

1　日本国憲法には地方自治に関する規定があるが，大日本帝国憲法には地方自治に関する規定はない。

2　地方自治体の首長を決める選挙を間接選挙で実施することはできない。

3　地方公共団体の首長の任期は地方自治法で4年と定められており，条例によって任期を変更することはできない。

4　普通地方公共団体には，特別区は含まれない。

5　地方公共団体の議会において，当該地方公共団体の長に対する不信任の議決をするためには，議員数の過半数の者が出席しなければならない。

(2)　日本の安全保障に関する記述として，誤っているものを1～5から一つ選べ。

1　1960年に結ばれた日米地位協定では，アメリカ合衆国の軍隊の構成員は，外国人の登録及び管理に関する日本国の法令の適用から除外されている。

2　日本国とアメリカ合衆国との間の安全保障条約(日米安全保障条

約)は，サンフランシスコ平和条約と同じ年に調印された。

3 2001年に日本はテロ対策特別措置法を制定して，同法に基づき自衛隊をイラクに派遣した。

4 1999年に制定された周辺事態法では，周辺事態下でのアメリカ合衆国の軍隊に対する後方支援活動を行うことを定めた。

5 2004年に制定された国民保護法は，武力攻撃事態における，国，地方公共団体等の責務，国民の協力等について定めている。

(3) 次のうち，インドネシアからの分離独立を背景とした紛争はどれか。1～5から一つ選べ。

1 フォークランド紛争　　2 チェチェン紛争

3 カシミール紛争　　　　4 東ティモール紛争

5 南オセチア紛争

(4) 欧州連合(EU)に関する記述として，誤っているものを1～5から一つ選べ。

1 1952年に欧州石炭鉄鋼共同体(ECSC)が設立され，西ドイツ，フランス，イタリア，ベルギー，オランダ，ルクセンブルクの6か国が加盟した。

2 1993年に加盟国間の外交・安全保障，司法・内務協力を行うマーストリヒト条約が発効し，欧州連合(EU)が設立された。

3 1999年に単一通貨であるユーロが導入され，2023年7月現在，すべての欧州連合(EU)加盟国で採用されている。

4 2023年のG7サミット(主要国首脳会議)には，欧州理事会議長及び欧州委員会委員長が参加した。

5 2019年に日本と欧州連合(EU)との間で経済連携協定(EPA)が発効され，将来的に日本産の乗用車の関税は撤廃されることになった。

(5) 次の表は，日本の令和5年度一般会計予算の歳入・歳出の構成割合を示している。表のA～Eに当てはまる費目の組合せとして適当なものを1～5から一つ選べ。

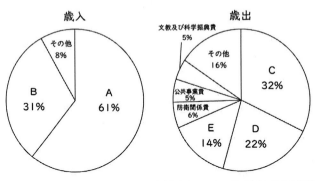

（財務省ホームページ　財政に関する資料より作成）

	A	B	C	D	E
1	公債金	租税及び印紙収入	社会保障関係費	国債費	地方交付税交付金等
2	公債金	租税及び印紙収入	地方交付税交付金等	社会保障関係費	国債費
3	公債金	租税及び印紙収入	国債費	地方交付税交付金等	社会保障関係費
4	租税及び印紙収入	公債金	社会保障関係費	国債費	地方交付税交付金等
5	租税及び印紙収入	公債金	地方交付税交付金等	社会保障関係費	国債費

(6)　中国の儒家思想家の一人である孟子に関する説明として，誤っているものを1〜5から一つ選べ。

1　徳治主義を説き，王道政治による天下統一を主張した。

2　中国の戦国時代に活躍し「亜聖」と評され，孔子に影響を与えた。

3　弟子たちとの問答等を記録した『孟子』は，四書の一つに数えられている。

4　人間の道徳的基準として仁義を重視し，道徳成立の根拠として性善説を説いた。

5　人には誰でも「惻隠・羞悪・辞譲・是非の心」の四端の心がそなわっていると説いた。

(7) 『支配の社会学』を著し，近代官僚制は，職務権限や給与体系の法制化，専門職による分業，文書による処理などの特徴があると指摘した，ドイツの社会学者はだれか。1〜5から一つ選べ。

1 オルテガ　　2 ウェーバー　　3 リースマン　　4 フロム

5 フーコー

(8) 近代の日本における人物についての説明として，誤っているものを1〜5から一つ選べ。

1 幸徳秋水は，中江兆民に師事し，『廿世紀之怪物帝国主義』を著した。

2 片山潜は，安部磯雄らと社会主義政党である社会民主党を結成した。

3 河上肇は，『貧乏物語』を著し，マルクス主義にもとづいた社会主義運動を展開した。

4 美濃部達吉は，国民の代表機関たる議会は，天皇と立法権においては対等の権限をもつと説いた。

5 吉野作造は，「政治の目的は一般民衆の利福と意向」に沿うことにあると論じ，天皇主権を前提としない民本主義を唱えた。

(9) ヤスパースの思想の説明として正しいものを1〜5から一つ選べ。

1 人間は極限状態のなかに投げ出され，「存在とはなにか」などの根源的な問いを発することをとおして，永遠の存在に根ざしたみずからの実存が明らかになると説いた。

2 人が真の自己を取り戻すには，自らが「死への存在」であることを自覚することが必要だと説いた。

3 この世界は意味も目的もなく無限に反復する永劫回帰の世界であるが，そのことを受け止め，生きる意味や目的を自ら生み出す「超人」のごとくに生きなければならないと説いた。

4 全人類にも及ぼす責任を自覚して，自己や社会問題に積極的に関わるべきだという社会参加「アンガージュマン」の思想を説いた。

5 客観的真理ではなく，自分のすべてを賭けて実現すべき「主体

的真理」を追究すべきであると説いた。

(10)　地球環境問題に関する記述として，誤っているものを1～5から一つ選べ。

1　レイチェル・カーソンは，その著書『沈黙の春』において，地球温暖化やオゾン層破壊を原因として生じる生態系の破壊に警鐘をならした。

2　コルボーンは，その著書『奪われし未来』において，環境ホルモンの危険性に警鐘をならした。

3　ボールディングは，「宇宙船地球号」という言葉をもって，人類は循環的な生態システムの中で生活しなければならないと説いた。

4　ハーディンは，海洋問題，大気汚染などの地球環境問題が「共有地(コモンズ)の悲劇」につながると説いた。

5　ローマ・クラブは，『成長の限界』で，資源枯渇と環境汚染に注目し，人類の危機に対する警鐘をならした。

(☆☆◎◎◎)

【倫理】

【1】現代社会の諸課題に関する次の(1)，(2)に答えよ。

(1)　次は，「日本国憲法　第三章　国民の権利及び義務」に示されている条文およびその一部である。以下のア～キの問いに答えよ。

第11条　　国民は，すべての_A基本的人権の享有を妨げられない。この憲法が国民に保障する基本的人権は，侵すことのできない永久の権利として，現在及び将来の国民に与へられる。

第12条　　この憲法が国民に保障する自由及び権利は，国民の[　あ　]によつて，これを保持しなければならない。

第14条　　すべて国民は，法の下に平等であつて，人種，信条，性別，社会的身分又は門地により，政治的，経

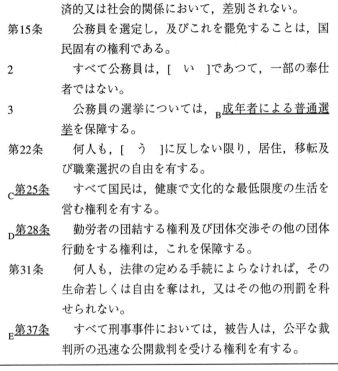

済的又は社会的関係において，差別されない。

第15条　　公務員を選定し，及びこれを罷免することは，国
　　　　　民固有の権利である。

2　　　　すべて公務員は，[　い　]であつて，一部の奉仕
　　　　　者ではない。

3　　　　公務員の選挙については，_B成年者による普通選
　　　　　挙を保障する。

第22条　　何人も，[　う　]に反しない限り，居住，移転及
　　　　　び職業選択の自由を有する。

_C第25条　　すべて国民は，健康で文化的な最低限度の生活を
　　　　　営む権利を有する。

_D第28条　　勤労者の団結する権利及び団体交渉その他の団体
　　　　　行動をする権利は，これを保障する。

第31条　　何人も，法律の定める手続によらなければ，その
　　　　　生命若しくは自由を奪はれ，又はその他の刑罰を科
　　　　　せられない。

_E第37条　　すべて刑事事件においては，被告人は，公平な裁
　　　　　判所の迅速な公開裁判を受ける権利を有する。

ア　上記の空欄[　あ　]～[　う　]に入る適切な語句を記せ。

イ　①　下線部Aの考え方は，17～18世紀の市民革命の中で打ち出
　　　　された人権宣言によって確立された。次の表は，市民革命を
　　　　支えた思想である社会契約説を唱えた思想家についてまとめ
　　　　たものである。空欄　Ⅰ　・　Ⅱ　に入る適切な語句を
　　　　記せ。

思想家	ホッブズ	ロック	ルソー
主著	『リバイアサン』	『市民政府論』	『社会契約論』
理論	人間の自然状態を闘争とみなし，各人の自然権を全面的に君主に譲渡する社会契約を結ぶ	各人の自然権の一部を政府に信託する社会契約と結び，国民の抵抗権を主張	人民はすべての自然権を，公共の利益の実現をめざす意志である　Ⅱ　に基づく集合体に譲渡する社会契約を結ぶ
革命への影響		Ⅰ　（1775〜83年）に影響を与えた	フランス革命(1789〜99年)に影響を与えた

② 下線部Aに関連して，国際連合憲章第1条は，国際連合の目的の一つとして，人権及び基本的自由の尊重を謳っている。国際連合は設立以来，世界人権宣言(1948年)や，それに続く各種人権条約の採択を初めとして，世界の人権問題への対処，国際的な枠組における人権の保護・促進に取り組んでいる。次は，国際連合で採択された人権に関するある条約の一部である。この条約の名称を答えよ。

> 　締約国は，自己の意見を形成する能力のある児童がその児童に影響を及ぼすすべての事項について自由に自己の意見を表明する権利を確保する。この場合において，児童の意見は，その児童の年齢及び成熟度に従って相応に考慮されるものとする。

ウ 日本国憲法の施行から70年以上が経過したこんにちでは，日本国憲法に明記はされていない人権が「新しい人権」として主張されている。「新しい人権」と関連して，「環境権」について，「背景となった社会問題」「根拠となる憲法の条文と内容」「権利の内容とその発展」の3点に触れながら説明せよ。

エ 下線部Bについて，次は『18歳選挙権に関する意識調査報告書』(総務省，平成28年12月)の一部である。選挙権年齢引き下げ後，初の国政選挙となった第24回参議院議員通常選挙に関する意識調査を行ったところ，18〜20歳の「期日前投票制度」「不在者投票制度」についての認識は以下のとおりであった。「不在者投票制

度」について，「滞在」の語句を用いて簡潔に説明せよ。

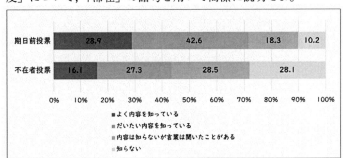

期日前投票	28.9	42.6	18.3	10.2
不在者投票	16.1	27.3	28.5	28.1

0%　10%　20%　30%　40%　50%　60%　70%　80%　90%　100%

■よく内容を知っている
■だいたい内容を知っている
■内容は知らないが言葉は聞いたことがある
■知らない

オ　下線部Cの法的性格をめぐっては，法的権利説とプログラム規定説とで解釈が分かれている。朝日訴訟(生活保護法による保護に関する不服の申立に対する裁決取消請求，昭和39(行ツ)14，昭和42年5月24日，最高裁判所大法廷)において最高裁判所は「プログラム規定説」を採用したが，「プログラム規定説」とはどのような考え方か説明せよ。

カ　下線部Dで示された三つの権利のうち，すべての公務員に禁止されているのはどの権利か答えよ。

キ　下線部Eに関連して，2009(平成21)年5月21日から，国民の司法参加を促すある制度が開始された。この制度は，1999(平成11)年7月，内閣に設置された司法制度改革審議会が，2001(平成13)年6月に取りまとめた司法制度改革審議会意見書の中で「司法制度改革の三つの柱」の一つとして国民的基盤の確立を掲げ，その中核として導入が提言された制度である。この制度を何というか答えよ。

(2)　次のア～エの問いに答えよ。

ア　様々な人間の心の在り方に関する次の①～③の問いに答えよ。

①　オーストリアの神経学者であるS．フロイト(S.Freud)は，精神分析の創始者であると言われている。S．フロイトが概念を提唱した，外的環境からの危険や内的な心理的葛藤によって生じる不安や衝動から自己を守るために無意識的に行われる抑圧や合理化，置き換えや反動形成などの反応様式を何と言うか。

漢字4字で記せ。

② ドイツに生まれアメリカに渡った心理学者であるエリクソン(E.H.Erikson)は，S.フロイトの精神分析的発達理論を発展させた心理・社会的発達理論を提唱し，人生(ライフサイクル)を八つの発達段階に分け，各段階ごとに心理・社会的課題と危機を示した。次の1〜6のうち，エリクソンが示した青年期(思春期)，成人期(成人初期)，中年期(壮年期)における心理・社会的課題と危機を表したものとして正しいものはどれか。1〜6から一つ選び，数字を記せ。

	青年期（思春期）	成人期（成人初期）	中年期（壮年期）
1	親密性 対 孤立	世代継承性 対 停滞（自己陶酔）	自我同一性 対 同一性拡散
2	親密性 対 孤立	自我同一性 対 同一性拡散	世代継承性 対 停滞（自己陶酔）
3	世代継承性 対 停滞（自己陶酔）	親密性 対 孤立	自我同一性 対 同一性拡散
4	世代継承性 対 停滞（自己陶酔）	自我同一性 対 同一性拡散	親密性 対 孤立
5	自我同一性 対 同一性拡散	親密性 対 孤立	世代継承性 対 停滞（自己陶酔）
6	自我同一性 対 同一性拡散	世代継承性 対 停滞（自己陶酔）	親密性 対 孤立

③ エリクソンは，青年期が心理的社会的に成人化するための責任猶予期間である性質をもっているとして，「心理・社会的モラトリアム」という語を用いた。これに対し，日本の精神分析学者・心理学者である小此木啓吾は，青年期の延長による「新しいモラトリアム心理」の出現を論じた。小此木啓吾が著書『モラトリアム人間の時代』の中で述べた，青年期の延長をもたらす直接的な要因とされる社会的要因と心理的要因を，それぞれ一つずつ簡潔に記せ。

イ　古代ギリシア哲学に関する次の①，②の問いに答えよ。

① 古代ギリシアにおいて，自然のあらゆる現象を生みだすアルケー(根源)を探究する自然哲学が生まれた。次の1〜6のうち，哲学者のタレス(Thales)，デモクリトス(Demokritos)，ヘラクレイトス(Herakleitos)のそれぞれが，自然のあらゆる現象を生みだすと説いたアルケー(根源)について，その組み合わせとして正しいものはどれか。1〜6から一つ選び，数字を記せ。

	タレス	デモクリトス	ヘラクレイトス
1	火	水	分割不可能な原子
2	火	分割不可能な原子	水
3	水	火	分割不可能な原子
4	水	分割不可能な原子	火
5	分割不可能な原子	火	水
6	分割不可能な原子	水	火

② 古代ギリシャの哲学者ソクラテス(Sokrates)に関連した，次の文章の空欄【　Ａ　】に入る語句を6字で記せ。

> ソクラテスは，古代ギリシアの聖地であったデルフォイ(デルポイ)のアポロン神殿の柱に刻まれていた標語である「【　Ａ　】」を，「自分の無知を自覚せよ」という意味に解釈し，この標語を自らの標語として新たな探究を行った。

ウ　宗教に関する次の①〜③の問いに答えよ。

① 『神学大全』や『対異教徒大全』などを著し，信仰と理性との統一をめざし，信仰と理性とを分離したうえで，同時に両者の内的総合を追究して有機的な関係を基礎づけ，学としての神学を樹立した，ドミニコ会士で盛期スコラ学の神学者・哲学者は誰か。名前を記せ。

② ムスリムに義務づけられる五つの儀礼的実践である五行(五柱)の一つに信仰告白(シャハーダ)がある。信仰告白(シャハーダ)で唱える内容を，次の語句を用いて記せ。
「アッラー」「神の使徒」

③　仏教で説かれる，生，老，病，死の四苦に愛別離苦，怨憎会苦，求不得苦，五陰盛苦(五蘊盛苦・五取蘊苦)を加えたものを八苦という。このうち，五陰盛苦(五蘊盛苦・五取蘊苦)とは五陰(五蘊・五取蘊)から生じるどのような苦か。五陰(五蘊・五取蘊)を構成する五つの要素にも触れながら簡潔に説明せよ。

エ　近代西洋思想に関する次の①～③の問いに答えよ。

①　イギリスの人文主義者であるトマス＝モア(Thomas More)が著した，当時のイギリス社会を批判し理想的な社会を描いた，ギリシア語で「どこにもない場所」を意味する作品名を記せ。

②　ドイツの哲学者カント(I.Kant)に関する説明として，誤っているものはどれか。次の1～5から一つ選び，数字を記せ。

1　認識が対象に従うのではなく，対象が認識に従うという新しい認識論を論じた発想の転回は，コペルニクス的転回と呼ばれる。

2　『法の哲学』(『法哲学』)を著し，市民社会という社会のあり方を取り入れて，家族，市民社会，国家という社会集団と個人の関係を考察した。

3　三批判書と称される『純粋理性批判』，『実践理性批判』，『判断力批判』を著し，理論，実践，美的感情，目的論に及ぶ批判哲学全体の広がりを提示した。

4　『永遠平和のために』(『永久平和のために』)を著し，永遠平和を政治的最高善ととらえ，国際法は，自由な諸国家の連合制度に基礎を置くべきであると主張した。

5　啓蒙思想の完成者とされ，イギリス経験論と大陸合理論の両者を止揚し総合することによって，新たな認識批判・認識理論の根拠を築いた。

③　イギリスの哲学者ベンサム(J.Bentham)に関連した次の文章の空欄【　Ｂ　】には，ベンサムが社会の利益とは何であるかについて述べた内容が入る。空欄【　Ｂ　】に入れるのに適している内容を，「成員」の語句を用いて簡潔に記せ。

> 　ベンサムは著書『道徳および立法の諸原理序説』の中で，「社会とは，いわばその成員を構成すると考えられる個々の人々から形成される，擬制的な団体である。」と述べ，社会の利益とは，【　B　】に他ならないとした。

(☆☆☆☆◎◎◎)

【政治・経済】

【1】現代社会の諸課題に関する次の(1)～(3)に答えよ。

(1)　次は，「日本国憲法　第3章　国民の権利及び義務」に示されている条文およびその一部である。以下のア～キの問いに答えよ。

第11条	国民は，すべての_A基本的人権の享有を妨げられない。この憲法が国民に保障する基本的人権は，侵すことのできない永久の権利として，現在及び将来の国民に与へられる。
第12条	この憲法が国民に保障する自由及び権利は，国民の[　あ　]によつて，これを保持しなければならない。
第14条	すべて国民は，法の下に平等であつて，人種，信条，性別，社会的身分又は門地により，政治的，経済的又は社会的関係において，差別されない。
第15条	公務員を選定し，及びこれを罷免することは，国民固有の権利である。
2	すべて公務員は，[　い　]であつて，一部の奉仕者ではない。
3	公務員の選挙については，_B成年者による普通選挙を保障する。
第22条	何人も，[　う　]に反しない限り，居住，移転及び職業選択の自由を有する。

> | C | <u>第25条</u> | すべて国民は，健康で文化的な最低限度の生活を営む権利を有する。 |
> | D | <u>第28条</u> | 勤労者の団結する権利及び団体交渉その他の団体行動をする権利は，これを保障する。 |
> | | 第31条 | 何人も，法律の定める手続によらなければ，その生命若しくは自由を奪はれ，又はその他の刑罰を科せられない。 |
> | E | <u>第37条</u> | すべて刑事事件においては，被告人は，公平な裁判所の迅速な公開裁判を受ける権利を有する。 |

ア　上記の空欄[　あ　]～[　う　]に入る適切な語句を記せ。

イ　① 　下線部Aの考え方は，17～18世紀の市民革命の中で打ち出された人権宣言によって確立された。次の表は，市民革命を支えた思想である社会契約説を唱えた思想家についてまとめたものである。
空欄　Ⅰ　・　Ⅱ　に入る適切な語句を記せ。

思想家	ホッブズ	ロック	ルソー
主著	『リバイアサン』	『市民政府論』	『社会契約論』
理論	人間の自然状態を闘争とみなし，各人の自然権を全面的に君主に譲渡する社会契約を結ぶ	各人の自然権の一部を政府に信託する社会契約を結び，国民の抵抗権を主張	人民はすべての自然権を，公共の利益の実現をめざす意志である　Ⅱ　に基づく集合体に譲渡する社会契約を結ぶ
革命への影響		Ⅰ　（1775～83年）に影響を与えた	フランス革命(1789～99年)に影響を与えた

② 　下線部Aに関連して，国際連合憲章第1条は，国際連合の目的の一つとして，人権及び基本的自由の尊重を謳っている。国際連合は設立以来，世界人権宣言(1948年)や，それに続く各種人権条約の採択を初めとして，世界の人権問題への対処，国際的な枠組における人権の保護・促進に取り組んでいる。次は，国際連合で採択された人権に関するある条約の一部である。この条約の名称を答えよ。

> 締約国は，自己の意見を形成する能力のある児童が
> その児童に影響を及ぼすすべての事項について自由に
> 自己の意見を表明する権利を確保する。この場合にお
> いて，児童の意見は，その児童の年齢及び成熟度に従
> って相応に考慮されるものとする。

ウ 日本国憲法の施行から70年以上が経過したこんにちでは，日本
国憲法に明記はされていない人権が「新しい人権」として主張さ
れている。「新しい人権」と関連して，「環境権」について，「背
景となった社会問題」「根拠となる憲法の条文と内容」「権利の内
容とその発展」の3点に触れながら説明せよ。

エ 下線部Bについて，次は『18歳選挙権に関する意識調査報告書』
(総務省，平成28年12月)の一部である。選挙権年齢引き下げ後，
初の国政選挙となった第24回参議院議員通常選挙に関する意識調
査を行ったところ，18〜20歳の「期日前投票制度」「不在者投票
制度」についての認識は次のとおりであった。「不在者投票制度」
について，「滞在」の語句を用いて簡潔に説明せよ。

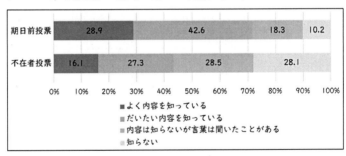

オ 下線部Cの法的性格をめぐっては，法的権利説とプログラム規
定説とで解釈が分かれている。朝日訴訟(生活保護法による保護
に関する不服の申立に対する裁決取消請求，昭和39(行ツ)14，昭
和42年5月24日，最高裁判所大法廷)において最高裁判所は「プロ
グラム規定説」を採用したが，「プログラム規定説」とはどのよ
うな考え方か説明せよ。

カ　下線部Dで示された三つの権利のうち，すべての公務員に禁止されているのはどの権利か答えよ。

キ　下線部Eに関連して，2009(平成21)年5月21日から，国民の司法参加を促すある制度が開始された。この制度は，1999(平成11)年7月，内閣に設置された司法制度改革審議会が，2001(平成13)年6月に取りまとめた司法制度改革審議会意見書の中で「司法制度改革の三つの柱」の一つとして国民的基盤の確立を掲げ，その中核として導入が提言された制度である。この制度を何というか答えよ。

(2)　次の表は第二次世界大戦後の国際経済の動きをまとめたものである。以下のア〜オの問いに答えよ。

年	出来事
1945年	前年に締結されたブレトン・ウッズ協定により、国際通貨基金（IMF）と国際復興開発銀行（IBRD・世界銀行）が設立
1948年	関税及び貿易に関する一般協定（GATT）発足
1964年	国連貿易開発会議（UNCTAD）設立
1965年	アメリカが北ベトナムに北爆を開始し、ベトナム戦争に本格的に介入
1968年	日本のGDPが世界第2位となる
1971年	7月にヨーロッパ共同体（EC）、8月に日本が_A特恵関税制度を導入　アメリカのニクソン大統領が_B米ドルと金の兌換一時中止を発表
1973年	_C第1次石油危機が起こる
1985年	プラザ合意が行われる
1986年	GATTウルグアイ・ラウンドが行われる（〜1994年）
1989年	マルタ会談が行われ、冷戦終結宣言がなされる
1995年	GATTに代わり、_D世界貿易機関（WTO）が設立
2001年	_Eミレニアム開発目標（MDGs）策定
2008年	リーマンショックが起こる
2015年	_F持続可能な開発目標（SDGs）策定

ア　①　下線部Aは，国連貿易開発会議(UNCTAD)の第1回総会において提出された『開発のための新しい貿易政策を求めて』と題する報告書における提案に基づいて導入された。この報告を行ったUNCTAD初代事務局長の名前を答えよ。

②　下線部Aは，どのような制度であるか簡潔に説明せよ。

イ　下線部Bの背景にあったアメリカの経済状況について,「ドル危
　　機」の内容に触れながら説明せよ。

ウ　①　下線部Cは,第4次中東戦争が勃発し,アラブ諸国が原油輸
　　　　出禁止や価格の引き上げといった「石油戦略」をとったこと
　　　　が契機となっている。「石油戦略」の背景にあった天然資源
　　　　に対する国家管理を強化し,自国の主導権のもとで開発・生
　　　　産を行おうとする動きを何というか答えよ。

　　　②　下線部Cを契機として,当時のジスカール・デスタン大統
　　　　領の提案により,1975年に6か国の元首及び首相が参加し第1
　　　　回サミット(主要国首脳会議)が開催された。第1回サミット
　　　　(主要国首脳会議)が開催された国を答えよ。

エ　下線部Dは,経済のグローバル化への対応が協議されたGATT
　　ウルグアイ・ラウンド交渉(1986〜1994年)での合意に基づいて設
　　立された国際機関である。この機関は,加盟国の貿易紛争を迅速
　　に解決するための紛争解決制度を有している。紛争解決手続にお
　　いて,議長がある決定案を採択してよいか加盟国に問い,これに
　　対し全加盟国が異議を唱える場合のみ案が否決される方式のこと
　　を何というか答えよ。

オ　下線部Eでは「絶対的貧困層の半減」が目標として掲げられ,
　　下線部Fへと引き継がれる形となった。世界銀行が「貧困」を定
　　義するために,購買力平価(PPP)に基づいて設定した国際的な基
　　準を何というか答えよ。

(3)　近代西洋思想に関する次のア〜ウの問いに答えよ。

ア　イギリスの人文主義者であるトマス＝モア(Thomas More)が著し
　　た,当時のイギリス社会を批判し理想的な社会を描いた,ギリシ
　　ア語で「どこにもない場所」を意味する作品名を記せ。

イ　ドイツの哲学者カント(I.Kant)に関する説明として,誤っている
　　ものはどれか。次の1〜5から一つ選び,数字を記せ。

　　1　認識が対象に従うのではなく,対象が認識に従うという新し
　　　い認識論を論じた発想の転回は,コペルニクス的転回と呼ばれ

る。

2　『法の哲学』(『法哲学』)を著し，市民社会という社会のあり方を取り入れて，家族，市民社会，国家という社会集団と個人の関係を考察した。

3　三批判書と称される『純粋理性批判』，『実践理性批判』，『判断力批判』を著し，理論，実践，美的感情，目的論に及ぶ批判哲学全体の広がりを提示した。

4　『永遠平和のために』(『永久平和のために』)を著し，永遠平和を政治的最高善ととらえ，国際法は，自由な諸国家の連合制度に基礎を置くべきであると主張した。

5　啓蒙思想の完成者とされ，イギリス経験論と大陸合理論の両者を止揚し総合することによって，新たな認識批判・認識理論の根拠を築いた。

ウ　イギリスの哲学者ベンサム(J.Bentham)に関連した次の文章の空欄【　A　】には，ベンサムが社会の利益とは何であるかについて述べた内容が入る。空欄【　A　】に入れるのに適している内容を，「成員」の語句を用いて簡潔に記せ。

> 　ベンサムは著書『道徳および立法の諸原理序説』の中で，「社会とは，いわばその成員を構成すると考えられる個々の人々から形成される，擬制的な団体である。」と述べ，社会の利益とは，【　A　】に他ならないとした。

(☆☆☆◎◎◎)

解答・解説

中学社会・高校世界史・地理・公民　共通(日本史)

【1】(1)　1　　(2)　2　　(3)　3　　(4)　2　　(5)　5　　(6)　2
(7)　1　　(8)　1　　(9)　3　　(10)　2

〈解説〉(1)　ウ　645年6月，中大兄皇子が中臣鎌足らの協力を得て，蘇我本宗家の蘇我蝦夷・入鹿父子を滅ぼす乙巳の変が起こった。
エ　これをきっかけに大化の改新が始まり，翌646年元日には改革の方針を示す改新の詔が宣布された。　ア　667年，中大兄皇子は近江大津宮へ遷都し，翌年に即位して天智天皇となった。　イ　672年，前年に亡くなった天智天皇の後継をめぐって壬申の乱が起こった。
オ　690年，持統天皇の時代に庚寅年籍が作成された。　(2)　アの平治の乱は1159年，イの承平・天慶の乱は939〜41年，ウの前九年合戦(前九年の役)は1051〜62年に起こった。エの文永の役は鎌倉時代の1274年，オの長屋王の変は奈良時代の729年に起こった。　(3)　1　法然は浄土宗を開いた。　2・5　親鸞は浄土真宗(一向宗)を開いた。時宗を開いたのは一遍。　4　栄西が宋から伝えたのは臨済宗。法華宗(日蓮宗)は日蓮が開いた。　(4)　応仁の乱は1467年，室町幕府の実権をめぐって争う管領細川勝元と山名宗全(持豊)の対立に，8代将軍足利義政のあとつぎ争いや管領家のあとつぎ争いなどがからんで起こり，1477年まで続いた。山名方は京を南北に流れる小川の堀川の西にある山名邸に陣を構えたので西軍，細川方は堀川の東にある花の御所に陣を構えたので東軍と呼ばれた。　(5)　オ　1560年，桶狭間の戦いで織田信長が今川義元を破った。　イ　1575年，長篠の戦いで織田信長・徳川家康の連合軍が武田勝頼を破った。　エ　1582年，山崎の戦いで豊臣(羽柴)秀吉が本能寺の変で信長を倒した明智光秀を破った。
ア　1584年，小牧・長久手の戦いで秀吉が信長の子の織田信雄と連合した家康と戦ったが，和睦した。　ウ　1600年，関ヶ原の戦いで家康

を総大将とする東軍が石田三成率いる西軍を破った。　(6)　ア　足高の制は享保の改革で徳川吉宗が取り入れた。　ウ　異国船打払令が発令されたのは11代将軍徳川家斉の時代の1825年で，当時の有力な老中は水野忠成。　エ　株仲間の解散を命令したのは天保の改革での水野忠邦。　(7)　ウ　「紅白梅図屏風」を描いたのは尾形光琳(元禄文化)。エ　「見返り美人図」を描いたのは菱川師宣(元禄文化)。　オ　「婦女人相十品」(「ポッピンを吹く女」など)を描いたのは喜多川歌麿(宝暦・天明期の文化)。　(8)　ウ　1868年，新政府は明治天皇が神に誓うという形で五箇条の誓文を出した。　エ　1874年，板垣退助・片岡健吉らが土佐で立志社を結成した。　イ　1876年，廃刀令が出された。ア　1877年，最大にして最後の士族反乱である西南戦争が起こった。オ　これ以降，自由民権運動がさかんになり，政府はこれを取りしまるため，1880年に集会条例を制定した。　(9)　1891年，来日中のロシア皇太子ニコライ(のちのニコライ2世)が滋賀県大津で警備にあたっていた津田三蔵巡査に斬られて負傷する大津事件が起こった。年表中の3の時期の出来事である。青木周蔵外相は引責辞任し，条約改正交渉は頓挫した。大審院長児島惟謙は政府からの死刑にするようにという圧力に屈せずに津田を刑法に基づいて無期徒刑とし，司法権の独立を守った。　(10)　1900年の北清事変後，中国東北部(満州)を事実上占領したロシアに対抗するため，1902年に第1次桂太郎内閣は中国に多くの権益を持っていてロシアを警戒していたイギリスと日英同盟を締結し，1904年，日露戦争に突入した。

中学社会・高校日本史・地理・公民　共通(世界史)

【1】(1)　3　　(2)　2　　(3)　3　　(4)　4　　(5)　3　　(6)　5
(7)　4　　(8)　4　　(9)　1　　(10)　3
〈解説〉(1)　ヒッタイトではなくヒクソスである。ヒッタイトは前17世紀頃にハットゥシャを都に建国したが，中王国は前18世紀に滅亡して

いる。ヒッタイトは新王国の第19王朝のファラオであるラメス(ラムセス)2世と前1275年頃(または前1286年頃)にカデシュで交戦している。
(2)　家柄ではなく財産である。ソロンは，前594年にアテネで借金の帳消し，債務奴隷の禁止と財産額に応じた政治参加権利の制限を内容とする改革を行った。ポリスでは市民から構成される重装歩兵が，軍事力の中心であった。市民が借金によって奴隷身分に転落することは，軍事力の低下を意味していたため，ソロンは身体を担保とした借金を禁止した。　(3)　均輸法ではなく平準法である。均輸法は国家が特産物を強制的に押さえて不足地に転売する財政政策である。武帝の経済政策には前118年に五銖銭を導入したことと，桑弘羊らの献策による塩・鉄・酒の専売制の導入もある。　(4)　ジェノヴァではなくヴェネツィアである。第4回十字軍は1204年にコンスタンティノープルを征服して，フランドル伯ボードワン1世が即位したラテン帝国が建てられた。第4回十字軍を提唱した教皇インノケンティウス3世は1209年のアルビジョワ十字軍も提唱している。　(5)　ア　鄭和の南海諸国遠征の開始は1405年。　イ　正統帝がオイラト部の捕虜となった土木の変は1449年。　ウ　洪武帝による中書省の廃止は1380年。　エ　靖難の変の勃発は1399年。　オ　李自成による北京占領は1644年。年代ではなく初代(洪武帝)→第2代(建文帝)→第3代(永楽帝)→第6代(正統帝)→第17代(崇禎帝)という皇帝の順でも正答にたどり着ける。　(6)　ポーランドではなくオーストリアである。カルロヴィッツ条約は，1683年の第2次ウィーン包囲に失敗したオスマン帝国を追撃することで始まった神聖同盟戦争に勝利したオーストリアが，ハンガリー・トランシルヴァニアなど，ヴェネツィアがダルマチアの一部など，ポーランドがポドリアをオスマン帝国から獲得した条約である。　(7)　アイグン条約ではなくネルチンスク条約である。アイグン条約は1858年に露清間で締結され，黒竜江(アムール川)左岸をロシア領，ウスリー川以東(沿海州)を露清共同管理地と定めた。2年後の1860年の(露清)北京条約で沿海州もロシア領となった。　(8)　ディドロではなくヴォルテールである。ディドロは18世紀フランスの啓蒙思想家・文学者である。ダラ

ンベールとともに『百科全書』を1751〜72年に編纂した。自然の事象や人間の意識を，物質をもとに捉える唯物論的思想を形成した。文学者としては『ラモーの甥』や『ブーガンヴィル航海記補遺』などが代表作である。　(9)　議会の支持ではなく議会の反対のもとである。1862年9月にビスマルクが議会で行った演説に由来する「鉄血政策」は武力によるドイツ統一を志向する政策である。ビスマルクは議会の反対を無視して軍備拡張を実行し，1864年のデンマーク戦争，1866年のプロイセン＝オーストリア(普墺)戦争と1870〜71年のプロイセン＝フランス(普仏)戦争に勝利してドイツ帝国を成立させた。　(10)　価格を引き上げた。1933年の農業調整法(AAA)で補助金とともに小麦・綿花・とうもろこしなどの主要農作物の作付面積を制限することで農産物価格の引き上げを狙った。1936年に違憲とされたが，1938年に第二次農業調整法が制定された。

中学社会・高校日本史・世界史・公民　共通(地理)

【1】問1　(1)　1　　(2)　3　　(3)　5　　(4)　2　　問2　(1)　(i)　1　(ii)　2　　(iii)　2　　(2)　(i)　3　　(ii)　4　　(iii)　5

〈解説〉問1　(1)　緯線が平行な直線で，低緯度が見やすい正積図法はAのサンソン図法。経線は正弦曲線。経線を楕円にして，高緯度を見やすくしたものがBのモルワイデ図法。両者を低緯度と高緯度で組み合わせた図法はホモロサイン図法(グード図法)。経緯線が直線で直交するCはメルカトル図法。Dは中心からの距離と方位が正しい正距方位図法。　(2)　ケニアの北に位置するエチオピアは北半球にあり赤道は通っていない。　(3)　大阪を出発したときのロサンゼルス時間は，到着時間の10時間前であるから，12月24日午前10時50分－10時間＝12月24日午前0時50分。そのとき大阪は12月24日午後5時50分であるから，大阪の方が17時間早い。経度15度あたり時差1時間であるから，大阪はロサンゼルスより17×15＝255〔度〕東にあることがわかる。したが

って255−135＝120度より，ロサンゼルスは西経120度。

(4)　2万5千分の1地形図では，実際の距離を25,000で割った長さで表されている。たとえば1km＝1,000m＝100,000cmは100,000÷25,000＝4cm。したがって1,250mは，1,250÷25,000＝125,000÷25,000＝5より5cmとなる。　問2　(1)　(i)　アメリカ合衆国の首都ワシントンD.C.は，東京と同じ温暖湿潤気候で，夏が高温の1と5が該当する。秋に台風の影響で降水量の多い東京が5，ワシントンD.C.が1。フランスの首都パリとドイツの首都ベルリンは西岸海洋性気候で，3と4が該当する。緯度の高いベルリンが3，パリが4。カナダの首都オタワは亜寒帯湿潤気候で，冬の気温が−3度未満となる2。　(ii)　面積から考えると，日本は37.8万km²で4が該当する。日本より広い5はフランス。日本より輸出入額が多い3はドイツ。残る1と2は，輸出額より輸入額が多く，1人当たり国民総所得が高い1がイギリス。2はイタリア。　(iii)　全体的に増加しているが，2018年時点から多い1はアメリカ。そもそも自動車の保有数が多い。伸びが少ない2は日本。電気自動車の導入は進んでいない。3〜5は問われていないが，急増している4は環境に対する意識の高いドイツ。3はイギリス，5はフランス。　(2)　(i)　広島市は，太田川の河口にできた三角州の上にできた市街地からなる。三角州は主に，鳥趾子状三角州，円弧状三角州，カスプ状三角州などの形状を示すが，太田川三角州は海に向かって埋め立てが進んでいるためにその分類には当てはまらない。　1　リアス式海岸は，山地のV字谷が沈水したもの。　2　フィヨルドは氷河が削ったU字谷が沈水したもの。

4・5　扇状地は河川が山岳地域から平野にでるところに作られ，峡谷は山地に刻まれた谷のこと。　(ii)　最も面積の小さい鳥取県は，農業生産額も少ない2。高齢化の進む島根県は内水面漁獲量が北海道に次いで全国2位を誇る。境は全国4位の漁獲量で1。岡山県はぶどうの生産が多く，3。4は広島県で，林野面積が広い。残る5は山口県。

(iii)　輸出額が最も多く，主要貿易品目が自動車のBは名古屋港。同じく主要貿易品目に自動車のあるCは横浜港。半導体や集積回路など単価の高い製品を輸出するAとDは，輸出額の多いAが東京港，Dが大阪

港と判断する。大都市では衣類の輸入が多い。Eは神戸港で，石油化学工業製品のプラスチックを輸出する。

中学社会・高校日本史・世界史・地理　共通(公民)

【1】問1　(1)　3　　(2)　1　　(3)　3　　問2　(1)　2　　(2)　2
　　問3　(1)　2　　(2)　1　　問4　(1)　3　　(2)　5　　問5　4

〈解説〉問1　(1)　ア　地方自治の本旨とは，住民自治と団体自治のことと解されている。　イ　吏員には地方公務員，官吏には国家公務員の意味合いがある。　ウ　長と議員が直接選挙で選出される制度を，二元代表制という。　エ　条例は地方公共団体が定める法，政令は内閣が定める法である。　(2)　ア　2か月以上ではなく，3か月以上。ウ　都道府県知事の被選挙権は，日本国民で満30歳以上の者が有する。エ　ただし，任期途中で議会が解散されることはある。　オ　市(区)町村長・都道府県知事の任期も4年。　(3)　40万×3分の1＋40万×6分の1＋7万×8分の1で20万8,750人分の署名数を要する。長らの解職請求においても，必要な署名数は同様となっている。なお，事務監査請求や条例の制定・改廃の請求は，地方公共団体の規模の大小に関係なく，50分の1以上の署名を要する。　問2　(1)　自動車の価格が上昇すれば，その需給量は減少する。すると，タイヤの需要も減るから，タイヤの需要曲線は左にシフトする。なお，1と4は商品Aの需要が増えるので，需要曲線が右にシフトする要因となる。3と5は供給量に変化を及ぼすので，供給曲線がシフトする要因である。　(2)　ア　価格がPだと，供給量はQ1である。　イ　(Q2−Q1)だけ，需要量が超過している。ウ　需要量>供給量を超過需要，供給量>需要量の状態を超過供給という。　エ　需給曲線の交点の価格を均衡価格という。値上がりとともに，超過需要は解消されていく。　問3　(1)　ケネディが特別教書にて消費者の権利として挙げたのは，1，3，4，5の4つであり，2の「被害の救済を受けられる権利」は挙げられていない。ただし，現在では

「被害の救済を受けられる権利」や「消費者教育を受ける権利」も消費者の権利とされている。 (2) 消費者が消費者契約法に基づいて商品購入契約の取消権が行使できる期間は，消費者が誤認に気付いた時や困惑した状態を脱した時から1年以内，契約締結時から5年以内とされている。契約期間に関わりなく取消権を認めているわけではないから，1は誤り。 問4 (1) 非常任理事国の任期は2年である。なお，非常任理事国の任期は2年だが，毎年5か国ずつ改選されている。常任理事国は米英仏中ロの5か国であり，実質事項の決議において拒否権を持っている。 (2) ア IMFは国際通貨基金の略称。ブレトンウッズ協定により設立された。 イ UNICEF(国連児童基金)に関する説明。UNESCOは国連教育科学文化機関の略称である。

ウ WHOは世界保健機関の略称。 エ IAEA(国際原子力機関)に関する説明。ILOは国際労働機関の略称である。 問5 A パリ協定は，現在の地球温暖化対策の国際的枠組み。 B モントリオール議定書により，オゾン層の破壊物質であるフロンの生産などが規制されている。 C わが国でも釧路湿原などがラムサール条約の登録湿地となっている。 D ワシントン条約に基づき，わが国でも「種の保存法」が制定されている。

中 学 社 会

【1】問1 (1) 当該地方公共団体の住民投票において過半数の同意を得なくては，国会は地方自治特別法を制定することができない。
(2) 1928年…満25歳以上の全ての男子 1946年…満20歳以上の全ての男女 2017年…満18歳以上の全ての男女 (3) 首長の任期途中での辞職や議会の解散などを要因として，次第に選挙日程がずれ，統一地方選挙の対象から外れる自治体が増えたから。 (4) 女性
(5) i 100万円 ii 1200万円 問2 (1) 「貧困をなくそう」…1
「飢餓をゼロに」…2 (2) ア × イ ○ ウ ○

(3)　ｉ　2　　ⅱ　一種あるいは数種の工業原料や農産物の輸出に依存した，主に開発途上国にみられる経済構造である。一次産品が輸出総額の大きな割合を占め，その輸出所得は需要国の景気動向などに左右され，国際価格の変動も激しいため，安定した輸出所得を得ることが難しい。(120字)　　(4)　番号…②　　正しい語句…二国間

(5)　フェアトレード　　(6)　野口英世　　問3　(1)　イ→ウ→ア

(2)　ｉ　岩倉具視　　ⅱ　4　　(3)　北里柴三郎

〈解説〉問1　(1)　特定の地方公共団体に限定して適用される法律を，地方自治特別法という。国会単独立法の原則により，法律は国会の議決によって制定されるが，地方自治特別法の制定には，国会での議決に加えて住民投票を要する。　　(2)　1928年　1924年，第二次護憲運動に対して清浦奎吾内閣が衆議院を解散して行った総選挙で大勝して発足した護憲三派による加藤高明内閣は，翌1925年に満25歳以上の全ての男子に選挙権を認める普通選挙法を成立させ，これに基づく初の男子普通選挙が1928年に行われた。　　1946年　1945年10月，GHQ(連合国軍最高司令官総司令部)最高司令官マッカーサー元帥が幣原喜重郎首相に対して，婦人参政権の付与などからなる五大改革指令を指示した。同年12月に衆議院議員選挙法が改正されたことによって，選挙権の要件はそれまでの満25歳以上の男子から満20歳以上の男女とされた。翌1946年4月には女性が初めて選挙権を行使した戦後初の総選挙が行われ，39名の女性議員が誕生した。　　2017年　2015年，第3次安倍晋三内閣の時に公職選挙法が改正され，選挙権を得られる年齢が20歳から18歳に引き下げられた。世界の大部分の国で18歳以上の国民に選挙権を与えているのに合わせたのが主な理由で，2017年にこれに基づく初の衆議院議員総選挙が行われた。　　(3)　長や議員の任期はいずれも4年のため，4年ごとに多くの地方公共団体で一斉に選挙が行われる。これを統一地方選挙という。だが，長は任期途中で辞職，死亡することがあるし，議会は解散されることがあるため，統一率は低下傾向にある。　　(4)　国だけでなく地方公共団体においても，女性議員は増加傾向にはあるものの少なく，女性議員が1名もいない市町村も少なく

ない。また，女性の長も少なく，2023年末の時点で女性知事は2名だけである。その一方で，長や議員の候補者不足が深刻化している。
(5) ⅰ 指定都市(政令指定都市)は人口が50万人以上であることが要件となっていることから，人口が40万人の市の長は，表中の「その他の市区の長」に該当する。 ⅱ 都道府県知事の供託金は300万円で，得票数が有効投票総数の10分の1未満の候補者の供託金が没収される。大阪府知事選の有効投票数数は約330万票だったから，得票数が約33万票以下だった4名の候補者の供託金が没収される。 問2 (1)「貧困をなくそう」のアイコンには，人々が手をつないでいる図柄が使用されている。また，「飢餓をゼロに」のアイコンには，温かい食事を思わせる図柄が使用されている。なお，これらのアイコンの改変は認められていない。 (2) ア USMCAはアメリカ，メキシコ，カナダの3か国による協定だが，カナダの貧困率は，わが国を下回っている。
ウ 図中の国のうち，トルコ以外のアジア・中東地域の国は日本，韓国，イスラエルであるが，これら3か国の貧困率は15％を上回っている。 (3) ⅰ 2020年現在の地域別人口は，アジアが約47億人と最も多く，次いでアフリカが約14億人，ヨーロッパ約7.5億人，北アメリカ約6億人，南アメリカ約4.3億人，オセアニア約4400万人。アジアの人口が多いが人口支持力の高いコメの生産など食料の生産は比較的多く，栄養不足人口の割合が最も高いBはアフリカである。栄養不足人口の総数が多いAはアジア。Cはラテンアメリカ・カリブ，Dはオセアニア。 ⅱ 開発途上国は先進国の植民地として，旧宗主国が自国で栽培・産出できない一次産品を植民地でまかなってきたことに着目する必要がある。農作物についてはプランテーションを設けて香辛料や果実，コーヒーや茶といった嗜好品を作り，鉱産資源については石油やダイヤモンドなどで，独立後も一次産品の輸出に依存する国々は天候や景気，国際価格の変動に翻弄されてきた。食料不足に陥る国々も多く，モノカルチャー経済からの早急な脱却が求められる。 (4) 多国間援助とは国際機関を通じて支援することをいい，日本が開発途上国を直接支援するのは二国間援助と呼ばれている。 ① Official

Development Assistanceの略。　③　JICA海外協力隊の派遣などが行われている。　④　円借款の割合が高い。　(5)　フェアトレードは，公平貿易などと訳されている。コーヒー豆やチョコレートの原料であるカカオなどは，開発途上国で貧困層の過酷な労働によって生産されている例が多く，こうした人々を支援するために実施されている。

(6)　アフリカに関する医学研究および医療活動を顕彰するために，野口英世アフリカ賞が創設されている。2008年に第1回授賞式が行われ，2022年にチュニジアで開催されたTICAD8の際に，第4回授賞式が行われた。　問3　(1)　イ　新政府は近代産業を育てる殖産興業のため，1872年に群馬県西部の富岡に官営模範工場の富岡製糸場を設立した。政府の役人として設置主任に任命された渋沢栄一はその建設に尽力した。　ウ　セオドア＝ルーズベルトはポーツマスでの日露戦争講和会議を斡旋したアメリカ合衆国大統領なので，渋沢の欧米視察は20世紀初めと判断できる(1902年)。　ア　1923年に関東大震災が起こり，その後，渋沢は復興支援に尽力した。　(2)　i　1871〜73年，公家出身で右大臣の岩倉具視を全権大使とする岩倉使節団が欧米に派遣された。その出発には女子留学生5人が同行し，最年少の津田梅子は旧幕臣の娘で，満6歳だった。岩倉使節団の当初の目的は幕末に幕府が欧米諸国と結んだ不平等条約を改正することだったが，最初のアメリカとの交渉で断念し，欧米諸国の政治・経済・産業などを視察して帰国した。　ii　津田梅子はアメリカの首都ワシントンの郊外で学び，1882年に帰国すると，華族女学校(女子学習院の前身)の英語教授となった。再留学の後の1900年，女子英学塾(津田塾大学の前身)を創立し，1904年に私立の専門学校として認可された。1は平塚らいてう(明)，2は市川房枝，3は与謝野晶子についての説明である。　(3)　1852年に現在の熊本県小国町に生まれた北里柴三郎は，東京医学校(現在の東京大学医学部)を卒業後，内務省衛生局に入り，1885年にドイツのベルリン大学に入学してコッホに師事した。そこで研究を続け，1890年に破傷風の血清療法を発見した。帰国後の1894年にはペストが流行していた香港に派遣され，ペスト菌を発見した。

地 理 ・ 歴 史

【日本史】

【1】問1 (1) 1 (2) 1 (3) 2 問2 (1) 4 (2) 2
(3) 2 問3 (1) 3 (2) 3 (3) 3 (4) 1

〈解説〉問1 (1) 史料は1266年8月付で1268年正月に大宰府にもたらされた「蒙古国牒状」で，これを発した「大蒙古国(モンゴル)皇帝」はフビライ・ハーン。この国書は翌閏正月に鎌倉に到着したが，外交権は朝廷にあると考えられていたため，幕府は翌2月にこれを朝廷に奏上した。当時の天皇は大覚寺統の祖となった亀山天皇で，父の後嵯峨上皇が院政を行っていた。朝廷は評定の結果，返書を送らないことを決定した。 (2) モンゴル皇帝のフビライにとって「東藩」(東の属国)であり，日本と「蜜邇」(近接)する国は高麗。1231年からモンゴルに侵攻され，1259年に降伏した。1270年に三別抄と呼ばれる常備軍の精鋭部隊が民衆の支持も得て反乱を起こし(三別抄の乱)，江華島や済州島で抵抗を続けたが，1273年に鎮圧された。 (3) フビライは1260年に即位して元号を中統と定め，1264年に至元と改元したので，至元3年は1266年。鎌倉幕府は初め京都守護を置いたが，1221年，承久の乱に勝利した執権北条義時はこれをより権限強化した六波羅探題に改め，義時の子泰時がその初代となった。 1 霜月騒動で1285年。
3 建長寺船の派遣は1325年。 4 平頼綱らが滅ぼされたのは1293年。
5 鎮西探題が設置されたのは1293年。 問2 (1) 1612年に江戸幕府直轄領，翌年に全国にキリスト教禁教令が出され，1614年にはキリシタンで元大名の高山右近らがマニラに追放された。 1 有馬晴信ではなく大村純忠。 2 慶長遣欧使節ではなく天正遣欧使節。 3 本末制度ではなく寺請制度。 5 「長崎の出島」と「平戸」が逆。
(2) 南蛮医学(南蛮外科)はポルトガル人のイエズス会士ルイス＝アルメイダによって始められた。アルメイダは1557年に豊後の戦国大名大友宗麟から与えられた府内城下の土地に西洋式の総合病院を開業した。ルイス＝フロイスは著書『日本史』で知られるポルトガル人のイ

エズス会士である。　(3)　史料は1587年(天正15年)に豊臣秀吉が出したバテレン(宣教師)追放令。島津義久を征討するために九州に出陣した秀吉は，肥前のキリシタン大名の大村純忠が領民に信仰を強制して神社仏閣を破壊し，長崎が教会領として寄進されているなどの事実を知って危機感を強め，この法令を出した。しかし人々の信仰自体は禁止しておらず，また南蛮貿易は奨励していたため，宣教師の追放を徹底することはできなかった。　問3　(1)　ア　史料は「有無に及ばず一図に打払い」などから，1825年に江戸幕府が出した異国船打払令とわかる。「文化の度改めて相触れ候次第」とは，1806年に出された薪水給与令，いわゆる文化の撫恤令を指す。1804年，ロシアの使節レザノフが長崎に入港したが追い返したためロシアとの関係が緊張し，ロシア軍艦が1806年に樺太，翌1807年には択捉島と利尻島を襲撃する事件が起こった。これに危機感を強めた幕府が出した法令である。
イ　「専念長崎において狼藉に及」んだ外国船は，1808年のイギリス軍艦によるフェートン号事件。1804年にロシア使節レザノフが軍艦ナデジュダ号で来航した際には「狼藉」と呼べるような行為はなかった。
ウ　(ロシア船・イギリス船とは)「見分も相成かね申すべく」と考えられる外国船は，長崎で貿易を行っていたオランダ船。異国船打払令では，長崎以外に来航した場合のオランダ船も対象とした。
(2)　1808年，イギリス軍艦フェートン号が，戦争状態にあったナポレオンのフランスに占領されていたオランダの船を拿捕するため長崎湾に侵入するフェートン号事件が起こった。薪水や食料を強奪して去ったが，長崎奉行松平康英は責を負い切腹，長崎警備の任にあった佐賀藩主鍋島斉直も閉門100日に処された。1，2は史実ではなく，4の海軍伝習所の設置は1855年，5の高野長英の『戊戌夢物語』は1837年のモリソン号事件に対し書かれた。　(3)　「去年」＝1824年，薩摩藩領吐噶喇列島の宝島に来航したイギリスの捕鯨船が役人に牛の譲渡を要求したが拒まれたため，乗組員20〜30名が強行上陸して牛3頭を略奪する事件が起こり，そのうちの1名が応戦した役人に射殺された。この事件は同年に常陸大津浜で起こったイギリス捕鯨船乗組員の上陸事

件とともに，翌年の異国船打払令の契機となった。 (4) 異国船打払令では，中国船・朝鮮船・琉球船以外の外国船が上陸しようとしてきた場合には「二念無く打払」うよう命じられた。「二念無く」とは迷うことなくという意味である。そのため，無二念打払令とも呼ばれる。

【2】問1 (1) ア 大浦天主堂 イ 政府は祭政一致の立場から，神仏習合を禁じて神道国教化の方針を示し，神祇官を設置した。また，大教宣布の詔によって天皇崇拝に基づく国民教化を進め，神社制度や祝祭日を制定した。しかし，信教の自由を求める他宗教の反発もあり，宗教としての教派神道を認めるなど国民教化は挫折し，宗教と分離した祭祀として位置付ける国家神道を確立した。 (2) ア モース イ コンドル (3) 徳富蘇峰 (4) 岡倉天心 (5) ア 1 イ 4 ウ 5 (6) 文芸協会 問2 (1) 3 (2) 利益線 (3) 上原勇作 (4) 6 (5) 宇垣一成 (6) 広田弘毅 (7) 高橋是清蔵相は，積極財政のもと赤字公債を発行して満州事変の軍事費を捻出し，軍事費が増加した。景気回復がみられると，財政の健全化を図って公債漸減の方針を掲げ，軍事費を抑えようとしたが，二・二六事件で高橋蔵相は暗殺された。その後，日中戦争が勃発すると歳出を増税や公債の発行で補い，軍部の要求どおりに軍事費総額は膨張し続けた。 問3 (1) 大久保利通 (2) 民撰議院 (3) ブラック (4) 臣民 (5) 十四 (6) 枢密院 (7) 統治 (8) 美濃部達吉 (9) 国体明徴声明 (10) ロンドン (11) 若槻礼次郎 (12) 立憲政友会 (13) マッカーサー (14) 民政局 (15) 高野岩三郎

〈解説〉問1 (1) ア 1864年末，外国人居留地に隣接する長崎の浦上村にカトリック教徒のために大浦天主堂が建設された。翌1865年3月，浦上村の1人の村民がフランス人のプティジャン神父に信仰を告白した。1868～73年には浦上村の隠れキリシタンが捕えられ，配流される浦上教徒弾圧事件(浦上崩れ)が起こった。 イ ⅰ 明治新政府は神道国教化をめざし，1868年3月から神仏習合を禁じる神仏分離令を出し，

閏4月の政体書で神祇官を設置した(1869年7月，二官六省制で太政官から独立)。　ii　1870年には大教宣布の詔を発布して国民教化の方針を示し，1871年には官幣社・国幣社等の神社制度，1873年には紀元節・天長節等の祝祭日を定めた。　iii　しかし，江戸時代からの教派神道を認めるなど，神道の国教化は失敗し，祭祀としての国家神道が成立した。　(2)　ア　1877年，来日したアメリカの生物学者モースは横浜から新橋に向かう汽車が大森駅を過ぎてまもなく，鉄道建設のために切り開かれた崖に貝殻の層が露出しているのを車窓から発見し，翌年にかけて発掘調査が行われた。これが大森貝塚である。

イ　1877年に来日したイギリス人の建築家コンドルは鹿鳴館(1883年。現存しない)，ニコライ堂(1891年)，旧岩崎邸(1896年)，三井倶楽部(1913年)などを設計し，工部大学校で辰野金吾・片山東熊らを育てた。

(3)　徳富蘇峰は1887年に民友社を設立して『国民之友』を刊行し，山路愛山・竹腰与三郎(三叉)らとともに平民的欧化主義を提唱した。鹿鳴館の舞踏会に象徴される貴族的で表面的な欧化主義を貴族的欧化主義と批判し，主に地方の実業家を想定した平民による生産的社会の建設と近代化をめざしたものだったが，1904年に日露戦争が始まると蘇峰は国家膨張主義に転じ，太平洋戦争中には大日本言論報国会と大日本文学報国会の会長を務めた。　(4)　1878年に東京大学の招きで来日したアメリカ人の美術研究家フェノロサは，文明開化の風潮の中で軽んじられていた日本美術を高く評価した。東京大学文学部を卒業して文部省に出仕していた岡倉天心は師のフェノロサに協力して日本美術を調査し，ともに東京美術学校の設立に尽力した。同校は1887年に設立され，1889年に開校した。著書『東洋の理想』は1903年にロンドンで刊行され，欧米の知識人の日本観・アジア観にも影響を与えた。

(5)　ア　狩野派の系譜の日本画家の橋本雅邦は東京美術学校が開校すると，死去した兄弟子の狩野芳崖(代表作は2の「悲母観音」)に代わって日本画の教授となった。1898年には岡倉天心らと日本美術院を創立して主幹となった。代表作は1の『竜虎図』。3は浅井忠の『収穫』。イ　黒田清輝は1884年に法律を学ぶためにフランスに留学したが西洋

画家に転じ，印象派の明るい画風を学んで外光派と呼ばれた。帰国後の1896年には久米桂一郎らとともに白馬会を結成した。代表作はフランス留学中の1892年に描いた4の『読書』のほか『湖畔』(1897年)など。ウ　高村光雲は江戸生まれの仏師だったが，明治初期の廃仏毀釈で仕事がなくなったのち，伝統的な木彫に写実主義を取り入れて近代的な木彫を完成させた。東京美術学校教授を長く務め，多くの弟子を育てた。代表作は5の『老猿』。1893年の作品で，同年のシカゴ万国博覧会に出品されて妙技二等賞を受賞した。6は光雲の子の高村光太郎の『手』である。　(6)　1906年，島村抱月・坪内逍遥らによって，早稲田大学を中心に文芸協会が創立された。会長は大隈重信。坪内逍遥の『桐一葉』のほか，シェークスピアの『ハムレット』，イプセンの『人形の家』などの翻訳劇を上演して新劇運動の先駆けとなったが，1913年に抱月は脱退して愛人の女優松井須磨子とともに芸術座を結成し，文芸協会は同年に解散した。　問2　(1)　第1次山東出兵が行われた1927年度の軍事費総額は4億9663万円，国家財政に占める軍事費の比率は28.1％。　1　帝国国防方針が最初に制定されたのは1907年だが，その後1910年度まで軍事費の比率は減っている。　2　日露戦争が勃発した年に始まる1904年度の軍事費の比率は81.9％だが，翌1905年度の82.3％より小さい。　4　シベリア出兵が始まった1918年度の軍事費総額は4億8117万円で5億円未満。　5　日清戦争が勃発した1894年度の軍事費の比率はその前年度2.56倍。　(2)　1890年の第一議会で山県有朋首相(第1次内閣)は政党の意向によって政策は左右されないとする超然主義の立場をとった。また主権線(国境線と同義)に次いで，当時ロシアが南下して勢力を伸ばしつつあった朝鮮半島を指す利益線を防護すべきであると説いた。利益線とは日本の安全保障上重要なラインを意味する。　(3)　1912年12月，陸軍2個師団増設を認めない第2次西園寺公望内閣に不満の上原勇作陸相は，大臣が単独で天皇に政務を報告できる帷幄上奏権を利用して，大正天皇に辞表を提出した。現役の大将・中将に限られていた後任の陸軍大臣を得るのは難しいと判断した同内閣は総辞職した。　(4)　1922年2月に米英日仏伊の間で結ばれ

たワシントン海軍軍縮条約によって，主力艦の保有比率が総トン数で5：5：3：1.67：1.67と定められた。すなわち，アメリカ・イギリスの比率を10とすると，日本の比率は6である。　(5)　1924〜27年の清浦奎吾内閣から第1次若槻礼次郎内閣まで陸軍大臣を務めた宇垣一成は，加藤高明内閣の時の1925年に陸軍の4個師団を削減する，いわゆる宇垣軍縮を実施した。1937年1月，広田弘毅内閣が総辞職すると，元老西園寺公望は宇垣を次期首相に推薦し，昭和天皇の大命が降下されたが，陸軍の強硬な反対によって断念した。　(6)　1900年，第2次山県有朋内閣は陸・海軍大臣は現役の大将・中将に限る軍部大臣現役武官制を定めた。第一次護憲運動・大正政変後の1913年に発足した第1次山本権兵衛内閣は，軍閥批判の世論の高まりに押されてこれを改め，予備役・後備役の大将・中将にも資格が広げられたが，1936年に広田弘毅内閣によって復活された。その間，予備役・後備役の就任例はなかったが，制度的に復活させたことは，軍部が以後の内閣に介入する端緒の一つとなった。　(7)　1931年末から蔵相を務めた高橋是清は，赤字公債を発行して，満州事変のための軍事費支出を増加させるなどの積極財政政策，いわゆる高橋財政を進め，日本経済はしだいに回復した。しかしその後，公債漸減の方針を掲げて軍部の軍事費要求を全面的には認めなかったため陸軍皇道派の青年将校らの恨みを買い，1936年の二・二六事件で暗殺された。翌1937年に日中戦争が始まると，軍事費は増税と公債で補われて膨張していった。

問3　(1)　1873年10月の征韓論争に敗れて下野した板垣退助・後藤象二郎・副島種臣・江藤新平と，由利公正・小室信夫・古沢滋(迂郎)らによって翌1874年1月に日本最初の政党の愛国公党が結成され，その5日後，左院に史料Ⅰの建白書が提出された。当時の政権を握っていたのは，ロシアに向かう岩倉使節団の一行と分かれて前年5月にいちはやく帰国した参議兼内務卿の大久保利通。　(2)　史料Ⅰは自由民権運動のスタートラインとなった民撰議院設立の建白書。板垣らは「有司」(役人)の専制を批判して，その権力を制限すべきであると説き，「天下ノ公議ヲ張ルハ，民撰議院ヲ立ルニ在ル而已」と，民撰議院(国会)の

設立を求めた。　(3)　民撰議院設立の建白書は左院に提出された翌日に，1872年にイギリス人のブラックが東京で創刊した日本語の日刊紙『日新真事誌』に掲載されて広く世に知られ，国会開設を求める世論が高まった。1875年1月にブラックが左院御雇となると，『日新真事誌』は日本人の経営に変わり，同年末に廃刊した。　(4)　史料は1889(明治22)年2月11日の大日本帝国憲法(明治憲法)発布とともに出された憲法発布勅語。大日本帝国憲法下では，天皇と皇族以外の国民は天皇に臣属する臣民とされ，第2章(第18条～第32条)で「臣民権利義務」が規定された。　(5)　1881(明治14)年，薩摩藩出身の開拓使長官黒田清隆が同郷の政商五代友厚らが関係する関西貿易社に官有物を不当な安値で払い下げようとした開拓使官有物払下げ事件が起こった。イギリス流の議院内閣制の早期導入を主張していた参議大蔵卿の大隈重信は，これをきっかけに沸騰した世論への関与が疑われて罷免され，史料Ⅱ中に「明治十四年十月十二日ノ詔命」と記される，国会開設の勅諭が出される明治十四年の政変が起こった。　(6)　1885年に初代内閣総理大臣となった伊藤博文は，1888年に憲法草案を審議するための機関として，議長・副議長と顧問官(当初は12名)からなる枢密院が設置されると，その初代議長に転じた。枢密院は，憲法発布後は天皇の最高諮問機関となり，1927年の金融恐慌で台湾銀行救済の緊急勅令案を否決して第1次若槻礼次郎内閣を総辞職に追い込むなど，1947年の廃止まで権力を持ち続けた。　(7)　君主(日本では天皇)が持っていると考えられる権限は統治権。大日本帝国憲法は第1条で「大日本帝国ハ万世一系ノ天皇之ヲ統治ス」と規定しているが，史料Ⅲの『憲法講話』では統治権の主体は法人である国家にあり，天皇はその最高機関とする天皇機関説(国家法人説)が説かれている。　(8)　東京帝国大学教授の憲法学者美濃部達吉は『憲法講話』(1912年)で天皇機関説を提唱し，『憲法撮要』(1923年)などで引き続きこれを主張した。大正時代初期から，天皇主権説を唱える東京帝国大学教授上杉慎吉らと対立したが，天皇機関説が正統的な学説と広く認識されていた。　(9)　1932年，美濃部は勅選貴族院議員となった。1935年，美濃部が貴族院で軍人出身

の菊池武夫にその学説について追及される天皇機関説問題が起こった。岡田啓介内閣は軍部や右翼勢力の排撃運動に屈し，これを否認する国体明徴声明を二度にわたって出し，美濃部も貴族院議員を辞職した。　(10)　史料Ⅳの『太平洋戦争への道　開戦外交史』は日本国際政治学会によってまとめられ，1962～63年に刊行された全7巻と資料編の別巻からなる研究書。最初の文中に「補助艦兵力量ニ関シ」とあるので，1930年に浜口雄幸内閣が米英仏伊との間で調印したロンドン海軍軍縮条約とわかる。この条約で米英日間の補助艦(巡洋艦・駆逐艦・潜水艦)保有率が10：10：6.975と決定された。　(11)　ロンドン海軍軍縮会議に派遣された日本の首席全権は若槻礼次郎。1926～27年に憲政会総裁として内閣総理大臣を務め，1930年当時は1927年に政友本党と合併して成立した立憲民政党の要人として浜口民政党内閣を支える立場にあった。1930年11月，浜口首相が東京駅で狙撃されて重傷を負い，その後の体調悪化により1931年4月に退陣すると，若槻が第2次内閣を組織したが，9月に起こった満州事変を収拾できず8か月の短命に終わった。　(12)　大日本帝国憲法第11条で，「天皇ハ陸海軍ヲ統帥ス」と定められていた。その行使にあたっては，通常の政務における国務大臣の輔弼(憲法第55条に規定)ではなく，陸軍では参謀総長，海軍では軍令部長の進言に基づいて行われていたため，内閣の権限は及ばないという憲法解釈もあった。そのために統帥権干犯問題が発生し，史料Ⅳに記されている海軍軍令部だけでなく，与党民政党に次ぐ野党第一党の立憲政友会や右翼勢力も政府を攻撃した。　(13)　史料Ⅴは1946年2月3日にGHQ(連合国軍最高司令官総司令部)最高司令官のマッカーサーが憲法改正にあたって示した三原則。その1では天皇が国家の元首の地位にあり，皇位は世襲されること，2では戦争の放棄，3では封建制度の廃止を新憲法に盛り込むことを求めている。
(14)　GHQで日本の民主化政策の中心を担った部局は民政局(Government Section〈GS〉)。1945年10月2日に設置され，憲法改正問題ではホイットニー局長のもとでマッカーサー草案(GHQ草案)を作成するなど重要な役割を担った。　(15)　高野岩三郎は長崎出身の労働

運動家高野房太郎の弟で，アメリカにいる兄からの仕送りで東京帝国大学法科大学を卒業し，ドイツ留学後に東京帝国大学教授となり，日本の統計学を創始した。1919年に東大教授を辞し，翌年に大原社会問題研究所を設立して初代所長となった。1945年10月，森戸辰男・鈴木安蔵らとともに憲法研究会を結成し，12月に憲法草案要綱を首相官邸に提出した。マッカーサー草案はこの草案を参考にしたとされる。

【世界史】

【1】(1) 4　(2) 3　(3) 5　(4) 1　(5) 3　(6) 3
　　　(7) 2　(8) 1　(9) 1　(10) 4

〈解説〉(1)　1『アガメムノン』はアイスキュロスの作品である。アガメムノンが妻に殺害される悲劇。　2『神統記』はヘシオドスの作品である。ギリシアの神々の系譜をうたう叙事詩。　3『歴史』はヘロドトスまたはトゥキディデスの作品である。ヘロドトスの『歴史』はペルシア戦争，トゥキディデスの『歴史』はペロポネソス戦争を主題とした史書。　5『オイディプス王』はソフォクレスの作品である。

(2)　B　『新約聖書』の成立は後1世紀頃である。　D　アントニウスがクレオパトラと結んでオクタウィアヌスに対立したが正しい。

E　ホルテンシウス法の成立は前3世紀の前287年である。

(3)　5はエグバートによる七王国(ヘプターキー)の統一は9世紀の829年の出来事である。なお，1の煬帝は604～618年の隋の皇帝，2のウマイヤ朝の成立は661年，3の白村江の戦は663年，4の玄奘の訪印は629～654年である。　(4)　2　ピピンはカロリング朝フランク王国の創始者である。　3　クローヴィスはメロヴィング朝フランク王国の創始者である。　4　カール大帝はカロリング朝フランク王国の第2代国王である。　5　テオドリックは東ゴート王国の創始者である。

(5)　3　カジミェシュ大王はピアスト朝の国王である。彼と後継者ルドビクには男子の継承者がなく，ルドビクの娘ヤドヴィガがリトアニア大公ヨガイラと結婚して，1386年にヨガイラがヴワディスワフ＝ヤゲウォとして即位した。　(6)　3　フスの処刑がフス戦争の原因であ

る。フスはベーメン(ボヘミア)の神学者である。聖書のチェコ語への翻訳やカトリック教会の現状批判などによって，1414年に開催されたコンスタンツ公会議で異端宣告を受けて処刑された。反発したフス派は，1419年にフス戦争を起こして抵抗した。　(7)　Ｃ　アレクサンドル2世が正しい。アレクサンドル2世は1861年に農奴解放令を発布したが，1881年に「人民の意志」派によるテロリズムで暗殺された。

Ｄ　ブルガリアではなくセルビアが正しい。ブルガリアは青年トルコ革命の混乱に乗じて，1908年に独立した。　(8)　2　イギリス領となった。トランスヴァール共和国はオランダ系移民の子孫であるブール人(アフリカーナー)によって1852年に建国された。　3　イタリア軍が正しい。　4　メリナ王国を滅ぼして，1896年にフランスがマダガスカル全島を植民地化した。　5　ベルギーではなくドイツ。1905年と1911年のモロッコ事件でドイツは国際的孤立を強めた。　(9)　2　天津条約が正しい。フエ条約は1883年と1884年にフランスと阮朝との間で締結され，阮朝がフランスの保護国とされた。　3　アフガニスタンではなくアルメニア。アフガニスタンは1747年にドゥッラーニー朝が成立し，1880年に第2次アフガン戦争の結果，イギリスの保護国となった。　4　望厦条約が正しい。黄埔条約はフランスと清との間で1844年に締結された。　5　北京条約が正しい。南京条約による開港は上海・厦門・広州・寧波・福州の5港である。　(10)　1　国連軍ではなく北朝鮮軍。1950年9月にアメリカ合衆国を主体とした国連軍が韓国支援で介入して戦線を北部に押し戻すと，中国が北朝鮮に義勇軍を派遣した。　2　ティトー退陣がユーゴスラヴィア内戦の結果ではなく以前である。1980年にティトー大統領が亡くなり，経済停滞を背景とした財政負担の不均衡などをめぐる連邦諸国家間の対立などから1991年にユーゴスラヴィア解体・内戦へと至った。　3　ケネディではなくジョンソン政権である。北爆は1965年2月に開始されるが，ケネディは1963年11月にダラスで暗殺された。　5　スリランカの独立は内戦より前である。スリランカは1948年にイギリス連邦内の自治領として独立し，1972年に完全独立を達成した。スリランカ内戦は1983

年から激化し，2009年にシンハラ人政府軍によってタミル人反政府勢
力が制圧された。

【2】(1)　1　シエイエス　　2　1791年に憲法が制定され，立法議会が
成立した。一方，周辺国へ亡命した貴族が革命への干渉を働きかけて
いた。1791年4月，革命に反対するオーストリア，プロイセンとの戦
争が始まった。フランス軍は当初劣勢であり，祖国の危機に際し，全
国から義勇兵がパリに集結した。8月，義勇兵と民衆は，国内の敵を
一掃するために，王宮を襲い，王権が停止された。これにより立法議
会は解散し，新たに普通選挙によって国民公会が招集された。国民公
会は王政の廃止を宣言し，共和政が樹立された。穏健共和派のジロン
ド派と急進共和派の山岳派が対立する中で，ルイ16世は裁判にかけら
れ，1793年1月，処刑された。　　3　ダントン　　4　3　　5　東フ
ランクのオットー1世は，962年に教皇からローマ皇帝の位を与えられ
た。これが神聖ローマ帝国の始まりである。帝国内は諸侯や自由都市
の力が強く，政治的分裂が深まった。13世紀には皇帝不在の大空位時
代を経て，皇帝カール4世は，1356年に金印勅書を発布して，皇帝選
出権を聖俗7選帝侯に認めた。15世紀以降，皇帝はハプスブルク家か
ら出されるようになり，大小300ほどの領邦が分立した。1648年，三
十年戦争後のウェストファリア条約で，各領邦には主権が認められ，
帝国は形骸化した。　　6　イギリスへの経済的打撃を与えること，
またフランス産業のためのヨーロッパ市場確保を目的に行った。しか
し，海上権を握るイギリスはさして影響を受けず，イギリスとの貿易
禁止によりヨーロッパ諸国は経済的苦境に陥った。大陸封鎖の励行を
求めるナポレオンの政策は，ヨーロッパ諸国の反発を招いた。
7　a　マドリード，1808年5月3日　　b　(フランシスコ・デ・)ゴヤ
(2)　1　形勢戸　　2　ア　燕雲十六州　　イ　北京　　3　李元昊
4　清明上河図　　5　最終試験に皇帝みずからが試験官となって行う
殿試が設けられ，皇帝と官僚との結びつきが強化された。　　6　契
丹と金，どちらも狩猟・遊牧民には部族制を，農耕民には州県制によ

 っておさめる二重統治体制をしいた。金で実施していた部族制は猛安・謀克と呼ばれる。　7　ア　靖康の変　イ　徽宗　8　臨安(杭州)　9　淮河(淮水)　10　ア　泉州　イ　b　11　蘇湖(江浙)　12　ア　周敦頤　イ　陸九淵

ウ　欧陽脩　エ　院体画(院画)

〈解説〉(1)　1　シエイエスは第三身分の聖職者・政治家であり，1789年に『第三身分とは何か』を発表して特権身分を批判した。1791年憲法の制定を主導したが，のちに総裁政府に参画した。1799年のブリュメール十八日のクーデタに協力して，第二統領に就任した。　2　1791年9月に立憲君主制・制限選挙・一院制議会などを規定した1791年憲法が成立し，制限選挙によって10月に「立法議会」が設立された。この直前の8月にオーストリアとプロイセンはピルニッツ宣言を発してフランス王の権威恢復・革命政府の非正統性などを主張して，フランス革命への干渉を強めていた。「立法議会」では立憲君主派のフイヤン派が支配的であったが，1792年3月に穏健共和派のジロンド派内閣が成立すると，4月にオーストリアに宣戦を布告して革命戦争が勃発した。しかしフランス軍士官には反共和派が多くて士気が低いために，フランス軍は各地で敗戦を重ねた。背後に王妃マリー＝アントワネットの実家であるオーストリアとつながる王室の暗躍があると疑った民衆と義勇軍は，8月10日事件を起こして王権を停止した。9月のヴァルミーの戦いでフランス軍が勝利した後，男子普通選挙による「国民公会」が招集された。国民公会は王政を廃止して共和政を宣言した。急進共和派の「山岳派」が主導権を握り，1793年1月にルイ16世を処刑した。　3　ダントンは弁護士出身の革命家・政治家である。1792年9月の共和政宣言後に法相を務め，1793年4月に公安委員会に入ったが，7月に失職した。国民公会では山岳派右派を指導してロベスピエールらと対立すると，1794年4月に失脚・処刑された。　4　1804年5月にナポレオン1世が第一帝政を開始すると，イギリスの第2次ピット内閣はロシア・オーストリアと軍事同盟を結んで，1805年3月に第3回対仏大同盟を成立させた。1805年12月にロシア・オーストリアがアウステ

ルリッツの戦い(三帝会戦)で敗北して仏墺間でプレスブルク条約が成立すると，第3回対仏大同盟は崩壊した。　5　936年に東フランク王国のザクセン朝第2代国王となったオットー1世は，「962年」に教皇ヨハネス12世によって戴冠されて神聖ローマ帝国の始まりとなった。叙任権闘争や皇帝によるイタリア政策などから帝国内では皇帝権が弱まり，領邦や帝国都市(自由都市)などが力を強めた。13世紀前半のシュタウフェン朝のもとで全盛期を迎えるが，シュタウフェン朝の断絶後の1256年から皇帝不在の大空位時代となって皇帝権はさらに弱まった。1347年に皇帝に即位したカール4世は「1356年」に金印勅書を発布して皇帝選挙権を聖俗7選帝侯に限定した。1438年にアルブレヒト2世が皇帝に選出されると，ハプスブルク家がほぼ帝位を独占した。しかし1521年のヴォルムス帝国議会で帝国追放刑に処されたマルティン＝ルターをザクセン選帝侯フリードリヒが保護し，新教派諸侯のシュマルカルデン同盟が1546年に皇帝カール5世にシュマルカルデン戦争を起こすなど，帝国内は宗教改革を背景に分裂を強めた。1618年に国内で三十年戦争が勃発し，「1648年」にウェストファリア条約が締結されると，領邦にはほぼ完全な主権が認められて，神聖ローマ帝国は有名無実と化した。　6　大陸封鎖令と呼ばれるベルリン勅令はヨーロッパの大陸側諸国にイギリスとの通商を禁じて，フランス産業の保護・拡大を意図していた。しかし植民地を多数有したイギリスには打撃とならず，反対に産業革命の成功によって拡大していたイギリス市場を失うことで，ヨーロッパ大陸諸国側に大きな打撃を与えた。大陸諸国側の反仏感情を強めさせ，1810年12月にロシアが対英貿易を再開させると，1812年6月からのロシア遠征を引き起こした。

7　a　1808年5月2日のマドリードの民衆蜂起からスペイン反乱が生じ，イギリスからの支援などを受けたスペイン民衆はフランス占領軍を苦しめた。ナポレオン1世の腹心であったミュラはマドリードの民衆蜂起参加者を容赦なく銃殺刑に処した。このマドリード市民の銃殺刑を描いた作品が絵画の『マドリード，1808年5月3日』である。

b　ゴヤは1789年にスペイン宮廷画家に就任した，後期ロココ主義か

ら写実主義へと至る過渡的な画家である。『裸のマハ』や『我が子を食らうサトゥルヌス』などが代表作である。『マドリード，1808年5月3日』でスペイン反乱を描き，ナポレオン1世を「ヨーロッパの暴君」と呼んで嫌悪した。　(2)　1　形勢戸は宋代の富農や有力官人階層である。貴族勢力が唐末の混乱で没落した後，地方で土地を獲得して台頭した新興地主が中心をなした。科挙を通じて官僚を輩出して税制上の優遇を得た官戸となった者が多いので，形勢官戸とも呼ばれた。2　ア　燕雲十六州は現在の北京から大同に至る地域の呼称で，幽・薊・瀛・莫・涿・檀・順・嬀・儒・新・武・蔚・雲・応・朔・寰からなる。石敬瑭が後晋の建国のために遼の太宗に援助を求め，その代償として936年に燕雲十六州を割譲した。遼は燕雲十六州に南面官を設置して州県制にもとづく統治を行った。　イ　燕雲十六州は長城以南に位置する。大連は遼東半島にあるので誤り。瀋陽と長春は中国東北地方にあるので誤り。青島は山東半島にあるので誤り。　3　李元昊はタングート人で興慶府(銀川)を都として1038年に国号を大夏と称して皇帝(景宗)に即位した。西夏は宋による呼称である。中国式官制を整えて西夏文字を発明するなどの功績を残したが，宋との対立は，中継交易の途絶を招き国力を疲弊させたため，1044年に宋に臣礼をとる慶暦の和約を結び，宋から夏国王に封じられた。　4　北宋末に張択端によって描かれ，清明節(冬至から105日目)でにぎわう開封の様子を描いていると伝わる。上河は世俗の丁寧語あるいは墓参を意味するとされる。　5　殿試は，皇帝自らが行う科挙の最終試験である。受験者の序列を決める試験であるため不合格者は存在せず，皇帝を師，受験者を弟子とする擬制的師弟関係を築くことで，皇帝権力が強化された。　6　契丹と金の統治政策の共通点は，狩猟・遊牧民と農耕民に別々の統治体制をしく「二重統治体制」である。具体的に契丹では遊牧・狩猟民に対する部族制と，燕雲十六州の農耕民に対する州県制から成る。部族制を担当した官庁は，北面官と呼ばれる。州県制を担当した官庁は，南面官と呼ばれる。金では華北の農耕民を州県制によって統治する一方，狩猟・遊牧民は部族制にもとづく猛安・謀克によっ

て統治した。猛安・謀克は300戸を1謀克，10謀克を1猛安に組織した。

7　ア　1125年に宋と結んで遼を滅ぼした金は，宋の違約を挙げて南進し，1126年に首都開封を落として，上皇である徽宗と皇帝の欽宗などを北方に連行する靖康の変を起こした。宋は滅亡して，華北には一時的に金の傀儡国家である斉が建てられた。　イ　徽宗は北宋の第8代皇帝である。新法を推進したが，政治には無関心で宰相の蔡京に委ねて，芸術に没頭した。痩金体と呼ばれる楷書体を生み出し，絵画にも優れており『桃鳩図』などを残した。靖康の変に際して子の趙桓(欽宗)に譲位したが，金に捉えられて五国城に幽閉されて没した。

8　靖康の変で宋が滅亡すると，欽宗の弟である趙構は南京で即位した後に，1138年に臨安(杭州)を都として南宋を開いた。　9　淮河(淮水)は黄河と長江の中間を東流する河川である。1142年に南宋と金が結んだ紹興の和議によって秦嶺とともに両国の国境線とされた。ちなみに1194年の洪水で黄河の一部が淮河に流入し，のちの流路変更で黄河は徐州を経て淮河に合流する形となった。この流路は1855年まで維持される。　10　ア　泉州は福建省南東部に位置する海港都市である。1087年に市舶司が設置され，ムスリム商人が多く到来して繁栄した。色目人として元で活躍した蒲寿庚の出身地である。マルコ＝ポーロからザイトンと呼ばれ，イブン＝バットゥータの『旅行記(三大陸周遊記)』にも登場する。　11　宋代の長江下流域では囲田や圩田と呼ばれる新田開発が進み，インドシナ半島から占城稲と呼ばれる早稲種が取り寄せられて稲作の収穫量が飛躍的に増大した。　12　ア　周敦頤は1017年の湖南省出身の儒学者である。仏教や道家思想を受容しつつ『易経』と『中庸』にもとづいて道徳哲学を編み出した。『太極図説』や『通書』を著し，学問を通じて聖人となることを説いた。生前は無名に近かったが，朱熹(朱子)によって再評価された。　イ　陸九淵は陸象山とも称される，1139年に江西省で生まれた儒学者である。朱熹の性即理を批判して，自己の心を養い天地との一体化を重視する心即理を説いた。心即理は明代の王守仁(王陽明)に影響を与えた。

ウ　欧陽脩は1007年に江西省に生まれた宋代の政治家・学者である。

1030年に進士に及第し，王安石の新法に反対した。古文の復興を説き，唐宋八大家の一人に数えられる一方，君臣道徳や華夷の区別にもとづく紀伝体の『新五代史』や『新唐書』を編纂した。　エ　院体画(院画)は画院(翰林図画院)で専門職によって描かれた絵画である。宮廷での消費を目的としており，写実性・伝統的手法・鑑賞的様式を特色とした。南宋末以降には形骸化した。

【地理】

【1】問1　(1)　(i)　4　　(ii)　3　　(2)　1　　(3)　(i)　5　　(ii)　2
　　　問2　(1)　1　　(2)　5　　(3)　4　　(4)　3　　(5)　2

〈解説〉問1　(1)　(i)　地点Tは0mではないのでCではない。丹波高原から大阪平野を通り和泉山脈，紀ノ川，紀伊山地に至ることからB。地点Vは海岸なのでC。琵琶湖から笠置山地。地点Xは飛騨高地から濃尾平野に至る直線でA。　(ii)　フィヨルドは氷河が削ったU字谷が沈水してできた海岸地形。モレーンは氷河が削った岩屑が堆積したもの。パルサは地中に氷河のある湿地。ホルンは氷河が侵食してできる鋭い峰。　(2)　南北に長い兵庫県が1。面積も一番広い。京都府の西端は標準時子午線よりも西に位置し，東端は大津潮よりも東にある。2が該当する。3が和歌山県。最も面積の小さい大阪府が5，滋賀県は4。

(3)　(i)　1985年から2018年の間には1995年の阪神淡路大震災と2011年の東日本大震災が含まれることから，被害額割合の最も高いAが地震。最も発生件数割合が高いBは台風。Cが洪水で，近年のゲリラ豪雨や記録的短時間大雨情報の発表を耳にすることなどからもわかる。Dは地滑り，Eは火山。　(ii)　1　都市圏活断層図のこと。　3　火山土地条件図，火山基本図。　4　沿岸海域土地条件図・沿岸海域地形図。5　治水地形分類図のことを指す。これらの国土地理院の地理情報地図を使って，各自治体は独自のハザードマップを作成・講評している場合が多い。　問2　(1)　アラブ首長国連邦は人口1000万人足らずの産油国で，1人当たり国民総所得が非常に高い。また，南アジアなどから出稼ぎ労働者が多いことが特徴で，生産年齢人口の多い1。2は老

年人口の割合が高いことから先進国のイタリア。次に1人当たり国民総所得が高く，老年人口の多い3が韓国で，4は国内総生産成長率が高いことから中国。1人当たり国民総所得が低い5はカザフスタンで，年少人口の割合が高い。　(2)　アブダビは砂漠気候で2。朝鮮半島南部の麗水は温暖湿潤気候または温暖冬季少雨気候で1，上海は温暖湿潤気候で夏が暑い3だが見分けは難しい。アスタナは内陸にあるため非常に降水量が少なく，かつ冬季は低温となる砂漠気候またはステップ気候で5が該当する。サラゴサはイベリア半島内陸部の周囲に山のある高原に位置するため，地中海性気候よりさらに降水が少なく4となる。　(3)　アジアNIEsは新興工業国・地域を指すが，新興工業国といってしまうと正確ではないため，2ヵ国2地域となっている。　(4)　ドイツとイタリアの間にはスイス，オーストリアがある。旧ユーゴスラビア連峰構成国の1つクロアチアは，アドリア海をはさんでいて接してはいない。イベリア半島のスペイン，ポルトガルとも接していない。(5)　利根川は日本の河川で最も流域面積が広く，人口も多いことから5。次に流域の人口が多い2が淀川。信濃川は日本の河川で最も長く，流域面積は利根川に次いで広いため4。阿賀野川は栃木県・福島県境から新潟県へ流れる。流域都道府県数3の1が該当する。木曽川は長野県，岐阜県から愛知県犬山市を通り，三重県から伊勢湾に注ぐ。3が該当する。

【2】問1　(1)　(i)　構想　　(ii)　2　　(2)　(i)　キリバス共和国
(ii)　コロンビア　　(3)　(i)　3　　(ii)　ア　66　　イ　白夜
ウ　極夜　　(4)　(i)　(a)　図2中の地点Xと地点Yとを結ぶ直線と交わる等高線の間隔から，西側が東側に比べて急な斜面であることが読み取れる。傾動山地とは，断層運動によって上盤の地表面がある特定の方向に傾斜し，山地の片側のみが断層崖となることで，非対称的横断面をもつ地形である。　　(b)　棚田　　(ii)　(a)　典型地形の名称…河岸段丘(河成段丘)　　説明…氾濫原(谷底平野)をもつ河川が，再び侵食により掘り下げを行うと，以前の氾濫原(谷底平野)は階段状の地形

として取り残されることで，地形が形成される。　　(b)　奈良盆地は低い山なみに囲まれ，平野部が窪地となっている典型的な低平地であるため，地形的に雨水がたまり，流れにくくなる。　　(c)　図6中のRの集落の北側と南側には，それぞれ谷地形があることを等高線から読み取ることができる。塊村は水を確保しやすい場所に立地する場合が多く，図6中のRの集落は谷口に位置しており，谷口付近の湧水や地下水を利用しやすいため。　　問2　(1)　a　クンルン(崑崙)山脈　b　チンリン(秦嶺)山脈　　c　大シンアンリン(大興安嶺)山脈　d　タクラマカン砂漠　　e　ゴビ砂漠　　f　チュー川(珠江)　g　ハイナン(海南)島　　(2)　地下水路式の灌漑施設　　(3)　(i)　B　(ii)　(a)　z　　(b)　3　　問3　(1)　2050年までに，二酸化炭素をはじめとする温室効果ガスの排出量から，植林，森林管理などによる吸収量を差し引き，合計を実質的にゼロに抑えること。　　(2)　(i)　5　(ii)　アグロフォレストリー　　(3)　1

〈解説〉問1　(1)　(i)・(ii)　地理探求では，考察すること，構想することと説明，議論する力を大切にしている。これは，思考力，判断力，表現力等を育成することに最も関わっている。　　(2)　(i)　ミレニアム島はキリバス共和国にある。キリバスは東西に長く広がる島々を領域としており，日付変更線をまたいでいたが，1995年1月1日に東側の国境沿いに移動させた。そのため，最東端のカロリン島をミレニアム島と改名した。　　(ii)　アメリカ大陸をアングロアメリカとラテンアメリカで分ける場合は，メキシコ以南をラテンアメリカとするが，南北に分けるときはパナパ地峡以北と以南にわける。ガジナス岬はコロンビアのグアヒラ半島にある。カリブ海と太平洋に面する国というのがヒントになっている。　　(3)　(i)　鉄鉱石はオーストラリアでは西部のピルバラ地区，ブラジルのカラジャス，イタビラ鉄山などで採掘される。1は金鉱，2は銅鉱，4は銀鉱，5は鉛鉱である。　　(ii)　北極圏は北緯66度33分39秒以北のことをいい，その線を北極線という。地軸の傾きによって，真夏に太陽が沈まない状態が続き，これを白夜という。逆に太陽が昇らない時期を極夜という。同様の状態は南極圏でも生じる。

(4) (i) (a) 地層が押されるまたは引っ張られる力によって断層が生じて，上下にずれると断層崖ができる。この崖にはさまれてできた山地を地塁，くぼんだ部分を地溝，または断層谷という。傾動山地は，地層が傾いて，一方が緩斜面，片方が断層崖となったものである。X寄りは等高線が密であることから断層崖で，Y寄りは緩斜面になっている。 (b) 図Pの西端はおよそ標高350m，東端は150mで，かなりの急斜面にもかかわらず，水田が形成されていることがわかる。これは棚田で，狭い耕地を切り開き，水路を張り巡らせて水を引き，稲を育てていることがわかる。近年では伝統を守るため棚田の存在が見直されている。 (ii) (a) 河岸段丘は，蛇行する河川が川底を削り，そこで隆起または海面低下によって侵食面が上昇すると，再び河川が下刻をすることによって段丘崖と平らな段丘面が階段状に形成される。(b) 奈良盆地は東に笠置山地，西に生駒山地，金剛山地に囲まれている。大和川はその盆地で支流を合流させて西へと流出するが，標高40〜60mの低平地であるため，流出の速度は遅い。 (c) 等高線をたどると，集落のすぐそばまで尾根が迫るが，北と南には谷があり，谷筋には水が流れるかあるいは湧水または地下水があり，酒造りに利用されたと考える。 問2 (1) aのクンルン山脈はmのテンシャン山脈とタリム盆地のdタクラマカン砂漠の南北に位置する。bのチンリン山脈は，ホワイ川と共に年降水量1,000mmの等降水量線を示す。cは大シンアンリン山脈，eはゴビ砂漠。gのハイナン島は経済特区の1つ。

(2) カレーズまたはカンアルチンは，地下水路の中国での呼び名。イランではカナート，アフガニスタンではカレーズ，北アフリカではフォガラといい，乾燥地域において蒸発しないように地中に作られた灌漑用水路である。 (3) (i) ヘイロンチヤン省では，緯度が高く冷涼であるにもかかわらず，耐寒性の品種を開発してコメの生産が全省・自治区の中で1位である。従ってAはコメ，Bは豆類，Cはとうもろこし。面積の小さいDは，中国国内では広いため，小麦と考える。

(ii) (a) ホンコンやマカオが近いzがコワントン省。vはシャンシー省，wはシャントン省，xはチヤンスー省，yはチョーチヤン省。 (b) シ

ャンチェンとあることから3。1はチアンスー省，2はチョーチヤン省，4はシャントン省。5は内陸のシャンシー省。　問3　(1)　カーボンニュートラルのカーボンは炭素，ニュートラルは中立を意味する。2015年の国連気候変動枠組条約締結国会議(COP21)で採択されたパリ協定では，温室効果ガスの排出における取り組みを定めたが，排出した二酸化炭素を植物によって差し引きゼロとみなすことで，排出量を抑えようとする考え方。2050年には日本は実質ゼロとすることとしている。

(2)　(i)　針葉樹が最も少ない1はオセアニア，5が南アメリカ。森林伐採高が大きい3はアジア。ロシアはヨーロッパに含まれるため，森林面積が広く，針葉樹の多い4はヨーロッパで，2が北アメリカ。

(ii)　アグロフォレストリーの考え方は，持続可能な農業という視点からとても重要だが，実際に森林を伐採して耕地を切り開き，薪炭材を利用する住民たちに理解してもらい，協力を引き出すことは大変難しい。　(3)　日本の世界遺産登録は，全部で25件あり，そのうち自然遺産は屋久島，白神山地，知床，小笠原諸島と，令和3年に登録された奄美大島，徳之島，沖縄島北部及び西表島の5つである。世界遺産に登録されるためには国内で暫定リストを作成し，ユネスコ世界遺産センターに推薦書を提出した上で，現地調査などを経て世界遺産委員会で決定される。2023年にはサウジアラビアのリヤドで開催された。

公　民　科

【共通問題】

【1】(1) 5　　(2) 3　　(3) 4　　(4) 3　　(5) 4　　(6) 2
　　(7) 2　　(8) 5　　(9) 1　　(10) 1

〈解説〉(1)　地方公共団体の議会が長に対する不信任の議決をするには，3分の2以上の議員が出席し，その4分の3以上の議員の賛成を要する。なお，不信任の議決後10日以内に限って，長は議会を解散することができる。　(2)　2001年に日本はテロ対策特別措置法を制定し，対テロ

戦争としてアフガニスタンに侵攻した多国籍軍に対し，インド洋で給油活動などに従事した。2003年に勃発したイラク戦争においては，イラク復興支援特別措置法に基づき，自衛隊がイラクに派遣された。

(3) 東ティモール紛争が1999年に勃発し，2002年に東ティモールは独立を果たした。 1 フォークランド諸島(マルビナス諸島)の領有をめぐるイギリスとアルゼンチンの紛争。 2 ロシア内のチェチェン共和国の独立をめぐる紛争。 3 カシミール地方の領有をめぐるインドとパキスタンの紛争。 5 南オセチアをめぐるジョージアとロシアの紛争。 (4) デンマークは特例でユーロの導入を免除されている。また，ユーロを自国の通貨とするには，国内の経済状態につき，所定の条件があるため，2023年の時点でEU加盟27か国中，ユーロを導入している国は20か国にとどまっている。 (5) A 税収は増加しているものの，歳入に占める割合は6割程度。 B 公債の新規発行による収入のこと。公債金の占める割合を公債依存度という。 C 高齢化により，社会保障関係費の額，および割合は増加の一途にある。
D 国債の償還費のこと。 E 地方公共団体の財政力格差を解消するために交付されている。 (6) 孟子が戦国時代の思想家で亜聖と呼ばれているのは正しいが，亜聖とは聖人である孔子に次ぐ賢人という意味。孔子は孟子よりも前の春秋時代の思想家である。 1 易姓革命を唱えた。 3 『論語』『大学』『中庸』『孟子』が四書。 4 四端は四徳(仁義礼智)の端緒とした。 (7) ウェーバーは官僚制の合理的側面を論じた。 1 現代の大衆社会を批判的に論じた。 3 現代人は周囲や世論に同調しようとする他人指向型とした。 4 権威主義的性格を論じた。 5 近代社会では狂気が排除されてきたことを論じた。 (8) 吉野作造の民本主義とは，主権の所在に関係なく，民衆本位の政治は可能とする思想。当時，民主主義と天皇主権は相反すると考えられており，民本主義は天皇主権でも実質的に民主主義の実現は可能とする主張だった。 (9) ヤスパースは死や苦悩など，避けられない極限の状況(限界状況)において，人間は実存に目覚めるとした。2はハイデッガー，3はニーチェ，4はサルトル，5はキルケゴールの思

想。いずれも実存主義の系譜に位置づけられる思想家である。

(10)　R.カーソンは，農薬の使用が生物濃縮を通じて生態系を破壊するとした。カーソンが『沈黙の春』を著したのは1960年代であり，その当時，地球温暖化やオゾン層破壊の問題はまだ認識されていなかった。

【倫理】

【1】(1)　ア　あ　不断の努力　い　全体の奉仕者　う　公共の福祉　イ　①　Ⅰ　アメリカ独立革命　Ⅱ　一般意志　②　児童の権利に関する条約(子どもの権利条約)　ウ　高度経済成長のなかで，さまざまな公害が発生し，人々の生命や健康が損なわれる事態が発生した。四大公害訴訟ではいずれも原告が勝訴し，公害反対の世論の中で，政府は公害対策基本法などの法整備を行い，環境庁を発足させた。公害による健康被害や生活困難を経験するなかで，憲法25条(生存権)や13条(幸福追求権)を根拠に，良好な環境を享受する権利として環境権が主張されることとなった。こんにちでは公害などの環境破壊だけでなく，日照権や静穏権，景観権，嫌煙権なども環境権として主張されている。　エ　仕事や旅行などで，選挙期間中，名簿登録地以外の市区町村に滞在している人が，滞在先の市区町村の選挙管理委員会で投票することができる制度。　オ　憲法25条1項の規定は，すべての国民が健康で文化的な最低限度の生活を営み得るように国政を運営すべきことを国の責務として宣言したにとどまり，直接個々の国民に対して具体的権利を賦与したものではないという考え方。カ　団体行動権(争議権)　キ　裁判員制度　(2)　ア　①　防衛機制　②　5　③　モラトリアム期間中に継承されるべき技術・知識の高度化による修得期間の長期化と，青年期＝モラトリアム時代の居心地のよさ。　イ　①　4　②　汝自身を知れ　ウ　①　トマス＝アクィナス　②　「アッラー以外に神はなし，ムハンマドは神の使徒である」と唱える。　③　五陰盛苦(五蘊盛苦・五取蘊苦)とは，人間の身心ならびに環境のすべてを形成する物質的・精神的な

あらゆる要素である五陰(五蘊・五取蘊)に執着することから生じる苦で，五陰(五蘊・五取蘊)を構成するのは，形あるもの，すなわち肉体である色，感覚である受，表象である想，意志である行，認識である識の五つの要素である。　エ　①　ユートピア　　②　2

③　社会を構成している個々の成員の利益の総計

〈解説〉(1)　ア　あ　憲法で保障されていても，国民の努力なしに人権を保持することはできない。　い　戦前の公務員は「天皇の官吏」とされたが，戦後は国民主権のもと，公務員は「全体の奉仕者」とされた。　う　公共の福祉は，日本国憲法における人権の制約原理。

イ　①　Ⅰ　名誉革命は国王大権を濫用しようとした国王が追放されて，新国王が迎え入れられた事件。ロックの社会契約説は名誉革命を理論的に正当化するものだった。　Ⅱ　一般意志は，各人の特殊意志の総和である全体意志とは区別される。　②　児童の権利に関する条約は，18歳未満の者を児童とし，その人権を守るために締結された条約。「生命，生存および発達に対する権利」「子どもの意見の尊重」「子どもの最善の利益」「差別の禁止」の4つを原則としている。わが国も同条約を批准している。　ウ　原告側が環境権の侵害を主張した訴訟として大阪空港公害訴訟があるが，最高裁が環境権を法的権利として認めた例はない。また，日本国憲法第13条は包括的権利規定であり，多くの「新しい人権」の法的根拠となっている。　エ　期日前投票とは，投票日に仕事やレジャーなどの予定があるために投票所に行くことのできない人が，投票日前に期日前投票所で投票する制度のこと。手軽に行うことができることから，期日前投票をする人は増加している。　オ　朝日訴訟だけでなく，障害福祉年金と児童扶養手当の併給禁止規定の憲法適合性が争われた堀木訴訟でも，最高裁はプログラム規定説に則り，併給禁止規定を合憲とした。プログラム規定説は，自己責任を原則とする資本主義経済に適合的な憲法解釈といえる。カ　公務員は「全体の奉仕者」であることから，労働三権の制約を受けている。ストライキなどを行う権利である団体行動権はいずれの公務員にも認められていないし，警察官や消防官，自衛官らは，労働三

権のいずれも認められていない。　キ　裁判員裁判は，18歳以上の有権者から「くじ」で選ばれた裁判員が，裁判官との合議体によって有罪・無罪の判定と量刑を行う制度。裁判員裁判は，原則として6名の裁判員と3名の裁判官によって行われ，重大な刑事事件の第一審に限定して導入されている。　(2)　ア　①　防衛機制は防衛反応や適応機制などともいい，抑圧，合理化，置き換え，反動のほか，昇華，投影，退行などがある。なお，八つ当たりなどの衝動的な行動で欲求不満を解消することを近道反応(短絡反応)，欲求不満に耐えて欲求を達成することを合理的解決という。　②　エリクソンは人生を8つの段階に分けて，各段階に達成すべき発達課題があるとする，ライフサイクル説を唱えた。そして，青年期の発達課題を自我同一性(アイデンティティ)が拡散する危機にあって，それを確立することに求めた。　③　モラトリアムとは，元々は金融用語で支払猶予を意味する言葉。エリクソンは青年期を表現する言葉として用いたが，悪い意味合いで用いたわけではない。対して，小此木啓吾は，大人としての責任を回避し，いつまでも青年期にとどまり続けようとする人間をモラトリアム人間と表現した。　イ　①　タレスは哲学者の祖とされる人物で，水をアルケー根源とした。また，デモクリトスは分割不可能な原子(アトム)をアルケーとし，ヘラクレイトスは永遠に生きる火をアルケーとするとともに，「万物は流転する(パンタレイ)」と唱えた。　②　自己の無知を自覚していることを，「無知の知」という。ソクラテスは，「ソクラテスほど賢い者はいない」というアポロンの神託を，自己の無知を自覚していると理解した。そして，問答法(魂の助産術)を通じて，問答の相手方に自己の無知を自覚させ，真の知への探究の手助けをしようとした。　ウ　①　スコラ学は，中世のキリスト教の神学者や哲学者による学問のこと。その代表的な神学者であるトマス=アクィナスは，「哲学は神学の侍女」であることを前提としつつも，キリスト教神学とアリストテレス哲学の融合を図った。　②　五行には，信仰告白のほか，礼拝(サラート)，喜捨(ザカート)，断食(サウム)，巡礼(ハッジ)がある。また，ムスリムが信じなければならないアッラー，天使，

啓典(クルアーン)，預言者，来世，予定は六信と総称されており，両者は六信五行と呼ばれている。　③　非常に苦労することを四苦八苦というが，元来は仏教用語で，あらゆる苦しみの意。苦とは自分の思い通りにならないことであり，一切皆苦は仏教の根本教義である四法印の一つとされている。また，慈悲とは抜苦与楽のこととされている。エ　①　トマス=モアはイギリスの大法官を務めた法律家，政治家である一方，北方ルネサンスを代表する人文主義者としても知られる。著書『ユートピア』において，当時のイギリス社会を風刺し，共産主義的な理想社会を描いた。　②　ヘーゲルに関する記述である。ヘーゲルは，家族を人倫の基本，市民社会を人倫の喪失態とした上で，国家は家族と市民社会が止揚(アウフヘーベン)した人倫の最高形態であり，国家において各人は共同体に属しつつ自由を得るとした。
③　ベンサムは快楽(幸福)の増大を善，苦痛(不幸)の増大を悪とする功利主義を唱えた思想家であり，できるだけ多くの人々の幸福を最大化する「最大多数の最大幸福」を目指すべきとした。また，そのために普通選挙の導入による議会改革を唱えた。

【政治・経済】

【1】(1)　ア　あ　不断の努力　　い　全体の奉仕者　　う　公共の福祉　　イ　①　Ⅰ　アメリカ独立革命　　Ⅱ　一般意志　　②　児童の権利に関する条約(子どもの権利条約)　　ウ　高度経済成長のなかで，さまざまな公害が発生し，人々の生命や健康が損なわれる事態が発生した。四大公害訴訟ではいずれも原告が勝訴し，公害反対の世論の中で，政府は公害対策基本法などの法整備を行い，環境庁を発足させた。公害による健康被害や生活困難を経験するなかで，憲法第25条(生存権)や第13条(幸福追求権)を根拠に，良好な環境を享受する権利として環境権が主張されることとなった。こんにちでは公害などの環境破壊だけでなく，日照権や静穏権，景観権，嫌煙権なども環境権として主張されている。　　エ　仕事や旅行などで，選挙期間中，名簿登録地以外の市区町村に滞在している人が，滞在先の市区町村の選挙管

理委員会で投票することができる制度。　　オ　憲法第25条第1項の規定は，すべての国民が健康で文化的な最低限度の生活を営み得るように国政を運営すべきことを国の責務として宣言したにとどまり，直接個々の国民に対して具体的権利を賦与したものではないという考え方。　　カ　団体行動権(争議権)　　キ　裁判員制度

(2)　ア　①　(ラウル・)プレビッシュ　　②　開発途上国の経済発展を支援する観点から，先進国が開発途上国の産品に対して一般の関税率より低い関税率(特恵税率)を適用する制度。　　イ　対外経済援助，軍事支出，資本支出の増大により，アメリカの対外債務は金準備を上回るようになった。アメリカの経常収支の赤字が恒常化し，1960年代にはドル価値への信頼が揺らいだ。そのため諸国は，ドルと金の交換を要求するようになり，金が大量に流出しアメリカはドル危機という事態に陥った。　　ウ　①　資源ナショナリズム　　②　フランス　エ　ネガティブ・コンセンサス　　オ　国際貧困ライン

(3)　ア　ユートピア　　イ　2　　ウ　社会を構成している個々の成員の利益の総計

〈解説〉(1)　ア　あ　憲法で保障されていても，国民の努力なしに人権を保持することはできない。　い　戦前の公務員は「天皇の官吏」とされたが，戦後は国民主権のもと，公務員は「全体の奉仕者」とされた。　う　公共の福祉は，日本国憲法における人権の制約原理。

イ　①　Ⅰ　名誉革命は国王大権を濫用しようとした国王が追放されて，新国王が迎え入れられた事件。ロックの社会契約説は名誉革命を理論的に正当化するものだった。　Ⅱ　一般意志は，各人の特殊意志の総和である全体意志とは区別される。　②　児童の権利に関する条約は，18歳未満の者を児童とし，その人権を守るために締結された条約。「生命，生存および発達に対する権利」「子どもの意見の尊重」「子どもの最善の利益」「差別の禁止」の4つを原則としている。わが国も同条約を批准している。　ウ　原告側が環境権の侵害を主張した訴訟として大阪空港公害訴訟があるが，最高裁が環境権を法的権利として認めた例はない。また，日本国憲法第13条は包括的権利規定であ

り，多くの「新しい人権」の法的根拠となっている。　エ　期日前投票とは，投票日に仕事やレジャーなどの予定があるために投票所に行くことのできない人が，投票日前に期日前投票所で投票する制度のこと。手軽に行うことができることから，期日前投票をする人は増加している。　オ　朝日訴訟だけでなく，障害福祉年金と児童扶養手当の併給禁止規定の憲法適合性が争われた堀木訴訟でも，最高裁はプログラム規定説に則り，併給禁止規定を合憲とした。プログラム規定説は，自己責任を原則とする資本主義経済に適合的な憲法解釈といえる。カ　公務員は「全体の奉仕者」であることから，労働三権の制約を受けている。ストライキなどを行う権利である団体行動権はいずれの公務員にも認められていない。警察官や消防官，自衛官らは，労働三権のいずれも認められていない。　キ　裁判員裁判は，18歳以上の有権者から「くじ」で選ばれた裁判員が，裁判官との合議体によって有罪・無罪の判定と量刑を行う制度。裁判員裁判は，原則として6名の裁判員と3名の裁判官によって行われ，重大な刑事事件の第一審に限定して導入されている。　(2)　ア　①　UNCTADは国連総会の補助機関の一つ。その第1回総会に討議資料として提出された報告『開発のための新しい貿易政策を求めて』は，提出したUNCTAD初代事務局長の名前から，プレビッシュ報告と呼ばれている。　②　特恵関税制度は，プレビッシュ報告によって導入が提言された。途上国の工業化と経済発展を支援するための制度である。WTO協定には，特定の国だけに貿易上の優遇措置を認めないとする最恵国待遇の原則が定められているが，特恵関税制度はその例外として導入されている。　イ　1960年代，アメリカはベトナム戦争への参戦によって軍事支出が増大する一方，わが国やドイツなどの経済成長により，その相対的な経済的優位が低下していた。ブレトンウッズ体制においては，金1オンスあたり35ドルの交換が保証されていたが，その維持が難しくなっていった。ウ　①　資源ナショナリズムとは，自国の資源は自国が管理すべきとする考え方。植民地の資源は先進国企業によって開発されていたが，植民地が次々と独立を果たすに伴い，1962年には国連で「天然資源に

対する恒久主権の権利」宣言が採択されるなど資源ナショナリズムが台頭した。 ② ジスカール・デスタンはフランスの大統領。その提案により，第1次石油危機の世界経済への影響に関し討議するために，フランスのランブイエにて，フランスのほか日本，アメリカ，イギリス，西ドイツ，イタリアの首脳により，第1回サミットが開催された。 エ WTOの前身であるGATTの紛争解決制度にはコンセンサス方式が導入されており，加盟国のうち一か国でも反対すれば，案は否決されていた。これに対し，WTOの紛争解決制度にはネガティブコンセンサス方式が導入されている。 オ 国際貧困ラインは2022年に改定されており，1日2.15米ドル未満の生活を送る人を絶対的貧困としている。ユニセフと世界銀行によると，世界の子どもたちの6人に1人がこの国際貧困ラインを下回る状態で生活しているという。 (3) ア トマス＝モアはイギリスの大法官を務めた法律家，政治家である一方，北方ルネサンスを代表する人文主義者としても知られる。著書『ユートピア』において，当時のイギリス社会を風刺し，共産主義的な理想社会を描いた。 イ ヘーゲルに関する記述である。ヘーゲルは，家族を人倫の基本，市民社会を人倫の喪失態とした上で，国家は家族と市民社会が止揚（アウフヘーベン）した人倫の最高形態であり，国家において各人は共同体に属しつつ自由を得るとした。 ウ ベンサムは快楽（幸福）の増大を善，苦痛（不幸）の増大を悪とする功利主義を唱えた思想家であり，できるだけ多くの人々の幸福を最大化する「最大多数の最大幸福」を目指すべきとした。また，そのために普通選挙の導入による議会改革を唱えた。

2023年度　実施問題

中学社会・高校世界史・地理・公民　共通(日本史)

【1】日本史について，(1)～(10)の問いに答えよ。

(1)　天智天皇の死後，皇位継承をめぐって起こった大海人皇子と大友皇子の争いを何というか。次の1～5から一つ選べ。

1　応仁の乱　　2　承久の乱　　3　壬申の乱　　4　平治の乱

5　保元の乱

(2)　次のア～オについて，7世紀に起きた出来事として正しいものを○，誤っているものを×とした場合，正しい組合せはどれか。以下の1～5から一つ選べ。

ア　蘇我馬子によって物部守屋が討たれた。

イ　遣唐留学生として阿倍仲麻呂が派遣された。

ウ　東大寺の盧舎那大仏像が鋳造された。

エ　白村江の戦いで，日本は唐と新羅の連合軍に敗れた。

オ　防人が対馬・壱岐・筑紫に初めて設置された。

	ア	イ	ウ	エ	オ
1	×	×	×	○	○
2	○	×	○	○	×
3	○	○	×	×	○
4	×	○	×	○	×
5	×	○	○	×	×

(3)　平安時代に成立した作品とその作者の組合せとして，正しいものはどれか。次の1～5から一つ選べ。

1　『徒然草』－吉田兼好　　2　『枕草子』－紫式部

3　『方丈記』－鴨長明　　4　『蜻蛉日記』－和泉式部

5　『更級日記』－菅原孝標女

(4)　平安時代に起きた出来事として，正しいものはどれか。次の1～5から一つ選べ。

1　征夷大将軍に任じられた坂上田村麻呂が胆沢を平定し，朝廷の支配を現在の北海道まで広げた。

2　最澄や空海は遣唐使とともに唐に渡って仏教を学び，帰国後に最澄が真言宗，空海が天台宗を開いた。

3　貴族は書院造とよばれる住居に住み，服装も唐風から日本風に変化した。

4　白河上皇は，幼少の皇子が堀河天皇として即位した後も，政治の実権をにぎった。

5　平清盛は，武家として初めて太政官の最高の官である内大臣となった。

(5)　鎌倉時代，裁判基準としての法典である御成敗式目が制定された時の執権は誰か。次の1～5から一つ選べ。

1　北条時宗　　2　北条泰時　　3　北条義時　　4　北条時政

5　北条時頼

(6)　次のア～オについて，室町時代に関する説明として正しいものを○，誤っているものを×とした場合，正しい組合せはどれか。以下の1～5から一つ選べ。

ア　海の交通が発達し，菱垣廻船や樽廻船などが活躍した。

イ　墨の濃淡で描く水墨画が雪舟により大成された。

ウ　借金の帳消しを認める徳政令を求めて，打ちこわしが起きた。

エ　商人や手工業者らの同業者ごとに五人組とよばれる組合がつくられた。

オ　勘合を所持した勘合船によって日明間の貿易が行われた。

	ア	イ	ウ	エ	オ
1	○	○	×	○	×
2	×	○	○	×	○
3	×	○	×	×	○
4	○	×	○	○	×
5	○	×	×	×	○

(7) 江戸時代に起きた次のア～オの出来事を，古い順に左から右へ並べた場合，正しいものはどれか。以下の1～5から一つ選べ。

　ア　新井白石は，通貨改良に努めるとともに，長崎貿易に関する海舶互市新例を発布し，貿易を制限することで金・銀・銅の海外流出を防いだ。

　イ　寛政の改革では，農村と都市の復興に取り組むとともに，朱子学を振興するため朱子学以外の儒学を禁じた。

　ウ　田沼意次は，商品流通に課税することを考え，株仲間に冥加金を課したうえで独占権を与えたほか，通貨制度の改革も行った。

　エ　享保の改革では，足高の制を設けて人材登用を図るとともに，年貢増徴と新田開発に努めた。

　オ　徳川綱吉は，儒学の教えを現実の政治の上に反映させようとし，諸国に忠孝を奨励する高札を立てさせた。

　1　ア→オ→エ→ウ→イ

　2　オ→ア→エ→ウ→イ

　3　ア→オ→イ→エ→ウ

　4　オ→ア→エ→イ→ウ

　5　ア→オ→ウ→エ→イ

(8) 「五箇条の誓文」に記されている内容として当てはまらないものはどれか。次の1～5から一つ選べ。

　1　智識ヲ世界ニ求メ大ニ皇基ヲ振起スヘシ

　2　旧来ノ陋習ヲ破リ天地ノ公道ニ基クヘシ

　3　人タルモノ五倫ノ道ヲ正シクスヘキ事

　4　官武一途庶民ニ至ル迄各其志ヲ遂ケ人心ヲシテ倦マサラシメン

　　　コトヲ要ス

　5　広ク会議ヲ興シ万機公論ニ決スヘシ

(9)　明治時代に起きた次のア〜オの出来事を，古い順に左から右へ並べた場合，正しいものはどれか。以下の1〜5から一つ選べ。

　ア　版籍奉還により，領地と領民が藩主から天皇に返上された。

　イ　地租改正法を公布し，土地収益から算定した地価の3％の地租を徴収した。

　ウ　日本の近代学校制度に関する最初の基本法令である学制が発布された。

　エ　天皇は廃藩置県の詔を示し，361の藩が県となった。

　オ　近代の日本と朝鮮との間での最初の条約となる日朝修好条規が結ばれた。

　1　ア→エ→ウ→イ→オ

　2　ア→エ→イ→ウ→オ

　3　ア→イ→ウ→エ→オ

　4　ウ→エ→オ→ア→イ

　5　ウ→ア→イ→オ→エ

(10)　昭和時代に起きた次のア〜オの出来事を，古い順に左から右へ並べた場合，正しいものはどれか。以下の1〜5から一つ選べ。

　ア　日本が国際連盟を脱退する通告を行った。

　イ　戦時に際して人的及び物的資源を統制・運用する権限を政府に与える国家総動員法が，第一次近衛内閣のもとで制定された。

　ウ　奉天付近の柳条湖で，日本の関東軍が南満州鉄道の線路を爆破した。

　エ　陸軍将校が反乱を起こし，斎藤実や高橋是清らを襲撃し，首相官邸などを占拠した。

　オ　海軍将校らが首相官邸を襲い，犬養毅首相を射殺した。

　1　ウ→オ→ア→イ→エ

　2　ウ→オ→ア→エ→イ

　3　ウ→オ→エ→ア→イ

```
4  オ→ウ→エ→ア→イ
5  オ→ウ→ア→イ→エ
```

(☆☆☆◎◎◎)

中学社会・高校日本史・地理・公民　共通(世界史)

【1】世界史に関する次の(1)～(10)の問いに答えよ。

(1) 古代オリエントについて述べた次の文章を読み，ア～エの国名の組み合わせとして正しいものを1～5より一つ選べ。

> （　ア　）は前7世紀前半に，オリエント全土のさまざまな民族を支配し統合した。しかし，諸民族の反乱を受け首都のニネヴェは陥落し，その後オリエントには4つの王国が分立した。4つの王国とはエジプト，ユダ王国を滅ぼした（　イ　），イラン高原を支配した（　ウ　），最古の金属貨幣を鋳造したとされる（　エ　）である。

```
1  ア  新バビロニア    イ  メディア      ウ  アッシリア
   エ  リディア
2  ア  アッシリア      イ  リディア      ウ  新バビロニア
   エ  メディア
3  ア  アッシリア      イ  新バビロニア   ウ  リディア
   エ  メディア
4  ア  新バビロニア    イ  アッシリア    ウ  メディア
   エ  リディア
5  ア  アッシリア      イ  新バビロニア   ウ  メディア
   エ  リディア
```

(2) 中国の諸子百家の人物とそれぞれの主張について，1～5より誤っているものを一つ選べ。

```
1  墨子は普遍的な相互愛を意味する「兼愛説」を説いた。
2  老子はあるがままの自然な状態(無為自然)を理想とした。
```

3　荀子は性悪説を唱え、法律による統治(法治主義)を重視した。

4　孔子は家族の間の礼節と愛情を広く天下におよぼしていけば、理想的な社会秩序が実現できると唱えた。

5　孟子は性善説を唱え、人は生まれながらに善であると強調した。

(3)　中国の北宋における王安石の新法の説明として、1～5より正しいものを一つ選べ。

1　市易法とは、政府が大商人から商品を適正価格で買い上げ、それを担保もしくは保証人のある中小商人に売りさばかせることを定めたものである。

2　青苗法とは、各地の特産物を輸送させ、不足地で売却することを定めたものである。

3　保甲法とは、政府が徴税や治安維持などの労役の代わりに免役税を徴収し、労役を望む者に雇銭を給して募集することを定めたものである。

4　均輸法とは、政府が民に低利で穀物を貸し付け、収穫時に返済させることを定めたものである。

5　募役法とは、治安維持を目的として民に軍事訓練を行うことを定めたものである。

(4)　大航海時代に関連する人物について述べたア～オのうち、正しいものを〇、誤っているものを×とした場合、正しい組み合わせはどれか。1～5より一つ選べ。

ア　エンリケ航海王子は、アフリカ大陸最南端の岬に到達した。

イ　カブラルは現在のブラジルに到達し、同地をポルトガルが領有するきっかけを作った。

ウ　コロンブスは、1492年にサン＝サルバドル島に到着した。

エ　マゼランはスペイン国王と契約を結び、西回りのアジア航路を発見するため航海に出発した。

オ　バルボアはパナマ地峡を横断し、インド洋に到達した。

	ア	イ	ウ	エ	オ
1	○	×	×	○	×
2	×	○	○	×	×
3	×	○	×	○	○
4	○	×	○	×	○
5	×	○	○	○	×

(5) 南北アメリカ文明について，以下の説明にあてはまる文明を1〜5より一つ選べ。

> 建築，土木技術の面では高度の水準に達し，整然たる都市計画に基づく壮大な石造建築物や道路網が生まれた。文字を使用しなかったが，記録にはキープ(結縄)が用いられた。独自の発展を遂げたが，16世紀にスペイン人によって征服された。

1 オルメカ文明

2 テオティワカン文明

3 インカ文明

4 アステカ文明

5 マヤ文明

(6) 宗教改革に関連する人物について述べた次の文章を読み，1〜5より誤っているものを一つ選べ。

1 マルティン＝ルターは贖宥状(免罪符)の販売に対して，九十五ヵ条の論題で批判した。

2 ツヴィングリはエラスムスらの影響を受け，スイスで宗教改革を展開した。

3 カルヴァンは，魂が救われるかどうかはあらかじめ神によって決定されているという「予定説」を唱えた。

4 メアリ1世は，首長法によって国王がイギリス国教会の首長であると宣言した。

5 イグナティウス＝ロヨラは宗教改革に対抗して，フランシスコ＝ザビエルらとともにイエズス会を設立した。

(7)　フランス革命の一連の流れについて，次のア～オの出来事をおこった順に左から右へと並び替えた場合，正しいものはどれか。1～5より一つ選べ。

ア　国民公会で王政の廃止を宣言し，第一共和政が樹立された。

イ　パリ民衆がバスティーユ牢獄を襲撃した。

ウ　ブリュメール18日のクーデタがおこった。

エ　男子普通選挙制を認めた1793年憲法が制定された。

オ　国王ルイ16世と王妃マリ＝アントワネットがオーストリアへの逃亡を試みたが失敗し，パリに送還された。

1　イ→ア→オ→エ→ウ

2　イ→オ→ア→エ→ウ

3　イ→オ→ア→ウ→エ

4　オ→ア→イ→ウ→エ

5　オ→ア→イ→エ→ウ

(8)　アヘン戦争について述べた次の文章を読み，1～5より誤っているものを一つ選べ。

1　清の茶をイギリスに，イギリスの綿製品をインドに，インド産のアヘンを清に運ぶ三角貿易により，清から大量の銀が国外に流出した。

2　アヘンの密貿易の増加に伴い，清は林則徐を上海に派遣して取締りにあたらせた。

3　清はイギリスと南京条約を結び，香港島の割譲，上海・寧波・福州・厦門・広州の5港の開港，公行の廃止，賠償金の支払いなどを認めた。

4　虎門寨追加条約により，清はイギリスに片務的最恵国条款や開港場におけるイギリス人の土地租借および住居建築などを認めた。

5　清はイギリスに続き，アメリカと望厦条約，フランスと黄埔条約を結んだ。

(9)　次の表はアメリカ合衆国への移民の数の推移を年代別に表しており，表中のア～エは日本，メキシコ，アイルランド，ソ連(ロシア)

のいずれかを示している。各国の組み合わせとして正しいものを1
～5より一つ選べ。

<表>1861年～1960年におけるアメリカ合衆国への移民の推移

国名	1861~1870	1871~1880	1881~1890	1891~1900	1901~1910	1911~1920	1921~1930	1931~1940	1941~1950	1951~1960
ア	435,778	436,871	655,482	388,416	339,065	146,181	211,234	10,973	19,789	48,362
イ	2,512	39,284	213,282	505,290	1,597,306	921,201	61,742	1,370	571	671
ウ	2,191	5,162	1,913	971	49,642	219,004	459,287	22,319	60,589	299,811
エ	186	149	2,270	25,942	129,797	83,837	33,462	1,948	1,555	46,250

※単位は(人)

『2000 Statistical Yearbook of the Immigration and Naturalization Service』より作成

1　ア　ソ連(ロシア)　　イ　アイルランド　　ウ　メキシコ
　　エ　日本
2　ア　メキシコ　　　　イ　アイルランド　　ウ　ソ連(ロシア)
　　エ　日本
3　ア　ソ連(ロシア)　　イ　日本　　　　　　ウ　アイルランド
　　エ　メキシコ
4　ア　アイルランド　　イ　ソ連(ロシア)　　ウ　メキシコ
　　エ　日本
5　ア　アイルランド　　イ　日本　　　　　　ウ　ソ連(ロシア)
　　エ　メキシコ

(10)　第一次世界大戦において，同盟国側で参戦した国の正しい組み
　　合わせを，1～5より一つ選べ。
1　オスマン帝国　　　ロシア
　　オーストリア＝ハンガリー帝国
2　オスマン帝国　　　フランス
　　ロシア
3　フランス　　　　　ポルトガル
　　オーストリア＝ハンガリー帝国
4　ロシア　　　　　　ブルガリア
　　ポルトガル
5　オスマン帝国　　　ブルガリア
　　オーストリア＝ハンガリー帝国

(☆☆☆☆◎◎◎◎)

中学社会・高校日本史・世界史・公民　共通(地理)

【1】地理に関する次の(1)～(10)の問いに答えよ。

(1) 次のア～エのうち，A国の排他的経済水域において，A国の権利義務を害しない限り，A国以外の国も有する権利として正しいものを○，誤っているものを×とした場合，正しい組合せはどれか。1～5から一つ選べ。

　　ア　漁獲の自由　　イ　航行の自由　　ウ　上空飛行の自由
　　エ　海底電線・パイプライン敷設の自由

	ア	イ	ウ	エ
1	×	×	○	×
2	×	○	○	○
3	×	×	×	×
4	○	○	×	○
5	○	○	○	×

(2) 次の表1は，2018(平成30)年における日本，イタリア，オランダ，スウェーデン，フランスの穀類，野菜類，果実類，肉類，牛乳・乳製品の品目別自給率をそれぞれ示したものである。イタリアに該当するものはどれか。1～5から一つ選べ。

表　1

単位(%)

	穀類	野菜類	果実類	肉類	牛乳・乳製品
1	102	34	6	76	84
2	176	72	65	103	104
3	10	347	39	253	157
4	63	149	109	74	85
5	28	78	38	51	59

（農林水産省の資料より作成）

(3) 次の文章は，アジアのある国について述べたものである。該当する国はどれか。1～5から一つ選べ。

> 東南アジア諸国連合(ASEAN)の原加盟国であり，「東南アジア諸国連合(ASEAN)設立宣言」はこの国の首都で採択された。2019年における天然ゴムの生産量は484万トンで世界1位，輸出量も世界1位である。国土はインドシナ半島の中央部を占め，国土面積は51.3万km²で日本の1.36倍である。

（外務省の資料及び『データブック　オブ・ザ・ワールド』2022年版より作成）

1　タイ　　2　ベトナム　　3　マレーシア　　4　ミャンマー
5　インドネシア

(4) 次の表2は，1994年におけるブラジルの輸出額の多い上位10品目と，総輸出額に占める品目別輸出額の割合をそれぞれ示したものである。表3は，2019年におけるブラジルの輸出額の多い上位10品目と，総輸出額に占める品目別輸出額の割合をそれぞれ示したものである。表2及び表3中の品目ア～エの組合せとして正しいものはどれか。1～5から一つ選べ。

表　2

品目	輸出額（百万ドル）	割合（%）
ア	5,230	12.0
鉄鋼	4,120	9.5
自動車	2,958	6.8
鉄鉱石	2,294	5.3
イ	2,220	5.1
植物性油かす	2,029	4.7
はきもの	1,537	3.5
果実	1,337	3.1
肉類	1,333	3.1
ウ	1,316	3.0

総輸出額は43,558百万ドル

（『世界国勢図会』1998／99年版より作成）

表　３

品目	輸出額（百万ドル）	割合（%）
ウ	26,077	11.6
原油	24,200	10.7
鉄鉱石	22,682	10.1
肉類	16,325	7.2
ア	16,299	7.2
鉄鋼	11,546	5.1
自動車	8,912	4.0
パルプ・古紙	7,477	3.3
エ	7,290	3.2
石油製品	6,112	2.7

総輸出額は225,383百万ドル

（『世界国勢図会』2021／22年版より作成）

	ア	イ	ウ	エ
1	コーヒー豆	大豆	機械類	とうもろこし
2	コーヒー豆	機械類	とうもろこし	大豆
3	機械類	コーヒー豆	大豆	とうもろこし
4	大豆	とうもろこし	機械類	コーヒー豆
5	機械類	コーヒー豆	とうもろこし	大豆

(5)　次の表4は，アジア，アフリカ，オーストラリア，北アメリカ，南極，南アメリカ，ヨーロッパにおける高度別面積割合をそれぞれ示したものである。南極に該当するものはどれか。1～5から一つ選べ。

表　４

単位（%）

	200m 未満	200m 以上 500m 未満	500m 以上 1,000m 未満	1,000m 以上 2,000m 未満	2,000m 以上 3,000m 未満	3,000m 以上 4,000m 未満	4,000m 以上 5,000m 未満	5,000m 以上
1	6.4	2.8	5.0	22.0	37.6	26.2	0.0	―
2	24.6	20.2	25.9	18.0	5.2	2.0	4.1	1.1
3	52.7	21.2	15.2	5.0	2.0	0.0	0.0	―
4	29.9	30.7	12.0	16.6	9.1	1.7	0.0	0.0
5	9.7	38.9	28.2	19.5	2.7	1.0	0.0	0.0
オーストラリア	39.3	41.6	16.9	2.2	0.0	0.0	0.0	―
南アメリカ	38.2	29.8	19.3	5.6	2.2	2.8	2.2	0.0

アジアにはカフカスを含む，ヨーロッパにはカフカスを含まない。
オーストラリアにはニューギニアなどを含む。

「0.0」について陸地は存在するが数値処理の関係で0.1に満たない
ことを，「－」について陸地が存在しないことをそれぞれ示して
いる。

(『データブック　オブ・ザ・ワールド』2022年版より作成)

(6)　次の1〜5のグラフは，2018(平成30)年における北関東工業地域，
京葉工業地域，瀬戸内工業地域，東海工業地域，北陸工業地域の製
造品出荷額等と製造品出荷額等の構成をそれぞれ示したものであ
る。瀬戸内工業地域に該当するものはどれか。1〜5から一つ選べ。

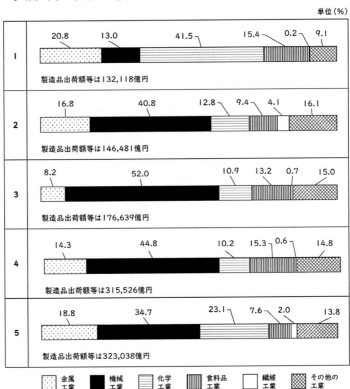

各工業地域の製造品出荷額等と製造品出荷額等の構成は，下記に示す県を合計したものである。

北関東工業地域は，茨城県，栃木県，群馬県。

京葉工業地域は，千葉県。

瀬戸内工業地域は，岡山県，広島県，山口県，香川県，愛媛県。

東海工業地域は，静岡県。

北陸工業地域は，新潟県，富山県，石川県，福井県。

(『日本国勢図会』2021/22年版より作成)

(7) 次の表5は，2020(令和2)年における青森県，岩手県，高知県，長野県，宮崎県の農業産出額，農業産出額に占める米，野菜，果実，畜産のそれぞれの産出額割合，耕地率，林野面積率を示したものである。青森県と岩手県に該当する正しい組合せはどれか。1〜5から一つ選べ。

表　5

	農業産出額(億円)	米(%)	野菜(%)	果実(%)	畜産(%)	耕地率(%)	林野面積率(%)
ア	3,262	16.8	25.2	27.8	27.1	15.5	64.9
イ	3,348	5.2	20.3	3.9	64.4	8.4	75.7
ウ	1,113	10.2	63.9	10.0	7.4	3.7	83.7
エ	2,741	20.6	10.7	5.2	59.4	9.8	75.4
オ	2,697	15.3	33.0	33.1	10.0	7.8	75.9

(農林水産省の資料及び『データブック　オブ・ザ・ワールド』2022年版より作成)

```
   青森県　岩手県
1   ア     イ
2   ア     エ
3   オ     イ
4   ウ     エ
5   オ     エ
```

(8) 次の表6は，2019年におけるイギリス，イタリア，オランダ，スペイン，フランスの輸出比率，輸出額の多い上位3品目，輸出相手国のうち輸出額の多い上位3か国をそれぞれ示したものである。イギリスに該当するものはどれか。1〜5から一つ選べ。

表 6

	輸出比率 （%）	輸出額上位3品目			輸出相手国上位3か国		
		1位	2位	3位	1位	2位	3位
1	42.6	機械類	自動車	医薬品	アメリカ	ドイツ	フランス
2	46.7	機械類	航空機	自動車	ドイツ	アメリカ	イタリア
3	47.3	自動車	機械類	野菜と果実	フランス	ドイツ	イタリア
4	52.9	機械類	石油製品	医薬品	ドイツ	ベルギー	フランス
5	52.9	機械類	自動車	医薬品	ドイツ	フランス	アメリカ

輸出比率は輸出入額合計に対する輸出の割合を示す。

フランスはモナコを含む。

（『データブック　オブ・ザ・ワールド』2021年版より作成）

(9)　次の1～5のグラフのうち、図1中の地点Aの月平均気温、月降水量を示したものはどれか。

1～5から一つ選べ。

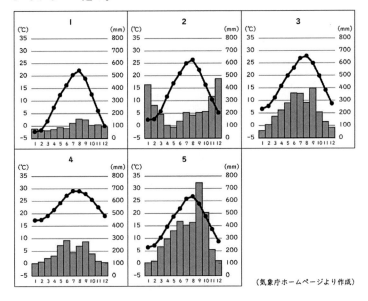

（気象庁ホームページより作成）

149

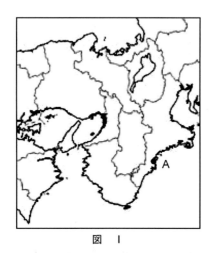

図　Ｉ

(10)　次の図2は，国土地理院が発行する2万5千分1地形図『西宮』(平成
30年5月1日発行)の一部を約150％に拡大したものである。以下の文章
は，図2について読み取った内容をまとめたものである。文中のア～
エに当てはまる語句の正しい組合せはどれか。1～5から一つ選べ。

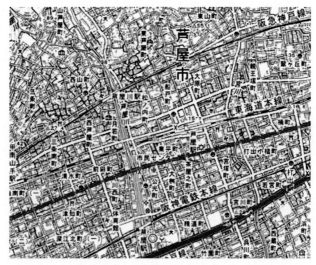

図　2

保健所はJR東海道本線より(ア)にある。

芦屋川とJR東海道本線が交差する地点の地形について，芦屋川は(イ)となっている。

国土地理院が発行する2万5千分1地形図において，芦屋川駅と阪神電鉄本線芦屋駅との直線距離は4cmであり，実際の距離は(ウ)mである。

JR東海道本線芦屋駅の近くにある ⚙ の地図記号は(エ)を示している。

	ア	イ	ウ	エ
1	北	天井川	1,000	工場
2	北	かれ川	2,000	発電所等
3	南	天井川	1,000	発電所等
4	南	天井川	2,000	工場
5	南	かれ川	1,000	発電所等

(☆☆☆◎◎◎)

中学社会・高校日本史・世界史・地理　共通(公民)

【1】次の(1)〜(10)の問いに答えよ。

(1) 2015年，国連持続可能な開発サミットが開催され，持続可能な開発目標が設定された。(ア)〜(オ)に当てはまる語句の組合せとして正しいものを1〜5から一つ選べ。

1．(ア)をなくそう	2．飢餓をゼロに	3．すべての人に健康と福祉を
4．質の高い(イ)をみんなに	5．ジェンダー平等を実現しよう	6．安全な水とトイレを世界中に

7．エネルギーをみんな にそしてクリーンに	8．働きがいも （ウ）も	9．産業と技術革新の 基盤をつくろう
10．人や国の不平等を なくそう	11．住み続けられる まちづくりを	12．つくる責任 つかう責任
13．（エ）に具体的な 対策を	14．海の豊かさを 守ろう	15．陸の豊かさも 守ろう
16．平和と（オ）を すべての人に	17．パートナーシップで 目標を達成しよう	

	（ア）	（イ）	（ウ）	（エ）	（オ）
1	貧困	教育	働き方	南北問題	幸福
2	貧困	教育	経済成長	気候変動	公正
3	貧困	福祉	働き方	気候変動	公正
4	紛争	福祉	経済成長	気候変動	公正
5	紛争	教育	働き方	南北問題	幸福

(2)　持続可能な社会をめざす国際的な活動の説明として，正しい文章を1〜5から一つ選べ。

1　1972年に開かれた国連人間環境会議では，環境分野での国際的な取組に関する行動計画「アジェンダ21」が採択された。

2　1997年に京都で開かれた気候変動枠組条約締約国会議において，全ての批准国に温室効果ガス削減義務が課せられた。

3　2015年に採択されたパリ協定を中国とアメリカは当初批准をしていたが，2018年に離脱した。

4　2021年にグラスゴーで開かれた気候変動枠組条約締約国会議において，全ての批准国が石炭の使用を停止することを宣言した。

5　2020年に日本政府は，2050年までに日本の温室効果ガス排出量を全体としてゼロとする，カーボン・ニュートラルをめざすことを宣言した。

(3)　日本の選挙制度の説明として，誤っている文章を1〜5から一つ選べ。

1　2013(平成25)年に公職選挙法の一部を改正する法律が成立し，ソ

ーシャルネットワークサービスやインターネット共有サービスを利用した選挙運動が可能になった。

2　2015(平成27)年に公職選挙法の一部を改正する法律が成立し，2016年から選挙権年齢が「満20歳以上」から「満18歳以上」に引き下げられた。

3　衆議院議員総選挙では，小選挙区選挙と比例代表選挙が同じ投票日に行われている。

4　参議院議員選挙については，3年ごとに議員の半数を改選することが日本国憲法で定められている。

5　衆議院議員，都道府県知事の被選挙権資格年齢は，ともに「満30歳以上」である。

(4)　日本の国会の説明として，誤っている文章を1〜5から一つ選べ。

1　国会には，裁判官の罷免の訴追を行うための裁判官訴追委員会及び罷免の訴追を受けた裁判官を裁判するための裁判官弾劾裁判所が設けられている。

2　法律案は，衆議院で可決し，参議院でこれと異なる議決をした場合に，衆議院において出席議員の3分の2以上の多数で再び可決すれば法律となる。

3　内閣不信任決議について，両院協議会を開いても意見が一致しない時，または参議院が一定期間内に議決しない場合には，衆議院の議決が国会の議決となる。

4　特別会(特別国会)は，解散による衆議院の総選挙の日から30日以内に召集される。

5　衆議院の解散中，国に緊急の問題が起こった場合には，内閣の要請によって参議院だけで集まる参議院の緊急集会が開かれる。

(5)　日本銀行の説明として，誤っている文章を1〜5から一つ選べ。

1　日本銀行は，「発券銀行」として，銀行券を発行し，金融機関との間で銀行券の受払を行うことなどを通じて，銀行券の安定供給を確保する業務を行っている。

2　日本銀行は，物価の安定を目的として，オペレーション(公開市

場操作)などの手段を用い，金融政策を行っている。

3　日本銀行は，民間の金融機関が資金を日本銀行に預けずに，企業への融資や，投資を促す政策を行うため，2016年にマイナス金利政策を導入した。

4　日本銀行は，国の資金である国庫金に関する事務や政府に対して資金提供を行っていることから「政府の銀行」と呼ばれている。

5　日本銀行は，銀行をはじめとする民間の金融機関から当座預金を受け入れたり，金融機関との間で貸し出しや有価証券の売買を行う役割を担うことから「銀行の銀行」と呼ばれている。

(6)　日本の税の説明として，誤っている文章を1〜5から一つ選べ。

1　日本国憲法では「あらたに租税を課し，又は現行の租税を変更するには，法律又は法律の定める条件によることを必要とする」と記されている。

2　所得税や法人税は国税，住民税や固定資産税は地方税に分類される。

3　所得税や法人税は直接税，消費税や関税は間接税に分類される。

4　所得税の税率は，所得が多くなるほど段階的に高くなる累進税率となっている。

5　令和3年度の歳出は，当初予算で約107兆円であり，その90％を所得税や法人税，消費税などの「租税・印紙収入」で賄っている。

(7)　日本の労働者の権利の説明として，誤っている文章を1〜5から一つ選べ。

1　日本国憲法では，労働者の権利と義務について「すべて国民は，勤労の権利を有し，義務を負ふ」ということともに，「児童は，これを酷使してはならない」ということが記されている。

2　日本国憲法では，使用者による不当労働行為を防ぐために「勤労者の団結する権利及び団体交渉その他の団体行動をする権利は，これを保障する」と記されている。

3　国家公務員法や地方公務員法では，公務員の地位の特殊性と職務の公共性にかんがみ，公務員によるストライキなどの争議行為

等は禁止されている。

4　労働基準法では，1日8時間，1週40時間を労働時間の限度と定め，時間外労働は原則として1か月45時間，1年540時間を超えないものと記されている。

5　労働組合法では，労働組合に加入したことを理由とし，解雇等の不利益な取扱いをすることを不当労働行為とし，そのような行為をしてはならないと規定されている。

(8)　日本における人権への取組に関する説明として，誤っている文章を1～5から一つ選べ。

1　法務省の人権擁護機関では，1949(昭和24)年から毎年，人権デーを最終日とする1週間を「人権週間」と定めている。

2　1985年には男女雇用機会均等法が制定されたが，2020年の労働力人口総数に占める女性の割合は30％を下回っている。

3　1989年の国連総会で，子どもの人権や自由を尊重し，子どもに対する保護と援助を目的とした「児童の権利に関する条約」が採択され，日本は1994年にこの条約を批准した。

4　2004年に障害者基本法が改正され，障がいを理由とする差別禁止の理念が法律に明記されるとともに，12月9日の「障害者の日」が12月3日から9日までの「障害者週間」に拡大された。

5　2004年に「性同一性障害者の性別の取扱いの特例に関する法律」が施行され，この法律により，性同一性障がい者であって一定の条件を満たす者については，性別の取扱いの変更の審判を受けることができるようになった。

(9)　日本国憲法第96条について，次の条文中の（　ア　）～（　エ　）に当てはまる語句の組合せとして正しいものを1～5から一つ選べ。

> 第96条
> 　1．この憲法の改正は，各議院の総議員の（　ア　）の賛成で，国会が，これを発議し，国民に提案してその承認を経なければならない。この承認には，特別の国民投票又は国会の

定める選挙の際行はれる投票において，その(イ)の賛成を必要とする。

2. 憲法改正について前項の承認を経たときは，(ウ)は，国民の名で，この憲法と一体を成すものとして，直ちにこれを(エ)する。

	ア	イ	ウ	エ
1	三分の二以上	過半数	天皇	公布
2	過半数	三分の二以上	天皇	公布
3	三分の二以上	三分の二以上	内閣総理大臣	公布
4	過半数	三分の二以上	内閣総理大臣	施行
5	三分の二以上	過半数	内閣総理大臣	施行

(10)　日本の司法制度の説明として，正しい文章を1〜5から一つ選べ。

1　刑事事件において第一審は全て地方裁判所が取り扱うこととなっている。

2　日本国憲法では，「最高裁判所は，一切の法律，命令，規則又は処分が憲法に適合するかしないかを決定する権限を有する終審裁判所である」と記されているが，これまで最高裁判所が違憲判決を出した判例はない。

3　日本国憲法では，「何人も，法律の定める手続によらなければ，その生命若しくは自由を奪はれ，又はその他の刑罰を科せられない」と記されている。

4　日本国憲法では，「最高裁判所の裁判官の任命は，その任命後初めて行はれる参議院議員選挙の際国民の審査に付し，その後十年を経過した後初めて行はれる参議院議員選挙の際更に審査に付し，その後も同様とする」と記されている。

5　裁判員制度では，職種を問わず，選挙権のある人の中から，翌年の裁判員候補者となる人が毎年抽選で選ばれ，裁判所ごとに裁判員候補者名簿が作成される。

(☆☆☆◎◎◎)

中 学 社 会

【1】次の問1～問4に答えよ。

問1　次の年表に関して，以下の問い(1)～(7)に答えよ。

年	できごと
1945	①第二次世界大戦終結
1946	②「鉄のカーテン」演説
1949	③北大西洋条約機構結成
1955	（　　　）条約機構結成
1961	④「ベルリンの壁」構築
1987	⑤ＩＮＦ全廃条約調印
1991	⑥ソビエト連邦解体
1993	⑦ヨーロッパ連合発足

(1)　下線部①に関連して，第二次世界大戦後に発足した国際連合における第3回総会(1948年12月)において，人権および自由を尊重し確保するため，「すべての人民とすべての国とが達成すべき共通の基準」として採択された決議は何と呼ばれているか，答えよ。

(2)　下線部②に関連して，演説の中で用いられた言葉「鉄のカーテン」は，「冷戦」を告げる言葉ともされる。この演説を行ったイギリスの元首相はだれか，答えよ。

(3)　下線部③に関連して，次のi・iiに答えよ。

i．西側陣営の北大西洋条約機構に対抗し，東側陣営でも国際機構が結成された。年表の(　　)に当てはまる，東側陣営の国際機構を発足させる条約が調印された都市の名称を答えよ。

ii．次の地図で示された5か国A～Eのうち，2022年7月現在において，下線部③に加盟しており，かつ下線部⑦にも加盟している国を一つ選び，記号と国名を答えよ。

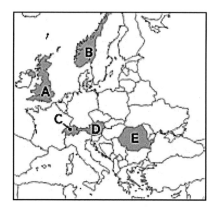

(4)　下線部④に関連して，次のi・iiに答えよ。

　i.「ベルリンの壁」が構築された背景について，【流出】という語を用いて簡潔に答えよ。

　ii.「ベルリンの壁」構築と同年，いわゆる第三世界の国々等による第1回非同盟諸国会議が開催された。第1回非同盟諸国会議の開催国の当時の大統領はだれか，答えよ。

(5)　下線部⑤に関連して，次のi・iiに答えよ。

　i.「INF」とは日本語名で何と呼ばれているか，漢字6字で答えよ。

　ii. INF全廃条約は，アメリカとソビエト連邦によって調印された。その時のソビエト連邦の共産党書記長の下で行われた改革は，何と呼ばれているか。ロシア語で「建て直し」を意味する言葉で，カタカナ7字で答えよ。

(6)　下線部⑥に関連して，ソビエト連邦が解体されるさなか，独立国家共同体が形成された。当時，ソビエト連邦を構成していた15か国のうち，1994年時点で独立国家共同体に属していなかった3か国はどこか。3か国すべてを答えよ。

(7)　下線部⑦に関連して，1992年に調印され，1993年に発効したヨーロッパ連合条約は，調印された都市の名称から何と呼ばれているか，答えよ。

問2　次の資料は，Yさんが「世界三大料理」とされている料理を現地

で食べるために実施した旅行の行程を示している。旅行の行程を参考にして，以下の問い(1)〜(3)に答えよ。

旅行の行程
8月 1日 関西国際空港から北京首都国際空港へ・・・・・・・・・・・①
8月 6日 北京首都国際空港からイスタンブール空港へ・・・・・・・②
8月11日 イスタンブール空港からシャルル＝ド＝ゴール国際空港へ
8月16日 シャルル＝ド＝ゴール国際空港から関西国際空港へ・・・・・③

(1) Yさんは，旅行の行程①で訪れた中国の農業について調べることにした。次のi・iiに答えよ。

 i. 中国では，米や小麦がさまざまな料理に使われている。次の表は，2019年における世界の米の生産量・輸出量・輸入量の上位5か国をそれぞれ示したものである。表中の〔　A　〕〜〔　C　〕に当てはまる国名を答えよ。

	生産量	輸出量	輸入量
1位	〔　A　〕	〔　B　〕	フィリピン
2位	〔　B　〕	タイ	〔　A　〕
3位	インドネシア	〔　C　〕	ベナン
4位	バングラデシュ	パキスタン	イラン
5位	〔　C　〕	アメリカ合衆国	サウジアラビア

（『世界国勢図会』2021/22年版より作成）

 ii. 中国において，人民公社の解体後，地方行政単位または個人で経営される農村企業が発展し，急増した。この農村企業は何と呼ばれているか，答えよ。

(2) 次の文章は，旅行の行程②でYさんが訪れた国の料理に関するレポートである。この文章を読み，以下のi・iiに答えよ。

　　この国の料理は，日本では「ケバブ」などが知られ，多様なスパイスを使って豊富な肉類，野菜など素材の味を生かした味付けが特徴です。肉料理では羊肉が大半を占め，牛肉も好まれますが，国民の90％以上が（　ア　）を信仰しており，豚肉を食することは宗教の教えにおいて禁止され

ています。

　この国の料理は，民族の故地である内陸アジアの遊牧的食文化，イラン以西の西アジアの農耕的食文化，またはビザンティン帝国や（　イ　）で発達した宮廷料理などの融合のうえに成立した独特の体系をもつ料理です。13世紀末に建国された（　イ　）は，第一次世界大戦後に滅亡するまで西アジアから東ヨーロッパ，北アフリカまでの地域を支配し，この間，東西様々な交流があって独自の食文化が発展したと考えられています。また（　イ　）の支配下に置かれていたバルカン諸国の民族料理に影響したように，この国の食文化が世界の食文化に与えた影響は少なくないと言えるでしょう。

i.　文章中の（　ア　）（　イ　）に当てはまる語句をそれぞれ答えよ。

ii.　次の地図中の●は，旅行の行程②でYさんが訪れた国の都市イスタンブールを示している。以下の1〜5のグラフのうち，イスタンブールの月平均気温および月降水量を示したものはどれか。1〜5から一つ選べ。

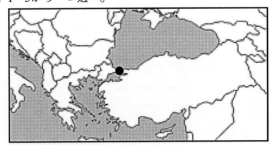

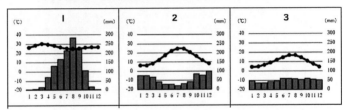

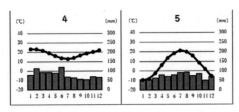

(気象庁ホームページより作成)

(3) 旅行の行程③に関連して，次のi・iiに答えよ。

  i．Yさんは，直行便で，現地時刻の8月16日正午にシャルル＝ド＝ゴール空港を出発し，日本時間の8月17日午前9時に関西国際空港に到着した。Yさんが乗った飛行機のフライト時間を答えよ。なお，フランスの標準時子午線は東経15度とし，サマータイムを実施していないものとする。

  ii．シャルル＝ド＝ゴール空港から関西国際空港までのYさんのフライトのように，航空機が東西方向に移動する場合は，ジェット気流の影響を受けやすい。ジェット気流を含む亜熱帯高圧帯から亜寒帯低圧帯に吹く恒常風は，何と呼ばれているか。

問3　次の図は，日本の一次エネルギー国内供給構成について，各年度における国内供給量の合計を100とした場合の各エネルギー源の比率の推移を示したものである。以下の問い(1)(2)に答えよ。

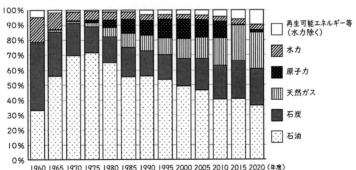

※注1「総合エネルギー統計」では，1990年度以降，数値について算出方法が変更されている。

※注2「再生可能エネルギー等(水力除く)」とは，太陽光，風力，

161

　　　　バイオマス，地熱などのこと。

　　　　　　　(資源エネルギー庁「総合エネルギー統計」より作成)

(1)　一次エネルギー国内供給全体に占める各エネルギー源の割合について，図から読み取れる内容として正しいものを，次の1〜5からすべて選べ。

　1　1960年度と2020年度の化石燃料の割合を比較すると，2020年度の方が小さくなっている。

　2　1965年度から1995年度まで，5年度ごとにみると，いずれの年度も石油の割合は50％を超えている。

　3　1970年度から2000年度まで，5年度ごとにみると，石炭の割合も天然ガスの割合も，ともに減り続けている。

　4　1985年度から2010年度まで，5年度ごとにみると，いずれの年度も水力の割合は原子力の割合よりも小さい。

　5　1960年度から2020年度まで，5年度ごとにみると，再生可能エネルギー等(水力除く)の割合が最も大きいのは2020年度である。

(2)　2010年度から2015年度までにおける，日本の一次エネルギー国内供給構成の変化とその背景について，【東日本大震災】という語を用いて，60字以上120字以内で説明せよ。

問4　日本の消費税に関して，次の問い(1)(2)に答えよ。

(1)　日本の消費税の説明として正しいものを，次の1〜5からすべて選べ。

　1　1989(平成元)年，竹下登内閣による税制改革において，3％の税率で消費税が導入された。

　2　土地の譲渡及び貸付けの取引では，消費税は非課税とされている。

　3　消費税の税率内訳をみると，国税の割合は地方税の割合より大きい。

　4　消費税の標準税率が5％に引き上げられた時，日本の消費税では初めて軽減税率が導入された。

5　2022(令和4)年現在，酒類や外食を除く飲食料品の消費税には軽減税率8％が適用されている。

(2)　消費税の「逆進性」とは何か。【所得】【税負担】という語をすべて用いて簡潔に答えよ。

(☆☆☆◎◎◎◎)

地 理・歴 史

【日本史】

【1】次の問1～問3の問いに答えよ。

問1　次の文章を読んで，(1)～(4)の問いに答えよ。

> 　前方後円墳は畿内を中心として，北は北奥の地を除いた東北地方，南は南西諸島を除いた九州地方の各地に発達している。①4世紀末から5世紀末は，各地で前方後円墳が最も大型化する時期であり，副葬品も②武具や馬具など軍事的性格の強いものに変わっていった。
> 　また，③『宋書』には，倭の五王が相ついで南朝の宋に使節を派遣したことが記されている。5世紀を通じて行われたヤマト政権の朝鮮進出や南朝との交渉によって，進んだ大陸の文物と機織・金属工芸・土木その他の新しい技術が朝鮮を介して移入された。

(1)　下線部①の時期につくられた前方後円墳の例として，最も適切なものはどれか。次の1～5から一つ選べ。

1　箸墓古墳　　　2　岩戸山古墳　　　3　造山古墳
4　高松塚古墳　　5　竹原古墳

(2)　下線部②に関連して，これらの主な素材である「鉄」について述べた文として，誤っているものはどれか。次の1～5から一つ選べ。

1　稲の穂摘み道具として用いられた石包丁とともに，弥生時代

　　後期から根刈り用の鉄鎌も用いられるようになった。

　2　島根県に所在する弥生時代の遺跡である荒神谷遺跡からは，
　　大量の鉄剣が出土した。

　3　ヤマト政権は，製鉄が盛んな朝鮮半島南部の加羅と，政治・
　　軍事的に深い関係にあった。

　4　渡来人からなる韓鍛冶部が朝鮮半島伝来の新しい技術を伝習
　　するとともに，金属加工生産に従事した。

　5　出雲国は古代から砂鉄の産地として知られ，13世紀頃から
　　「たたら製鉄」が行われた。

(3)　下線部③に関連して，中国の歴史書に記された次の文ア～オに
　ついて，その内容の示す時期が古い順に左から右へ並べた場合，
　正しいものはどれか。以下の1～5から一つ選べ。

　ア　景初二年六月，倭の女王，大夫難升米等を遣はし，郡に詣り，
　　天子に詣りて朝献せむことを求む。

　イ　建武中元二年，倭の奴国，奉貢朝賀す。使人自ら大夫と称す。
　　倭国の極南界なり。光武，賜ふに印綬を以てす。

　ウ　順帝の昇明二年，使を遣はして表を上りて曰はく，「封国は
　　偏遠にして藩を外に作す。昔より祖禰躬ら甲冑を擐き，山川を
　　跋渉して，寧処に遑あらず。……」

　エ　夫れ楽浪海中に倭人有り，分れて百余国を為す。歳時を以て
　　来り献見すと云ふ。

　オ　大業三年，其の王多利思比孤，使を遣はして朝貢す。使者曰
　　はく「聞く，海西の菩薩天子，重ねて仏法を興すと。故に遣は
　　して朝拝せしめ，兼ねて沙門数十人をして，来りて仏法を学ば
　　しめん」と。

　1　エ　→　イ　→　ウ　→　ア　→　オ

　2　イ　→　エ　→　ア　→　オ　→　ウ

　3　エ　→　イ　→　オ　→　ア　→　ウ

　4　イ　→　エ　→　オ　→　ウ　→　ア

　5　エ　→　イ　→　ア　→　ウ　→　オ

(4) 次のア～オについて，古代日本における諸外国との交流に関する説明として正しいものを○，誤っているものを×とした場合，正しい組合せはどれか。以下の1～5から一つ選べ。

ア　吉備真備らとともに遣唐留学生となった阿倍内麻呂は，唐では朝衡とも称され，唐朝の官吏として玄宗に仕えた。

イ　日本律宗の開祖である鑑真は，度重なる渡航に失敗しながらも来日し，戒律の普及に尽力した。

ウ　日本天台宗の開祖である最澄は，『顕戒論』を著し，大乗戒壇設立をめざして南都の仏教勢力と対立した。

エ　日本と高麗との公的外交が終わり，唐も安史の乱後から次第に衰運に向かいつつあるなか，遣唐大使であった菅原道真が遣唐使の停止を要請した。

オ　北宋の商人が，貿易港に指定された博多へ頻繁に来航して貿易を行うなか，奝然や成尋らは北宋商人の船で渡宋した。

	ア	イ	ウ	エ	オ
1	○	○	○	×	○
2	○	×	×	○	×
3	×	×	×	○	○
4	×	○	○	○	×
5	×	○	○	×	○

問2　次の史料を読んで，(1)～(3)の問いに答えよ。

日本准三后①某，書を大明皇帝陛下に上る。日本国は開闢以来聘問を上邦に通ぜざること無し。某幸に国鈞を乗り，海内虞無し。特に往古の規法に遵て，肥富をして祖阿に相副え，好を通じ，②方物を献ぜしむ。金千両・馬十匹・薄様千帖・扇百本・屏風三双・鎧一領・筒丸一領・剣十腰・刀一柄・硯筥一合・同じく文台一箇。海島に漂寄せる者幾許人を捜し尋ねて之を還す。某誠惶誠恐，頓首頓首，謹言。

応永八年〈辛巳〉五月十三日　　　　　　　　（『善隣国宝記』）

165

(1)　下線部①の人物に関する説明として正しいものを，次の1～5から一つ選べ。

　　1　命令に反するものを厳罰に処するなど，政策が厳しかったことで諸将の不満を招き，赤松満祐に誘殺された。

　　2　天竜寺の造営費用を得るため，天竜寺船を元に送った。

　　3　京の東山に山荘を構築して，東山殿と称された。

　　4　九州地方の安定化のため，今川了俊を九州探題に任命した。

　　5　初代鎌倉公方として，鎌倉府管轄十カ国の守護体制の確立に尽力した。

(2)　明との貿易を中断した征夷大将軍は誰か。次の1～5から一つ選べ。

　　1　足利義詮　　2　足利義持　　3　足利義量　　4　足利義教

　　5　足利義政

(3)　下線部②に関連して，日本が明から輸入した主な貿易品として適切でないものはどれか。次の1～5から一つ選べ。

　　1　銅銭　　2　蘇木　　3　陶磁器　　4　書籍　　5　生糸

問3　次の史料を読んで，(1)～(3)の問いに答えよ。

> 当世の俗習にて，異国船の入津ハ長崎に限たる事にて，別の浦江船を寄ル事ハ決して不成事ト思リ。実に太平に鼓腹する人ト云べし。既に古ハ[　ア　]の坊の津，[　イ　]の博多，肥前の平戸，摂州の兵庫，泉州の堺，[　ウ　]の敦賀等江異国船入津して物を献シ，物を商イたること数多あり。……
> 窃に憶へば当時長崎に厳重に石火矢の備有て，却て安房，相模の海港に其備なし。此事甚不審。細カに思へば江戸の日本橋より唐，阿蘭陀迄境なしの水路也。然ルを此に不備して長崎にのミ備ルは何ぞや。　　　　　　　　　　（『海国兵談』）

(1)　空欄[　ア　]～[　ウ　]に該当する語句の組合せとして，正しいものはどれか。次の1～5から一つ選べ。

	ア	イ	ウ
1	薩摩	肥後	越前
2	薩摩	筑前	越前
3	薩摩	筑前	越後
4	大隅	肥後	越後
5	大隅	肥後	越前

(2) この史料の著者は，蟄居の処分を受け，本書の板木も没収された。これと同年に起こった出来事はどれか。次の1〜5から一つ選べ。

1 フェートン号がオランダ船の捕獲を目的として来航し，人質をたてに食糧・飲料水を強要した。

2 宝島でおきたイギリス捕鯨船の暴行事件に対応して，幕府は異国船打払令を発布した。

3 ラクスマンが日本漂民の送還と通商交渉の使節として日本に派遣され，根室に入港した。

4 オランダ国王ウィレム2世が親書で開国を勧告したが，幕府はこれを拒否した。

5 通商を求めて来航したアメリカ船モリソン号が砲撃され退去した。

(3) 渡来する外国船や国内の窮民への対応など「内憂外患」の危機に対応するため，幕府では，12代将軍徳川家慶のもとで老中を中心として幕政改革がおこなわれた。その内容として正しいものを，次の1〜5から一つ選べ。

1 ある役職に任じられた者の家禄が，役職ごとに設定された基準の家禄に及ばない場合，在職中に限り不足分を幕府が支給する足高の制を施行した。

2 看病人のいない極貧の病人を収容し，治療する施設である小石川養生所を設置した。

3 農業労働力の不足と都市下層民の増大に対応するため，人返し令が出された。

4 広く民意を聴き出し，政治の参考とするため，目安箱を創設

した。

5　江戸の町入用の節減額の7割を町会所に毎年積金し，その積金を貧困者への手当などに使用する七分積金を実施した。

(☆☆☆◎◎◎)

【2】次の問1～問3の問いに答えよ。

問1　貿易に関連した問い(1)～(7)に答えよ。

(1)　1871(明治4)年，本位貨幣の金貨の他に，貿易上の便宜から補助貨幣の銀貨の鋳造も定め，また，円・銭・厘の貨幣単位を定めた法令の名称を答えよ。

(2)　1880(明治13)年に貿易の増進を図って設立された後，外国貿易関係業務を専門的に担当する特殊銀行として規定され，大正期には香港上海銀行，チャータード銀行とともに世界三大為替銀行の一つと称された銀行の名称を答えよ。

(3)　次の表1は，1884(明治17)～1886(明治19)年と1898(明治31)～1900(明治33)年における日本の主要な貿易品目の平均の金額・割合を示しており，表1の【　A　】～【　D　】には「生糸」「米」「棉花」「綿糸」のいずれかが当てはまる。【　A　】～【　D　】に当てはまる貿易品目の組合せとして正しいものはどれか。以下の1～8から一つ選び，番号で答えよ。

表1　　　　　　　　　　　　　　　　　　　　　　　　　　　　単位：千円(%)

		1884～1886年平均		1898～1900年平均	
輸出	【A】	13,787 (34.5)	【A】	49,777 (25.5)
	茶	6,799 (17.0)	【C】	23,076 (11.8)
	水産物	2,842 (7.1)	石炭	12,577 (6.4)
	【B】	2,079 (5.2)	銅	10,458 (5.4)
	銅	1,787 (4.5)	茶	8,583 (4.4)
	その他	12,671 (31.7)	その他	90,567 (46.4)
	合計	39,965 (100.0)	合計	195,038 (100.0)
		1884～1886年平均		1898～1900年平均	
輸入	【C】	5,416 (17.8)	【D】	55,809 (21.3)
	砂糖	5,289 (17.4)	砂糖	24,318 (9.3)
	毛織物	2,951 (9.7)	【B】	21,067 (8.0)
	綿織物	2,563 (8.4)	鉄類	20,251 (7.7)
	石油	1,933 (6.4)	綿織物	12,851 (4.9)
	その他	12,247 (40.3)	その他	127,426 (48.7)
	合計	30,399 (100.0)	合計	261,722 (100.0)

※『日本産業革命の研究』(大石嘉一郎 編)より作成。数値は四捨五入をして算出。

	A	B	C	D
1	生糸	米	棉花	綿糸
2	生糸	棉花	米	綿糸
3	生糸	米	綿糸	棉花
4	生糸	綿糸	米	棉花
5	綿糸	米	棉花	生糸
6	綿糸	棉花	米	生糸
7	綿糸	米	生糸	棉花
8	綿糸	生糸	米	棉花

(4)　以下の史料は，1897(明治30)年，松方正義首相(蔵相を兼任)に
よって閣議でおこなわれた「貨幣法」案に関する説明である。こ
の史料から読み取れる「貨幣法」を制定すべき根拠について，次
の枠内の言葉をすべて使って80字以上160字以内で説明せよ。

賠償金　　資金調達　　銀価格

史料

金本位実施ノ必要モハヤ疑ヲ容レス。依テ爾来専ラ金吸収
ノ方策ヲ求メタリ。恰モ好シ下ノ関条約ニ依リ清国ハ償金
弐億両ヲ支払フコトヲ約セリ。然ルニ清国ハ償金支払ノ為
メ公債ヲ欧州ニ於テ募集スルノ必要アルヲ以テ彼我ノ便益
ヲ計リ償金ハ英京ニ於テ金貨ヲ以テ受取ルコトニ追約セリ。
茲ニ於テ金ノ吸収ニハ非常ノ便益ヲ得タリ。……果シテ然
ラハ金準備ノ維持ハ敢テ難キニアラサルヘシ。又金本位ノ
実施ハ欧米諸国貨幣市場ノ中心ト我国市場トヲ連絡セシメ
相互ノ間気脈ヲ通スルノ便ヲ開キ貿易ノ発達期シテ俟ツヘ
キナリ。而シテ支那朝鮮等ノ銀国ニ対シ金貨国ト競争ヲ為
ス上ニ於テ我ハ地形ノ接近其他生産上必要ナル事項ニ富メ
ルヲ以テ深ク憂フルニ足ラサルヘシ。之ニ反シテ他日若シ
銀価ノ下落一層甚シキニ至ルトキハ支那朝鮮等ノ銀国ハ金
貨国ニ対スル輸出貿易上多少競争ノ利ヲ占ムル所アルハ免

> レサルヘキモ之レ亦一時ニ止リ幣制改革ニ依テ生スル利益
> ト比較スルニ足ラサルナリ。之ヲ要スルニ貨幣ノ基礎今日
> ノ如ク動揺常ナクシテハ決シテ経済ノ確実ト貿易ノ発達ト
> ハ望ムヘキニアラス。
>
> 　　　　　　　　　　　　　　　　　　（『日本金融史資料』）

(5)　1911(明治44)年以降，欧米諸国と日本との間において日本の税権の全面的回復が認められた対等条約のうち，最初に調印が実現された条約の名称を答えよ。

(6)　第一次世界大戦が勃発すると，日本は輸出の増大によって国際収支が好転し，大戦景気が訪れた。第一次世界大戦が勃発した時からヴェルサイユ(ベルサイユ)条約が調印された時までの間に起きた出来事について述べた文として正しいものを，次の1〜5から二つ選び，番号で答えよ。

1　南満州鉄道会社が経営する鞍山製鉄所が，満州に設立された。

2　日本の全工業原動力中，馬力数において電力が蒸気力を超えた。

3　日本の重化学工業の生産額が，日本の全工業生産額の50％を上回った。

4　軍需会社シーメンスからの艦船購入をめぐり，日本海軍の収賄が発覚した。

5　日本の生糸の輸出量は中国の生糸の輸出量を抜き，初めて世界第一位となった。

(7)　1921(大正10)年から1935(昭和10)年までにおける，日本(本州・四国・九州・北海道に限る)と外国との輸出入額を示すグラフとして最も適切なものを，次の1〜6から一つ選び，番号で答えよ。

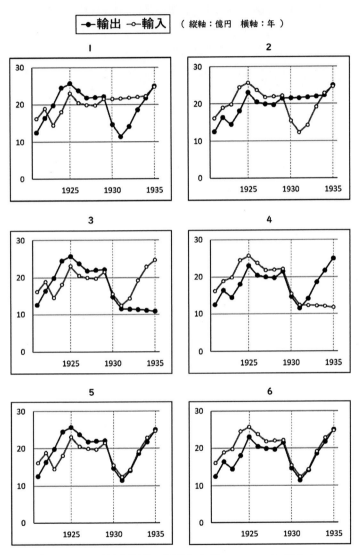

問2　社会問題および社会運動に関連した問い(1)〜(6)に答えよ。

(1)　アメリカ合衆国において城常太郎や沢田半之助らとともに職工

義友会を組織し，日本への帰国後の1897(明治30)年には労働組合期成会を結成して同会の幹事長になるなど，日本の労働組合運動の創始者と称される人物はだれか，答えよ。

(2)　1868(明治元)年から1912年(明治45)年までの明治期に起きた出来事を述べた文として，正しいものはどれか。次の1〜5から二つ選び，番号で答えよ。

1　治安警察法が制定され，労働者や小作人の争議行為が禁止された。

2　工場法が施行され，15人以上の労働者を使用する工場に適用された。

3　天満紡績会社の女工らが，日本で最初とされるストライキを起こした。

4　工場労働者に関する農商務省の調査報告書『職工事情』が刊行された。

5　女工の労働や生活を記録した横山源之助の著書『女工哀史』が刊行された。

(3)　日本初の全国的な農民組合である日本農民組合の指導者の一人であり，1920(大正9)年に社会小説『死線を越えて』を出版したキリスト教社会運動家はだれか，答えよ。

(4)　次の表2は，1921(大正10)年から1940(昭和15)年までの全国における労働争議・小作争議の発生件数を示している。以下の問いi・iiに答えよ。

表2

年	労働争議（件）	小作争議（件）
1921	246	1,680
1922	250	1,578
1923	270	1,917
1924	333	1,532
1925	293	2,206
1926	495	2,751
1927	383	2,052
1928	397	1,866
1929	576	2,434
1930	906	2,478
1931	998	3,419
1932	893	3,414
1933	610	4,000
1934	626	5,828
1935	590	6,824
1936	547	6,804
1937	628	6,170
1938	262	4,615
1939	358	3,578
1940	271	3,165

※『近代日本経済史要覧』より作成。労働争議は，争議行為を伴うものの件数を示している。

i) 1920年代，労働組合・農民組合は社会主義政党の影響下で勢力を伸張して労働争議・小作争議は地方へも波及したが，政府は社会運動を抑圧した。政府がおこなった社会運動に対する抑圧のうち，田中義一内閣による政策について，次の枠内の言葉をすべて使って80字以上160字以内で説明せよ。

> 普通選挙　　労働農民党　　特高警察

ii) 表2を参考にして，労働争議・小作争議の発生件数に関連して述べた文として正しいものを，次の1～5から一つ選び，番号で答えよ。

1 関東大震災が起きた年は，その前年よりも労働争議・小作争議ともに発生件数が減少した。

2 日中戦争が勃発した年からその翌年にかけて，労働争議・小作争議ともに発生件数が増加した。

3 五・一五事件において犬養毅首相が襲撃された年から以後3

　　　　年間，労働争議の発生件数は減り続けた。

　　　4　日ソ基本条約が調印された年からその翌年にかけて，労働
　　　　争議の発生件数は増加したが，小作争議の発生件数は減少し
　　　　た。

　　　5　岡田啓介内閣が国体明徴声明を発した年は，1921年から
　　　　1940年までの間において小作争議の発生件数が最も多い年で
　　　　あった。

(5)　GHQ(連合国最高司令官総司令部)の勧告にもとづいて実施され
　　た第二次農地改革は，地主的土地所有を基本的に解体させた。改
　　正農地調整法とともに第二次農地改革を推進する，1946(昭和21)
　　年に公布および施行された法律の名称を答えよ。

(6)　1950(昭和25)年，GHQ(連合国最高司令官総司令部)の指示を受
　　けて労働戦線を再編成することで結成された労働組合全国中央組
　　織の正式名称を答えよ。

問3　次の史料Ⅰ～史料Ⅴを読み，それらに関連した(1)～(15)の問いに
　　答えよ。

　　史料Ⅰ

　　　　将軍の政府が初めて合衆国，イギリス，ロシア各国との間
　　に条約を結んだ時には，日本の国内に条約反対の声がないで
　　はなかった。……反対派の筆頭は①水戸の前藩主であったが，
　　しかし水戸家の家憲によれば，将軍を支持し，あらゆる国難
　　に際し意見を提出して将軍を幇助することになっていたので
　　ある。……押しの強い外国人が翌年初めに再び来航したとき，
　　日本にはまだ武力でこれを撃退する用意ができていなかった。
　　そこで，貿易は禁止するが，捕鯨船が長崎，箱館，【　ア　】
　　の三港で食料その他の必需品を入手することだけは許し，ま
　　た難破船の乗組員を親切に取り扱うという内容の条約を結ん
　　だ。　　　　　　　　(『一外交官の見た明治維新』坂田精一 訳)

(1) 史料Ⅰの原著者であるE.M.サトウ(サトー)は，1865年に駐日特命全権公使兼総領事に任命されて横浜に着任した「イギリスの外交官」に従い，対日政策の樹立を助けた。この「イギリスの外交官」はだれか，答えよ。

(2) 史料Ⅰの下線部①が示す人物はだれか，答えよ。

(3) 史料Ⅰの空欄【 ア 】に入る適切な地名を答えよ。

史料Ⅱ

> ②二月十一日(東京)
> ③本日憲法発布。
> 天皇の前には，やや左方に向って諸大臣，高官が整列し，そのうしろは貴族で，そのなかに，維新がなければ立場をかえて現在『将軍』であったはずの徳川亀之助氏や，ただ一人(洋服姿でいながら)なお正真正銘の旧い日本のまげをつけているサツマの島津公を認めた。珍妙な光景だ！……残念ながらこの祝日は，④忌わしい出来事で気分をそがれてしまった……
>
> (『ヘルツの日記』菅沼龍太郎 訳)

(4) 史料Ⅱの下線部②は，神武天皇が即位したと伝えられる日にもとづいて制定された国家の祝日にあたる。1873(明治6)年3月の太政官布告によって名付けられた，この祝日の名称を答えよ。

(5) 史料Ⅱの下線部③が示す当時，内閣総理大臣に在任していた人物はだれか，答えよ。

(6) 史料Ⅱの下線部④は，当時の文部大臣が暗殺された事件のことを示している。この文部大臣はだれか，答えよ。

史料Ⅲ

> ……北京側が発表したリストは非常に恐るべきものだ。日本は中国に対し，【 イ 】において日本がドイツから奪った膠州の租借地を含む「すべての権利」の移行を承認する

> ように求め，日本に対して譲与されるべき鉄道の建設と運営の多くの利権を提示し，中国が他の国々に中国沿岸の港湾や島を割譲あるいは賃貸しないことを規定し，⑤<u>一定の外国借款に対する管理権を獲得しようと</u>し，中国政府が「行政，財政，軍事の運営の顧問として有力な日本臣民を雇用」するよう⑥<u>要求</u>した。
>
> 　一見して明らかなのは，これらの要求が認められれば，中華民国の主権を甚だしく損なうだろうということだ。中国は実質的に日本の管理下に入ってしまうだろう。
>
> (『国際ニュース事典 外国新聞に見る日本』
ニューヨーク・タイムズ記事)

(7)　史料Ⅲの空欄【　イ　】に入る適切な省名を答えよ。ただし，「省」は書かなくてよい。

(8)　史料Ⅲの下線部⑤は，日本が中国の製鉄会社の日中合弁を要求したことを示している。この製鉄会社の事業の一つとして経営された鉄山の名称を答えよ。

(9)　史料Ⅲの下線部⑥に関連して，この「要求」がおこなわれた当時の日本の外務大臣はだれか，答えよ。

史料Ⅳ

> ⑦<u>一九三一年九月十八日</u>以来日本軍憲の軍事上及民政上に活動は本質的に政治的考慮に依りて為されたり。東三省の前進的軍事占拠は支那官憲の手より順次斉斉哈爾（チチハル），錦州及哈爾賓（ハルビン）を奪ひ遂には【　ウ　】に於ける総ての重要なる都市に及びたり。……
>
> 各方面より得たる証拠に依り⑧<u>本委員会</u>は「【　ウ　】国」の創設に寄与したる要素は多々あるも相俟つて最も有効にして然も吾人の見る所を以てせば其れなきに於ては新国家は形成せられざりしなるべしと思考せらるる二の要素あり

> 其は日本軍隊の存在と日本の文武官憲の活動なりと確信するものなり。
>
> (『日支紛争に関する国際連盟調査委員会の報告』外務省 仮訳)

(10) 史料Ⅳの下線部⑦が示す日，南満州鉄道の線路が爆破されるという出来事が起きた。この出来事の名称を，漢字5字で答えよ。

(11) 史料Ⅳの空欄【 ウ 】に入る適切な語句を答えよ。

(12) 史料Ⅳの下線部⑧は，国際連盟が任命した調査委員会のことを示している。この調査委員会の委員長はだれか，答えよ。

史料Ⅴ

> すなわち日本の経済は両足を地につけていず，竹馬にのっているようなものだ。竹馬の片足は⑨米国の援助，他方は国内的な補助金の機構である。竹馬の足をあまり高くしすぎると転んで首を折る危険がある。今たゞちにそれをちゞめることが必要だ。つゞけて外国の援助を仰ぎ，補助金を増大し，物価を引き上げることは⑩インフレの激化を来すのみならず，国家を自滅に導く恐れが十分にある。
>
> (『朝日新聞』1949(昭和24)年3月8日)

(13) 史料Ⅴに示される声明を発表した当時のデトロイト銀行頭取はだれか，答えよ。

(14) 史料Ⅴの下線部⑨に関連して，第二次世界大戦後，アメリカ合衆国は，主として疾病・飢餓を防いで社会不安を除くことによって占領行政を円滑にさせる目的で，占領地に対して食料・医療品などを供給し，その資金をアメリカ合衆国政府の予算から支出した。日本に対しては1945(昭和20)年の小麦供給を最初として支出された，この資金の名称を答えよ。ただし，略称も可とする。

(15) 史料Ⅴの下線部⑩に関連して，史料Ⅴに示される声明が発表された後，日本ではインフレーションが収束すると同時に不況が始まった。この不況下，上記(13)の人物による政策の一環である

　　行政機関職員定員法に基づき人員整理に着手していた日本国有鉄
　　道(国鉄)では，総裁が死亡する事件が起きた。雑誌『文藝春秋』
　　の連載「日本の黒い霧」においてこの事件を取り上げ，その真相
　　を推理した作家はだれか，答えよ。

(☆☆☆☆◎◎◎)

【世界史】

【１】次の(1)～(10)の問いに答えよ。

　(1)　中国の対外政策に関して述べた文として正しいものを，次の1～5
　　から一つ選べ。

　　1　漢の武帝は匈奴を撃退するために，大月氏との同盟をめざして
　　　張騫を西域に派遣した。

　　2　唐の高宗は，府兵制のかわりに傭兵をもちいる募兵制を採用し，
　　　節度使を配置した。

　　3　11世紀，宋は毎年多額の銀や絹を遼から受けとることを条件に
　　　和議を結んだ。

　　4　明の永楽帝は，班超を西域都護に任命し，西域支配にあたらせ
　　　た。

　　5　清は，モンゴル・青海・チベット・新疆を直轄領として統治し
　　　た。

　(2)　中国の歴代王朝で行われた税制に関して述べた文として誤ってい
　　るものを，次の1～5から一つ選べ。

　　1　宋代に王安石の改革により，徭役のかわりに免役銭を徴収し，
　　　希望者を雇用する募役法が実施された。

　　2　明代後期より各種の税や徭役を銀に一本化して納入する一条鞭
　　　法が実施された。

　　3　北魏ではじまった均田制に基づき，唐代では租庸調制が実施さ
　　　れた。

　　4　唐代中期より，所有する土地・財産に応じて，夏・秋の年2回課
　　　税する両税法が実施された。

178

5 18世紀の清代では，地税が丁税にくみこまれる地丁銀制が実施された。

(3) 女性が選挙権を獲得した年を古い順に左から右へ並べた場合，正しいものはどれか。次の1〜5から一つ選べ。ただし，アメリカは連邦憲法が修正され発効した年とする。

1 イギリス → フランス → ニュージーランド
→ アメリカ

2 ニュージーランド → イギリス → フランス
→ アメリカ

3 ニュージーランド → イギリス → アメリカ
→ フランス

4 イギリス → ニュージーランド → アメリカ
→ フランス

5 イギリス → アメリカ → ニュージーランド
→ フランス

(4) ヴェルサイユ宮殿に関連して述べた文として誤っているものを，次の1〜5から一つ選べ。

1 この宮殿でドイツ皇帝ヴィルヘルム1世の即位式が行われた。

2 この宮殿でナポレオン＝ボナパルトの戴冠式が行われた。

3 この宮殿はフランス国王ルイ14世が建設したバロック様式を代表する建築である。

4 1919年，この宮殿に連合国代表が集まり，パリ講和会議が開かれた。

5 1789年，この宮殿で三部会が開かれたが，議決方法をめぐって意見が対立した。

(5) 各国で行われた経済政策に関して述べた文として誤っているものを，次の1〜5から一つ選べ。

1 アメリカではニューディール政策により，全国産業復興法や農業調整法が制定された。

2 フランスでは1793年，ジャコバン派が最高価格令による物価統

制を行った。

3　ベトナムではドイモイ政策により，市場経済システムの導入と外資の誘致を行った。

4　対ソ干渉戦争中，ソ連では新経済政策にもとづいて，余剰農産物の国家への引き渡しが義務づけられた。

5　第一次世界大戦後，ドイツの首相シュトレーゼマンはレンテンマルクを発行した。

(6)　各国の議会に関して述べた文として誤っているものを，次の1〜5から一つ選べ。

1　紀元前5世紀のアテネでは，成年男性市民の全体集会である民会が多数決で国家の政策を決定していた。

2　1265年，イギリスではヘンリ3世の統治に反乱を起こしたエドワード1世が，貴族，高位聖職者，州や都市の代表を議会に召集した。

3　1848年，ドイツ統一のための憲法を審議するフランクフルト国民議会が開催された。

4　20世紀初め，イランでは立憲革命が起こり，国民議会が開かれたが，後にロシアの軍事介入によって崩壊した。

5　1792年，フランスでは国民公会が成立し，王政の廃止と共和政の樹立が宣言された。

(7)　政治とローマ教皇の関係に関して述べた文として誤っているものを次の1〜5から一つ選べ。

1　ヘンリ8世は，王妃との離婚問題をきっかけにローマ教皇と対立し，イギリス国教会を創始した。

2　ローマ教皇ウルバヌス2世がエルサレム奪回を提唱し，各国の諸侯や騎士からなる十字軍が開始された。

3　1929年，イタリアではファシスト政権とローマ教皇庁との間にラテラノ協定が結ばれ，バチカン市国が成立した。

4　神聖ローマ皇帝ハインリヒ4世は聖職叙任権をめぐりローマ教皇グレゴリウス7世と対立し，1077年，カノッサで教皇に謝罪させ

た。

5　フランス王フィリップ4世はアナーニ事件の後，教皇庁をローマから南フランスのアヴィニョンに移した。

(8)　ラテンアメリカ諸地域では18世紀末から独立運動が起こり，次のA～Dに示す独立運動指導者が現れた。メキシコ，ハイチ，アルゼンチンにおける独立運動指導者の組合せとして正しいものを，以下の1～5から一つ選べ。

A　ミゲル＝イダルゴ

B　シモン＝ボリバル

C　トゥサン＝ルヴェルチュール

D　サン＝マルティン

	メキシコ	ハイチ	アルゼンチン
1	A	B	C
2	D	A	C
3	B	A	D
4	D	C	B
5	A	C	D

(9)　次のア～オのうち，アメリカ独立に関して述べた文として正しいものを〇，誤っているものを×とした場合，正しい組合せはどれか。以下の1～5から一つ選べ。

ア　1774年，植民地側はフィラデルフィアで第一回大陸会議を開いた。

イ　独立宣言は，ロックらの思想を参考にして，トマス＝ジェファソンらが起草した。

ウ　トマス＝ペインの「コモン＝センス」は，植民地側が独立すれば，経済的に自立できないことを示した。

エ　独立戦争では，コシューシコがイギリス側について参戦した。

オ　1783年，イギリスはパリ条約でアメリカ合衆国の独立を承認した。

	ア	イ	ウ	エ	オ
1	○	×	×	○	×
2	○	○	×	×	○
3	×	○	×	×	○
4	×	×	○	×	○
5	×	×	○	○	×

(10)　東南アジアの植民地化に関して述べた文として誤っているもの
を，次の1～5から一つ選べ。

1　1859年，リスボン条約により，ポルトガルとオランダの間で
それぞれ東西ティモールを分割した。

2　19世紀，オランダはジャワ島で強制栽培制度とよばれる植民
地経済政策を導入した。

3　1898年，アメリカは米西戦争に勝利して，スペインから全フ
ィリピン諸島の領有権を得た。

4　1887年，フランスはベトナム，ラオスからなるフランス領イ
ンドシナ連邦を成立させ，のちにカンボジアを編入した。

5　イギリスは18世紀にペナン，19世紀にシンガポール，マラッ
カを植民地とした。

(☆☆☆☆◎◎◎◎)

【2】次の(1)～(4)の問いに答えよ。

(1)　次の文を読み，以下の問いに答えなさい。

> 　キリスト教は，2世紀末までにはローマ帝国のほぼ全域とメ
> ソポタミアまで広まった。ₐ3世紀以降，ローマ帝国内で政治
> の混乱が続く中で，キリスト教徒に対する圧力がしだいに強
> まり，4世紀初頭には皇帝による大規模な迫害が行われた。
> 　その後，ᵦコンスタンティヌス帝により，帝国は再び統一さ
> れた。コンスタンティヌス帝は，313年にはミラノ勅令を発布
> し，キリスト教を公認した。また，325年は，。ニケーア公会

議が開催され，教義の統一がはかられた。d4世紀末には，キリスト教はローマ帝国の国教となった。

① 下線部aについて，

(ア) この当時，キリスト教がローマ帝国において迫害された理由を簡潔に説明せよ。

(イ) 4世紀初めにキリスト教への大迫害を行った皇帝は誰か。

(ウ) 迫害を受けていた初期キリスト教時代の，避難所・礼拝堂としても利用された地下墓所を何というか。

② 下線部bについて，この皇帝の統治政策について，箇条書きで5つ記せ。

③ 下線部cについて，この会議で確認された内容を説明せよ。

④ 下線部dについて，この決定を行った皇帝は誰か。

(2) 次の文を読み，以下の問いに答えなさい。

アメリカ合衆国は，独立以来，その領土を西に広げていった。次第にa南部と北部の地域的利害の違いからくる主張の対立が明確になっていった。b西部に新しい州ができるに従い，対立は激化していった。1860年の大統領選挙において，共和党のcリンカンが当選すると，d南部諸州は連邦から離脱し，南北戦争が始まった。戦況は人口や経済力に優る北軍が次第に優勢となり，1865年，e南軍は降伏し，合衆国は再統一された。

① 下線部aについて，南部が奴隷制存続を求めていた理由を説明せよ。

② 下線部bについて，次の問いに答えよ。

(ア) 北緯36度30分以北には奴隷州をつくらないとした取り決めは何か。

(イ) この取り決めが成立した年を答えよ。

(ウ) 「カンザス・ネブラスカ法」について，成立した年を答えよ。また，この法律の内容について，簡潔に説明せよ。

③　下線部cについて，1862年，西部農民の支持を獲得しようとしたリンカン政権が成立させた，公有地に5年間定住し開墾した者に，土地160エーカーを無償で与えるとした法は何か。

④　下線部dについて，

(ア)　南部11州が結成したアメリカ連合国の大統領に就任した人物は誰か。

(イ)　この時，南北の間に位置しており，奴隷州ではあったが，アメリカ合衆国に留まった州もあった。次のうち，それに該当する州はどれか，4つ選べ。

> ヴァージニア　　ニューヨーク　　ジョージア
> ルイジアナ　　ケンタッキー　　デラウェア
> メイン　　テキサス　　ノースカロライナ
> サウスカロライナ　　ミズーリ　　メリーランド
> フロリダ

⑤　下線部eについて，1865年に陥落した，南部の首都はどこか。

(3)　次の資料を読み，以下の問いに答えなさい。

> 前4世紀　　チャンドラグプタ王，ₐマウリヤ朝を創始
> 1世紀　　ᵦクシャーナ朝建国
> 4世紀　　チャンドラグプタ1世，ᵪグプタ朝を創始
> 7世紀　　ₔヴァルダナ朝，北インドを支配

①　下線部aについて，

(ア)　最盛期を築いた第3代の王は誰か。

(イ)　この王朝の首都を答えよ。

②　下線部bについて，この王朝の最盛期の王は誰か。

③　下線部cについて，この王朝時代の文化について，文学，仏教，学問，美術の面から説明せよ。

④　下線部dについて，

(ア)　仏教研究のためにこの王朝を訪れた，唐僧は誰か。

(イ)　(ア)の弟子が編集して完成した旅行記は何か。

(4) 次の表は，イスラーム文化に関する人物について示したものである。①～④の人物名及び(ア)～(ウ)に当てはまる語句を答えよ。

人物名	説明文
①	14世紀のチュニス出身の歴史家。歴史書『(ア)』の中で、都市と遊牧民との関係を中心に循環的な歴史理論を概説した。
②	コルドバ生まれでアリストテレス哲学の注釈で大きな業績を残した。ラテン名でアヴェロエスと呼ばれる哲学者。
③	イラン生まれの哲学者・医者。アリストテレス哲学の研究の他、『(イ)』を記してヨーロッパ医学にも影響を与えた。ラテン名はアヴィケンナ。
④	モロッコ出身で、ヨーロッパ・アジア・アフリカ大陸の各地を旅行し、帰国後、口述筆記による『(ウ)』を残した。

(☆☆☆☆◎◎◎◎)

【地理】

【1】次の(1)～(10)の問いに答えよ。

(1) 次の図1で示した1～5の地点のうち，ロンドンの対蹠点はどれか。1～5から一つ選べ。

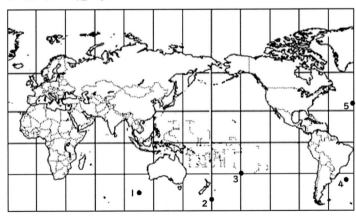

図 1

(2) 北緯90度上における経度1度に対する弧の長さはどれか。次の1～5から一つ選べ。

1　111.319km

185

  2　96.486km

  3　71.696km

  4　38.187km

  5　0.000km

(3)　次の図2のハイサーグラフが示す月平均気温と月降水量に該当する都市はどれか。以下の1〜5から一つ選べ。

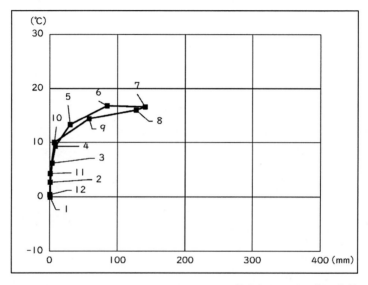

（気象庁ホームページより作成）

図　2

1　ラサ

2　クスコ

3　ラパス

4　メキシコシティ

5　アディスアベバ

(4)　次の1〜5の地図記号のうち，日本において森林限界より標高の高い高山帯でみられる植生を示す地図記号はどれか。1〜5から一つ選べ。

(5)　次の1～5の緯度帯のうち，年平均蒸発量が年平均降水量を上回る
　　ものはどれか。1～5から一つ選べ。

　　1　北緯0度から北緯10度

　　2　北緯20度から北緯30度

　　3　北緯40度から北緯50度

　　4　北緯60度から北緯70度

　　5　北緯80度から北緯90度

(6)　次のア～エのうち，漁場が形成される自然条件を備えた水域の説
　　明として正しいものを〇，誤っているものを×とした場合，正しい
　　組合せはどれか。1～5から一つ選べ。

　　ア　水底まで陽光が透過する沿岸の浅瀬

　　イ　水底の栄養塩類が対流によって水界の表層に運ばれる水域

　　ウ　暗礁や浅瀬など海底が突起している水域

　　エ　水温や塩分濃度の異なる海水が接してつくる潮境

	ア	イ	ウ	エ
1	〇	〇	〇	〇
2	〇	〇	〇	×
3	〇	×	×	×
4	×	×	×	〇
5	×	〇	〇	〇

(7)　次の表1は，2019(平成31/令和元)年における，いわし類，かつお
　　類，たい類，たら類，まぐろ類の都道府県別漁獲量の多い上位5都
　　道県をそれぞれ示したものである。表1中のア～オは，愛媛県，東
　　京都，福岡県，北海道，宮城県のいずれかである。以下の1～5のう
　　ち，東京都と宮城県に該当する正しい組合せはどれか。1～5から一
　　つ選べ。

表 1

単位（トン）

いわし類	かつお類	たい類	たら類	まぐろ類
茨城県 211,304	静岡県 70,143	長崎県 4,533	オ 185,660	静岡県 26,750
長崎県 66,752	ア 32,138	ウ 2,744	岩手県 9,061	ア 22,062
千葉県 60,507	イ 30,634	島根県 1,700	ア 5,003	高知県 13,972
福島県 47,323	高知県 18,667	エ 1,650	青森県 4,699	宮崎県 13,501
ア 47,203	三重県 15,863	兵庫県 1,640	石川県 795	イ 13,105

（『データでみる県勢』2022年版より作成）

	東京都	宮城県
1	イ	オ
2	ア	オ
3	イ	ア
4	ウ	ア
5	ア	エ

(8) 次の文章は，国際連合食糧農業機関について述べたものである。下線部①～③のうち，1箇所に誤りがある。誤っている箇所と適当な語句の正しい組合せはどれか。以下の1～5から一つ選べ。

> 　国際連合食糧農業機関は，世界各国国民の栄養水準及び生活水準の向上等の施策を通じた世界経済の発展及び人類の飢餓からの解放を目的に，①1945年に設立された。本部を②ローマにおき，国際的ルールの策定のほか，世界の食料・農林水産物に関する調査分析や開発途上国に対する技術助言等の機能をもつ。略称は③UNEP。

	誤っている箇所	適当な語句
1	下線部①	1960年
2	下線部①	1972年
3	下線部②	ジュネーブ
4	下線部③	FAO
5	下線部③	WMO

(9) 次の表2は，2020(令和2)年におけるアメリカ合衆国，アラブ首長国連邦，オーストラリア，韓国，ドイツに対する日本の輸入額，輸出額，日本からの輸出額の多い上位3品目をそれぞれ示したものである。ドイツに該当するものはどれか。1～5から一つ選べ。

表 2

	日本の輸入額（億円）	日本の輸出額（億円）	日本からの輸出額上位3品目		
			1位	2位	3位
1	17,506	5,933	乗用車	一般機械	バスとトラック
2	22,660	18,752	電気機器	一般機械	乗用車
3	28,398	47,666	一般機械	電気機器	鉄鋼
4	38,211	12,954	乗用車	一般機械	バスとトラック
5	74,369	126,122	乗用車	一般機械	電気機器

（『データブック　オブ・ザ・ワールド』2022年版より作成）

(10) 次の1～5のうち，下線部の語句の説明として誤っているものはどれか。1～5から一つ選べ。

1 運河とは，舟運，灌漑，用水，排水のために設けた人工の水路のことである。近年では，レジャーや水力発電に利用されることがある。

2 国際河川とは，川の流域が複数の国に及ぶ水路のことである。条約により，海洋へおよび海洋から航行できる水路は，通商・交通の自由のためにすべての商船の航行に開放されると定められている。

3 パーク・アンド・ライドとは，市街地や観光地へ向かう人が，自宅の最寄り駅や市街地・観光地周辺の駐車場までをマイカーで行き，そこからは公共交通機関を利用することである。

4 ハブ空港とは，航空輸送において人や物を効率的に輸送できる

との発想から生まれた，乗り継ぎや積み替えの拠点となる中核空港のことである。

5　<u>モータリゼーション</u>とは，旅客においては自家用車から公共交通機関へ，貨物においてはトラックから鉄道，海運等へ利用する交通機関をかえることである。

(☆☆☆◎◎◎)

【2】次の問1～問3の問いに答えよ。

問1　次の文は，高等学校学習指導要領(平成30年3月告示)の「地理探究」の目標の一部である。以下の(1)～(3)の問いに答えよ。

> 　地理に関わる諸事象に関して，世界の空間的な諸事象の規則性，傾向性や，世界の諸地域の地域的特色や課題などを理解するとともに，_①<u>地図</u>や(ア)などを用いて，_②<u>調査</u>や諸資料から地理に関する様々な情報を適切かつ効果的に調べまとめる技能を身に付けるようにする。

(1)　文中の(ア)に当てはまる語句を答えよ。

(2)　下線部①に関して，次の(i)～(ii)の問いに答えよ。

　(i)　地図上で航路を示す方法に等角航路と大圏航路がある。等角航路と大圏航路の特徴について，メルカトル図法上での表記にふれてそれぞれ簡潔に説明せよ。

　(ii)　地球を水平面に表現した地図と比べて，地球儀は広い範囲の地表面の状況を距離，面積，形のひずみがないように表現することができる。現存する最古の地球儀を1492年に作成したドイツの地理学者を答えよ。

(3)　下線部②について，高校生のMさんは瀬戸内の気候に興味をもち，香川県の自然環境や土地利用について調査を行った。次の図1を見て，この地域調査に関する以下の(i)～(iv)の問いに答えよ。

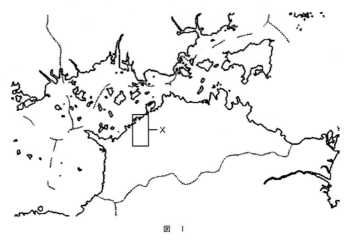

図 1

(i) 事前調査として，Mさんは香川県の気温と降水量について調べた。次の1〜5のグラフは，日本の道県庁所在地の月平均気温と月降水量をそれぞれ示したものである。香川県の県庁所在地である高松市に該当するものはどれか。1〜5から一つ選べ。

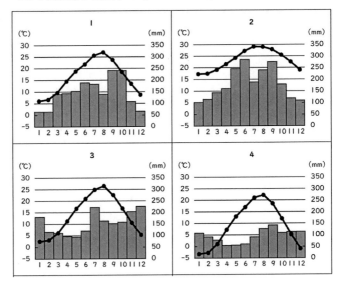

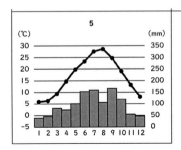

（気象庁ホームページより作成）

(ii)　Mさんは図1中のXの範囲のうち，次の図2に示した範囲を歩き調査を行った。次の図2は，国土地理院が発行する2万5千分1地形図『善通寺』(平成31年4月1日発行)の一部を約120％に拡大したものである。以下の(a)～(c)の問いに答えよ。

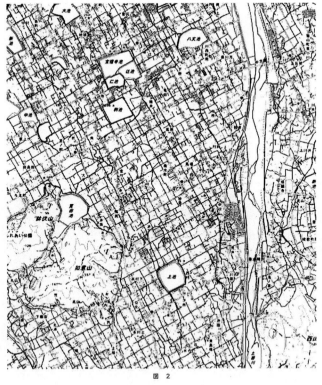

図　2

(a)　図2中の地域には，古代律令体制化において実施された農地の区画制度の遺構がみられる。この区画制度は何と呼ばれているか。

(b)　図2中の東側に流れる一級河川の土器川は，扇状地を流れる中下流部において天井川となっている。天井川の特徴について，形成過程にふれて簡潔に説明せよ。

(c)　次の図3は，土器川と日本各地の河川の長さ及び河道勾配をグラフにまとめたものである。図2中にため池がみられる理由について，図3から読み取れること及び瀬戸内の気候の特徴にふれて説明せよ。

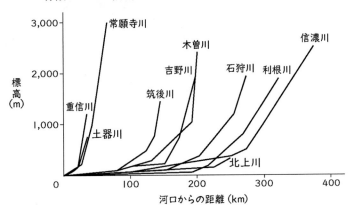

（国土交通省の資料より作成）

(iii)　Mさんは図1中のXの範囲のうち，次の図4に示した典型地形
　　について調べた。次の図4は，国土地理院が作成する陰影起伏
　　図である。○で囲んだ山は，メサが侵食によって縮小して，頂
　　部に平坦地のない円錐形の独立した山となっている。こうした
　　特徴をもつ山は何と呼ばれているか。カタカナで答えよ。

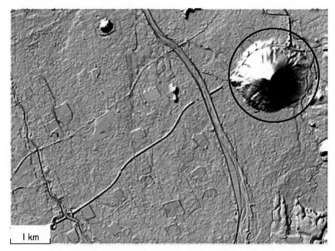

（国土地理院ウェブサイトより作成）

図　4

(iv)　Mさんは図1中のXの範囲のうち，次の図5に示した範囲の古い地形図を調べた。次の図5は，大日本帝國陸地測量部が発行した2万5千分1地形圖『丸亀』(昭和6年12月28日発行)の一部を約150％に拡大したものである。図5中に矢印で示した箇所の地図記号は，昭和61年図式で廃止された。図5中に矢印で示した箇所の地図記号が表しているものを答えよ。

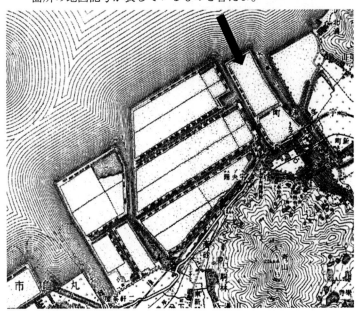

図　5

問2　次の図6は，世界の火山の分布を示したものである。以下の(1)～
(4)の問いに答えよ。

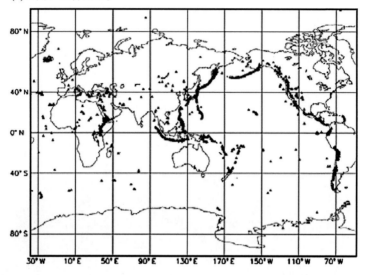

（内閣府の資料より引用）

図　6

(1)　ハワイ諸島に代表されるマントル深部の固定された熱源からマ
グマが上昇して火山活動がおこる地点は何と呼ばれているか。カ
タカナで答えよ。

(2)　大西洋中央海嶺上に位置するアイスランドで，東西に引き裂く
力により形成された，ほぼ南北方向に並ぶ地表の地割れは何と呼
ばれているか。カタカナで答えよ。

(3)　アフリカ大地溝帯で火山活動が起こる理由について，プレート
の動きにふれて簡潔に説明せよ。

(4)　次の1～5のうち，カルデラ湖はどれか。1～5からすべて選べ。

1　摩周湖

2　十和田湖

3　宍道湖

4　サロマ湖

5 琵琶湖

問3 次の図7で示された南アジアに関する以下の(1)～(7)の問いに答え
よ。なお，図7中の(あ)～(お)は国を示している。

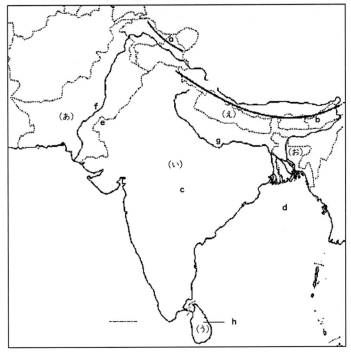

図 7

(1) 図7中のa・bの山脈名，c付近の高原名，dの湾名，e付近の砂漠
名，f・gの河川名，hの島名を答えよ。

(2) インド・ヨーロッパ語族インド語派の言語の一つで，ペルシア
文字を改良した字体を用いて右から左へ横書きする，図7中の(あ)
の国において国語となっている言語名を答えよ。

(3)　次の表1は，図7中の(い)の国の2019年における輸入額及び輸出額の多い上位5品目をそれぞれ示したものである。図7中の(い)の国の貿易形態について，表1中の輸出入の品目の特徴にふれて簡潔に説明せよ。

表　1

輸入	輸出
原油	石油製品
機械類	機械類
金（非貨幣用）	ダイヤモンド
石炭	医薬品
ダイヤモンド	繊維品

（『世界国勢図会』2021／22年版より作成）

(4)　次の1～5のうち，図7中の(う)の国において信仰する人口の割合が最も多い宗教はどれか。1～5から一つ選べ。

1　イスラム教

2　キリスト教

3　ジャイナ教

4　ヒンドゥー教

5　仏教

(5) 次の1〜6の写真は，図7中の(あ)，(い)及び(え)の国にある世界遺産である。1〜6のうち，図7中の(え)の国において登録されているものをすべて選べ。

（国際連合教育科学文化機関の資料より作成）

(6) 次の図8は，2007年から2021年において図7中の(お)の国で発生した，洪水等の水害の発生月と発生回数についてまとめたものである。図9は，図7中の(お)の国の首都の月平均気温と月降水量をそれぞれ示したものである。図7中の(お)の国において発生する洪

水等の水害の要因について，地形，気候及び気象の特徴にふれて「高潮」の語を用いて説明せよ。

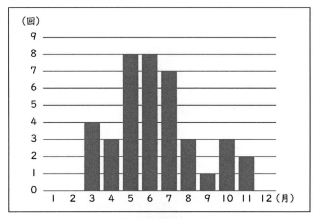

（アジア防災センターホームページより作成）

図　8

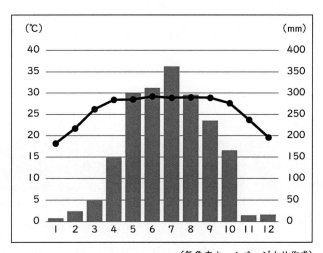

（気象庁ホームページより作成）

図　9

(7)　図7中の(お)の国において，経済学者であるムハマド・ユヌスが設立したグラミン銀行は，マイクロファイナンスと呼ばれる小

規模金融を行っている。マイクロファイナンスにおける融資について，簡潔に説明せよ。ただし，融資対象者及び資金の使途にふれて「担保」の語を用いること。

(☆☆☆◎◎◎)

公 民 科

【共通問題】

【1】次の問1，問2に答えよ。

問1　次の文章は，『高等学校学習指導要領(平成30年告示)解説　公民編』の一部である。この文章を読み，以下の(1)～(5)の問いに答えよ。

> 政治と法の意義と機能，①基本的人権の保障と法の支配，権利と義務との関係，②議会制民主主義，③地方自治，経済活動と市場，経済主体と経済循環，国民経済の大きさと経済成長，物価と景気変動，④財政の働きと仕組み及び⑤租税などの意義，金融の働きと仕組みについて理解できるようにするとともに，現代日本の政治・経済に関わる諸課題について多面的・多角的に考察，構想し，その過程や結果を適切に表現できるようにする。

(1)　下線部①に関連して，日本国憲法に規定されている基本的人権の一つである自由権の内容についての説明として，誤っているものを1～5から一つ選べ。

　1　日本国憲法では，集会・結社・言論・出版の自由を保障しており，通信の秘密についても規定されている。

　2　日本国憲法では，国及びその機関が宗教的活動をすることを禁じているが，これまで最高裁判所において，愛媛県が特定の神社への玉串料等を公金から支出することについて，違憲判決

201

が出されたことがある。

3　日本国憲法では，居住・移転・職業選択の自由を保障しており，外国への移住や国籍の離脱の自由についても規定されている。

4　日本国憲法では，財産権を保障しており，その権利の内容は，個人の尊厳に適合するように，法律において定めると規定されている。

5　日本国憲法では，令状主義や拷問の禁止に加え，自己に不利益な唯一の証拠が本人の自白である場合には，有罪とされ，又は刑罰を科せられないと規定されている。

(2)　下線部②に関連して，日本の国会の説明として，誤っているものを1～5から一つ選べ。

1　衆議院と参議院の議決が一致しない場合に意見を調整するために設けられる両院協議会は，各議院とも10名の委員で組織される。

2　法律案や予算の議決などにおいて，衆議院と参議院の議決が一致しない場合，一定の要件の下で衆議院の優越が認められている。

3　衆議院と参議院では，現在それぞれ17の常任委員会が設けられており，その他特別の案件を審査するための特別委員会が設置されている。

4　衆議院の解散による衆議院議員総選挙の日から30日以内に臨時国会が開かれ，内閣総理大臣の指名が行われる。

5　衆議院と参議院にそれぞれ議院規則制定権があり，規則に違反した議員を懲罰にかけることができる。

(3)　下線部③に関連して，地方公共団体に関する説明として，正しいものを1～5から一つ選べ。

1　現在，地方公共団体で行われている事務は，自治事務，法定受託事務，機関委任事務に分類される。

2　法定受託事務は，国政選挙や旅券の交付，介護保険サービス

など国が本来果たす役割に係る事務を国に代わって地方公共団体が行う事務である。

3　国庫補助負担金改革，税源移譲，地方交付税の見直しの三つを一体として行う「三位一体の改革」と呼ばれる改革が2002(平成14)年の閣議決定から進められ，その後に国から地方へ税源移譲がなされた。

4　地方公共団体の歳出は，地方債以外の歳入をもって，その財源としなければならないとされており，地方債の発行は現在認められていない。

5　地方財政における国からの地方交付税交付金は義務教育や道路の整備などの特定の事業に使途が限定されている。

(4)　下線部④に関連して，財政や財政の役割に関する説明として，誤っているものを1～5から一つ選べ。

1　政府は，所得格差を是正するために，累進課税制度や社会保障制度を通じて，高所得者から低所得者に所得の再分配を行う。

2　政府は，警察・防衛・消防などの公共サービスや，道路・橋などの社会資本を供給することにより資源配分の調整を行う。

3　政府が，好況時には公共投資を増加させ，不況時には減少させるフィスカル・ポリシーを行うことにより，経済の安定化が図られている。

4　政府が行う租税制度や社会保障制度には，景気変動とともに自動的に経済の安定を図るように作用するビルト・イン・スタビライザーの機能をみることができる。

5　政府は，財政と金融を関連づける政策など，複数の政策手段を組み合わせるポリシー・ミックスにより，現代における複雑な経済状況に対応している。

(5)　下線部⑤に関連して，日本における税は，課税主体が国である国税と，地方公共団体である地方税に分類することができる。国税と地方税の分類として，正しい組合せを1～5から一つ選べ。

1　(国税)：関税・たばこ税

　　　(地方税)：所得税・住民税

　２　(国税)：法人税・固定資産税

　　　(地方税)：関税・住民税

　３　(国税)：関税・酒税

　　　(地方税)：法人税・自動車税

　４　(国税)：所得税・住民税

　　　(地方税)：たばこ税・酒税

　５　(国税)：所得税・酒税

　　　(地方税)：固定資産税・自動車税

問２　倫理に関する次の(1)〜(5)の問いに答えよ。

　(1)　外的環境からの危険や内的な心理的葛藤によって生じる不安や衝動から自己を守るために行われる反応様式(防衛の手段)を一般に防衛機制と呼ぶが，防衛機制の説明として正しいものを１〜５から一つ選べ。

　１　退行とは，反対の傾向を強調することによって自らが受容しがたい衝動を制御しようとする心的な態度のこと。

　２　反動形成とは，適応するのが困難な状況下において，より未熟な段階に戻って困難を回避あるいは，それにより欲求不満を解消しようとすること。

　３　抑圧とは，自らの受け入れがたい感情や衝動を排除し，他の人や物に位置付ける無意識の働きのこと。

　４　投影(投射)とは，個人の不安や葛藤などの，苦痛をともなう感情が生起するような問題となる観念を，意識から排除しようとする無意識の心的な働きのこと。

　５　昇華とは，社会的に実現不可能な目標や満たすことができない欲求から，別のより高度で社会に認められる目標の実現によって自己実現を図ろうとすること。

　(2)　紀元前6世紀から紀元前3世紀における古代ギリシャの哲学者や思想家に関する説明として，誤っているものを１〜５から一つ選べ。

　１　タレス(Thales)は，生命は水気によって維持されるという生物

観察から，万物の原理は水であるとした。

2　ゴルギアス(Gorgiās)は，真理の基準を個々の人間の感覚に見立て，絶対的な真理の存在を否定し，相対主義の考え方をあらわした。

3　ソクラテス(Sōkratēs)は，徳は知であり，魂への配慮としての知の追求こそが真によく生きるために心がけるべきことであるとした。

4　アリストテレス(Aristotelēs)は，自然の事象の原因となるものには，形相因，質料因，始動因，目的因の4種類あるとした。

5　エピクロス(Epikouros)は，死後の不安などから解放されるならば，それだけでも人間はアタラクシアの境地に入ることができるが，生きているうちは安んじて快楽を追求すべきとした。

(3)　次の史料は，聖徳太子が制定したとされる十七条憲法の一部である。史料中の【　ア　】～【　エ　】に当てはまる適切な語句の組合せとして正しいものを1～5から一つ選べ。

> 一に曰く，【　ア　】を以て貴しとなし，忤ふることなきを宗とせよ。人みな党あり，また達れる者少し。……
> 二に曰く，篤く三宝を敬へ。三宝とは仏法【　イ　】なり。……
> 四に曰く，群卿百寮，【　ウ　】を以て本とせよ。それ民を治むる本は，必ず【　ウ　】にあり。……
> 十に曰く，忿を絶ち瞋を棄てゝ，人の違ふを怒らざれ。人みな心あり，心おのおの執ることあり。……我れ必ずしも聖にあらず，彼れ必ずしも愚にあらず，共にこれ【　エ　】のみ。

	ア	イ	ウ	エ
1	信	天	仁	正直
2	和	僧	礼	凡夫
3	和	天	礼	正直
4	義	天	仁	凡夫
5	和	僧	智	本願

(4) 明治時代の自由民権思想家で，『民約訳解』を発表してルソーの社会契約・人民主権論を紹介するほか，西洋の近代民主主義思想を伝え，自由民権運動に理論的影響を与えた人物は誰か。正しいものを1〜5から一つ選べ。

1　福沢諭吉　　2　西周　　3　中江兆民　　4　森有礼

5　植木枝盛

(5) 『存在と無』などを著したフランスの哲学者であるサルトル(Jean-Paul Sartre)の思想についての説明として，正しいものを1〜5から一つ選べ。

1　神との関係のもとで人間の自己に生じる絶望状態のことを死に至る病とし，肉体の死をもってすら終わることのない病であるとした。

2　人間存在としての実存が避けることができない死・苦悩・争い・罪などに直面している状況を限界状況とした。

3　キリスト教的・民主主義的倫理を弱者の奴隷道徳とみなし，強者の自律的道徳すなわち君主道徳を説き，その具現者を「超人」とした。

4　人間にあっては，実存が本質に先立つとし，人間の本質をあらかじめ規定するような神は存在しないとした。

5　世界のうちに現に投げ出されて存在する人間を現存在と呼び，現存在が存在することを実存と名付けた。

(☆☆☆◎◎◎)

【政治・経済】

【１】現代社会の諸課題に関する次の(1)〜(3)に答えよ。

(1) 次の文章は，内閣府ホームページ(「バブル／デフレ期の日本経済と経済政策」)の一部である。この文章を読み，ア〜カの問いに答えよ。

・長期にわたって高度経済成長を続けてきた_A日本経済は，1970年代前半，その成長路線の変更を迫られることとなった。_B公害等の環境問題の深刻化，_CIMF体制の揺らぎと変動相場制への移行，世界市場における日本の輸出品のシェアの拡大と貿易摩擦の発生，等が日本経済の成長の限界を示唆し始めていた。_D1973年末に発生した第1次石油危機は，世界の原油価格を一挙に4倍に高騰させ，激しいインフレをもたらした。

・_E1980年代後半は，急激に円高が進んだ時代でもあった。

・輸出関連産業を中心に業績が悪化，1985年6月からの1年余りの景気後退は「円高不況」と呼ばれた。

・1986年以降の_F低金利政策を受けて，銀行預金等の金利が低下したため，法人・個人は余裕資金の運用先として高利回りを求めて証券投資を選好した。

ア 下線部Aについて，次の①，②の問いに答えよ。

① 国民経済の大きさは一国の豊かさを示し，ストックとフローの両側面から見ることができる。次のa〜eからストックに当たるものをすべて選び，記号で答えよ。

a ある年の新車販売台数　　b ある年の卵の消費量

c ある年の国債発行残高　　d ある年の着工建築物数

e ある年の株式の保有株数

② 次の表はある国の経済指標を示している。表の中の数値を使って，GNI，NNP，NIを求めよ。

表

総生産額	350兆円
中間生産物	100兆円
海外からの純所得	8兆円
固定資本減耗	GDPの18%
間接税	30兆円
補助金	10兆円

イ　下線部Bについて，次の年表の【　ⅰ　】～【　ⅳ　】に当てはまる適切な語句を答えよ。なお，【　ⅰ　】は漢字7字，【　ⅱ　】【　ⅲ　】は漢字5字，【　ⅳ　】は4字で答えよ。

年	環境をめぐる動き・国内法制定等
1967	「【ⅰ】」公布
1971	環境庁発足
1993	【ⅰ】を発展的に継承し，環境に関する分野についての国の政策の基本的な方向を示す「【ⅱ】」公布
1997	「環境影響評価法」公布
1997	気候変動枠組条約COP3（地球温暖化防止京都会議）「気候変動に関する国際連合枠組条約の【ⅲ】」採択
2001	環境省発足
2015	国連気候変動枠組条約締約国会議（COP21）「【ⅳ】」採択

ウ　下線部Cについて，ブレトン・ウッズ体制において採用された固定相場制での日本円は，1ドル何円であったか答えよ。

エ　下線部Dについて，1970年代の石油危機と最も関係があるものを一つ選び，記号で答えよ。

　　a　世界貿易機関の設立　　b　産業構造の転換

　　c　デフレスパイラル　　d　消費者庁の設置

　　e　戦後初の赤字国債発行

オ　下線部Eについて，1980年代後半，冷戦の終結が宣言されたが，国際社会は様々な課題に直面しており，国際連合が果たすべき役割はますます増大している。我が国は，2022年国連安保理非常任

理事国選挙へ立候補し，12回目の当選を果たした。非常任理事国の地位と権限について，次の語句をすべて使って説明せよ。

「任期」　　「再選」　　「拒否権」

カ　下線部Fについて，低金利政策を実施したのはなぜか，次の語句をすべて使って説明せよ。

「プラザ合意」　　「円高不況」　　「為替相場」

(2)　次の文章は，令和3年版『高齢社会白書』，令和3年版『少子化社会対策白書』，首相官邸ホームページ(「今後の社会保障の在り方について」)の一部である。この文章を読み，ア～オの問いに答えよ。

・我が国の総人口は，2020年10月1日現在，1億2,571万人となっている。65歳以上人口は，3,619万人となり，総人口に占める割合(高齢化率)も28.8％となった。

・A合計特殊出生率をみると，第1次ベビーブーム期には4.3を超えていたが，1950年以降急激に低下した。(中略)その後，B2015年には1.45まで上昇したものの，2019年は1.36となり，前年の1.42を0.06ポイント下回った。

・少子高齢化の進行により，年金，医療，介護等のC社会保障制度は，給付の面でもD負担の面でも国民生活にとって大きなウエイトを占めてきており，家計や企業の経済活動に与える影響も大きくなっている。(中略)団塊世代が後期高齢者となる2025年も念頭に，今後の社会保障の在り方を考えるに当たっては，人口の高齢化や支え手の減少に対応した持続可能なものとすることが重要であり，E給付と負担の在り方に加え，就業対策による担い手の拡大，関連する施策なども視野に入れて，一体的な見直しに取り組まなければならない。

ア　下線部Aについて，人口が増加も減少もしない均衡した状態となる合計特殊出生率の水準のことを何というか漢字6字で答えよ。

イ　下線部Bについて，2015年に最高裁判所は民法の女性の再婚禁

止期間を6か月と定めた規定について，100日を超える部分は違憲とした。最高裁判所は一切の法律，命令，規則又は処分が憲法に適合するかしないかを決定する権限を有する終審裁判所である。この権限を何というか答えよ。

ウ　下線部Cについて，次の①〜③に答えよ。

①　日本国憲法において生存権が規定されて以降，日本の社会保障制度は大きく発展し，様々な仕組みが整備されてきた。憲法25条の【　ⅰ　】〜【　ⅲ　】に当てはまる適切な語句を答えよ。

> 第25条　すべて国民は，【　ⅰ　】で文化的な【　ⅱ　】の生活を営む権利を有する。
> 2　国は，すべての生活部面について，【　ⅲ　】，社会保障及び公衆衛生の向上及び増進に努めなければならない。

②　すべての国民に所得制限などの条件を設けず，定期的に一定額を政府が支給する社会保障政策を何というかカタカナ9字で答えよ。

③　日本の公的年金は，20歳以上60歳未満の人が加入する「1階部分」と，会社などに勤務している人が加入する「2階部分」からなる「2階建て」の仕組みになっている。1階部分の年金を何というか答えよ。

エ　下線部Dについて，国民所得に対する租税負担と社会保障負担の割合を何というか漢字5字で答えよ。

オ　下線部Eについて，少子高齢社会における年金の賦課方式の課題を簡潔に説明せよ。

(3)　日本の思想に関する次のア〜ウの問いに答えよ。

ア　鎌倉時代，浄土真宗を開いた親鸞の根本的な教えである「悪人正機」とはどのような教えか。「悪人」と「善人」の違いにも触れながら簡潔に説明せよ。

イ　江戸時代，『三徳抄』などを著し，師の藤原惺窩により幕府に

推薦され，徳川家康から家綱まで4代の将軍に仕えた朱子学者は誰か。名前を記せ。

ウ　明治から昭和にかけて，西田幾多郎は，西洋哲学を吸収しつつ，自らの思索と体験に基づいて独自の哲学を形成した。次の文章は『善の研究』の一部であり，文中の空欄【　D　】には同じ語句が入る。空欄【　D　】に入る語句を記せ。

> 「純粋経験においては未だ知情意の分離なく，唯一の活動であるように，また未だ【　D　】の対立もない。【　D　】の対立は我々の思惟の要求より出でくるので，直接経験の事実ではない。」(以下省略)(『善の研究』より)

(☆☆☆◎◎◎)

【倫理】

【1】現代社会の諸課題に関する次の(1)～(3)に答えよ。

(1)　次の文章は，令和3年版『高齢社会白書』，令和3年版『少子化社会対策白書』，首相官邸ホームページ(「今後の社会保障の在り方について」)の一部である。この文章を読み，ア～オの問いに答えよ。

> ・我が国の総人口は，2020年10月1日現在，1億2,571万人となっている。65歳以上人口は，3,619万人となり，総人口に占める割合(高齢化率)も28.8％となった。
> ・A合計特殊出生率をみると，第1次ベビーブーム期には4.3を超えていたが，1950年以降急激に低下した。(中略)その後，B2015年には1.45まで上昇したものの，2019年は1.36となり，前年の1.42を0.06ポイント下回った。
> ・少子高齢化の進行により，年金，医療，介護等のC社会保障制度は，給付の面でもD負担の面でも国民生活にとって大きなウエイトを占めてきており，家計や企業の経済活動に与える影響も大きくなっている。(中略)団塊世代が後期高齢者

となる2025年も念頭に，今後の社会保障の在り方を考える
に当たっては，人口の高齢化や支え手の減少に対応した持
続可能なものとすることが重要であり，_E給付と負担の在り
方に加え，就業対策による担い手の拡大，関連する施策な
ども視野に入れて，一体的な見直しに取り組まなければな
らない。

ア　下線部Aについて，人口が増加も減少もしない均衡した状態と
なる合計特殊出生率の水準のことを何というか漢字6字で答えよ。

イ　下線部Bについて，2015年に最高裁判所は民法の女性の再婚禁
止期間を6か月と定めた規定について，100日を超える部分は違憲
とした。最高裁判所は一切の法律，命令，規則又は処分が憲法に
適合するかしないかを決定する権限を有する終審裁判所である。
この権限を何というか答えよ。

ウ　下線部Cについて，次の①～③に答えよ。

①　日本国憲法において生存権が規定されて以降，日本の社会保
障制度は大きく発展し，様々な仕組みが整備されてきた。憲法
第25条の【　i　】～【　iii　】に当てはまる適切な語句を答え
よ。

> 第25条　すべて国民は，【　i　】で文化的な【　ii　】の
> 生活を営む権利を有する。
> 2　国は，すべての生活部面について，【　iii　】，社会保
> 障及び公衆衛生の向上及び増進に努めなければならな
> い。

②　すべての国民に所得制限などの条件を設けず，定期的に一定
額を政府が支給する社会保障政策を何というかカタカナ9字で
答えよ。

③　日本の公的年金は，20歳以上60歳未満の人が加入する「1階
部分」と，会社などに勤務している人が加入する「2階部分」

からなる「2階建て」の仕組みになっている。1階部分の年金を何というか答えよ。

エ　下線部Dについて，国民所得に対する租税負担と社会保障負担の割合を何というか漢字5字で答えよ。

オ　下線部Eについて，少子高齢社会における年金の賦課方式の課題を簡潔に説明せよ。

(2) 『高等学校学習指導要領(平成30年告示)』において，倫理は「現代に生きる自己の課題と人間としての在り方生き方」「現代の諸課題と倫理」の二つの大項目により構成される。

「現代に生きる自己の課題と人間としての在り方生き方」に関して，次のア，イの問いに答えよ。

ア　青年期に関する次の①〜③の問いに答えよ。

①　『人間の発達課題と教育』などを著し，人間の発達過程を乳幼児期から老年期までの六つに区分し，それぞれの時期における発達課題を掲げたアメリカ合衆国の教育社会学者・発達心理学者は誰か。名前を記せ。

②　青年期に関連した次の文中の空欄【　A　】には同じ語句が入る。空欄【　A　】に入る語句を7字で記せ。

> もともと社会学の用語である【　A　】は，「境界人」や「周辺人」などと訳される。【　A　】は，複数の集団の境界上にまたがって位置しつつ，どの集団にも深く帰属できず，成員性も不明確な存在である。ドイツに生まれた心理学者レヴィン(K.Lewin)は，この語句を青年の特質を表現する構成概念として用いた。

③　アメリカ合衆国の心理学者マズロー(A.H.Maslow)は，人間の欲求には五つの階層があり，低次の欲求階層から順番に満たされていくと考えた。マズローが提唱した五つの欲求階層について，次の1〜5の欲求を低次から高次の順に左から右へ並べた場合，正しいものはどれか。以下のa〜fから一つ選び，記号を記せ。

```
1  安全欲求
2  生理的欲求
3  自己実現欲求
4  所属・愛情の欲求(社会的欲求)
5  承認・自尊心の欲求(尊重・尊敬の欲求)
a  1  →  2  →  3  →  4  →  5
b  1  →  2  →  4  →  5  →  3
c  1  →  2  →  5  →  3  →  4
d  2  →  1  →  3  →  4  →  5
e  2  →  1  →  4  →  5  →  3
f  2  →  1  →  5  →  3  →  4
```

イ　自然と人間との関わりに関する次の①〜⑤の問いに答えよ。

①　次の文章は『ノヴム＝オルガヌム』の一部である。イギリスの哲学者・政治家ベーコン　(F.Bacon)が『ノヴム＝オルガヌム』で述べた自然に関する記述について，空欄【　B　】，空欄【　C　】に入る語句をそれぞれ記せ。

> 　「人間の知識と力とは合一する。原因が知られなければ，結果は生ぜられないからである。というのは，自然は【　B　】することによってでなければ，【　C　】されないのであって，自然の考察において原因と認められるものが，作業においては規則の役目をするからである。」
> (以下省略) (『世界の大思想6』より)

②　ベーコンは，自然を正しく解釈するために取り除かなくてはならない偏見や先入観を，幻影や偶像という意味であるイドラと呼び，イドラを四つに分類した。四つのイドラのうちの一つである劇場のイドラとはどのような偏見か。次の語句を用いて簡潔に説明せよ。

　　「伝統」　　　「権威」

③　ベーコンが分類した四つのイドラのうち，劇場のイドラ以外

の三つのイドラをそれぞれ記せ。

④　あらゆる知識の源泉は経験にあり，その検証は経験に依存するというベーコンの考え方はロック(J.Locke)などに継承されて，イギリス経験論が展開された。経験に関連して，ロックが説いた，人間が観念を得る源について，次の語句を用いて簡潔に説明せよ。

　　　「感覚」　　　「生得的観念」　　　「内省」

⑤　『単子論』(『モナド論』・『モナドロジー』)などを著し，神が単子間の関係をあらかじめ定めてあり，すべての現象が合法則的に進行するよう調和的に秩序づけているという予定調和説を説いたドイツの哲学者は誰か。名前を記せ。

(3)　日本の思想に関する次のア〜ウの問いに答えよ。

ア　鎌倉時代，浄土真宗を開いた親鸞の根本的な教えである「悪人正機」とはどのような教えか。「悪人」と「善人」の違いにも触れながら簡潔に説明せよ。

イ　江戸時代，『三徳抄』などを著し，師の藤原惺窩により幕府に推薦され，徳川家康から家綱まで4代の将軍に仕えた朱子学者は誰か。名前を記せ。

ウ　明治から昭和にかけて，西田幾多郎は，西洋哲学を吸収しつつ，自らの思索と体験に基づいて独自の哲学を形成した。次の文章は『善の研究』の一部であり，文中の空欄【　D　】には同じ語句が入る。空欄【　D　】に入る語句を記せ。

> 「純粋経験においては未だ知情意の分離なく，唯一の活動であるように，また未だ【　D　】の対立もない。【　D　】の対立は我々の思惟の要求より出でくるので，直接経験の事実ではない。」(以下省略)(『善の研究』より)

(☆☆☆◎◎◎)

解答・解説

中学社会・高校世界史・地理・公民　共通(日本史)

【1】(1) 3　　(2) 1　　(3) 5　　(4) 4　　(5) 2　　(6) 3
(7) 2　　(8) 3　　(9) 1　　(10) 2

〈解説〉(1)　672年，前年に死去した天智天皇の子の大友皇子と弟の大海
人皇子の間で後継争いが起こり，東国の豪族を動員して勝利した大海
人皇子が翌年に即位して天武天皇となった。この乱は672年の干支か
ら壬申の乱と呼ばれる。その結果，大友皇子に味方した近江朝の蘇我
氏・巨勢氏らの有力豪族が没落し，強大な権力を手に入れた天武天皇
は天皇と皇族を中心とした皇親政治を進めた。　　(2)　エの白村江の戦
いは663年，オの防人が対馬・壱岐・筑紫に初めて設置されたのは翌
664年で，7世紀の出来事である。アの物部守屋が蘇我馬子に討たれた
のは587年，イの阿倍仲麻呂が遣唐留学生として派遣されたのは717年，
ウの東大寺の盧舎那大仏像が鋳造されたのは8世紀半ば(開眼式は752
年)の出来事。　　(3)　1　吉田兼好(兼好法師)の『徒然草』は鎌倉時代
末期の作品。　2　『枕草子』の作者は清少納言で，紫式部は『源氏物
語』の作者。　3　鴨長明の『方丈記』は鎌倉時代初期の作品。
4　『蜻蛉日記』の作者は藤原道綱の母で，和泉式部は『和泉式部日記』
の作者。　　(4)　平安時代後期の1086年，白河天皇は8歳の皇子の堀河
天皇に譲位し，上皇(院)として院庁を開き，天皇を後見しながら自ら
が政治の実権を握る院政を開始した。　1　現在の岩手県。　2　最澄
は天台宗，空海は真言宗を開いた。　3　書院造ではなく寝殿造。
5　内大臣ではなく太政大臣。　　(5)　鎌倉時代には御家人同士や御家
人と荘園領主の間で土地をめぐる争いが各地で頻発するようになった
ため，1232年，3代執権北条泰時は武士の慣習をまとめた初の武家法
である御成敗式目(貞永式目)を制定し，裁判を公平に行うための基準
とした。　　(6)　アの菱垣廻船・樽廻船，エの五人組は江戸時代に関す

る説明である。ウは打ちこわしではなく1428年の正長の徳政一揆，1441年の嘉吉の徳政一揆などの徳政一揆が正しい。打ちこわしは江戸時代に起きた民衆による暴動。　(7)　ア　正徳の政治の説明で，海舶互市新例の発布は1715年。　イ　寛政の改革は1787〜93年で，老中松平定信が行った。寛政異学の禁は1790年。　ウ　老中田沼意次の政治は1772〜86年。　エ　享保の改革は8代将軍徳川吉宗の時代の1716〜45年で，足高の制を設けたのは1723年。　オ　5代将軍徳川綱吉の政治は1680〜1709年。　(8)　1868年3月14日，京都御所で明治天皇が神々に誓う形で五箇条の誓文が公布され，公議世論の尊重，開国和親など新政府の基本方針が示された。3は翌15日に明治新政府が示した五榜の掲示の冒頭部分。五倫の道(君臣の義・父子の親・夫婦の別・長幼の序・朋友の信)を説き，第3条ではキリスト教を「邪宗門」として厳禁した。　(9)　アの版籍奉還は1869年，イの地租改正法(地租改正条例)の公布は1873年，ウの学制発布は1872年，エの廃藩置県は1871年，オの日朝修好条規が結ばれたのは1876年。　(10)　アの国際連盟脱退の通告は1933年，イの国家総動員法制定は1938年，ウの柳条湖事件は満州事変の発端となった事件で1931年，エは二・二六事件で1936年，オは五・一五事件で1932年。

中学社会・高校日本史・地理・公民　共通(世界史)

【1】(1)　5　　(2)　3　　(3)　1　　(4)　5　　(5)　3　　(6)　4
(7)　2　　(8)　2　　(9)　4　　(10)　5

〈解説〉(1)　前7世紀にオリエント全土の様々な民族を統合し，支配したのはアッシリアである。しかし，アッシリアは異民族に対して過酷な統治を行ったために前612年には滅亡し，四国が分立する。そのうちでユダ王国を滅ぼしたのは，新バビロニアである。このとき，ユダの人々は新バビロニアの首都バビロンに強制連行された。これを「バビロン捕囚」という。イラン高原のメディアは，イラン人初の民族国家

である。リディアは小アジアにある。　(2)　3　性悪説を唱えた荀子は，儒家の思想家で，孔子の「礼」を継承し，礼にもとづいた礼治主義の政治を唱えた。　(3)　王安石の新法の基本的な考え方は，農民や中小の商工業者を援け，それまで免税特権を持っていた官戸や寺観に負担を負わせるというものである。2は均輸法，3は募役法，4は青苗法，5は保甲法の説明である。　(4)　ア　エンリケ航海王子は，アフリカ最西端のヴェルデ岬に到達した。　オ　バルボアがパナマ地峡を横断して到達したのは，太平洋である。　(5)　インカ文明には，高度な石積みの技術があったことが知られている。また，古代アメリカ文明のほとんどは文字を有しているが，インカは文字をもたない。16世紀にスペイン人のピサロによって滅ぼされた。　(6)　首長法によってイギリス国教会を創設したのは，ヘンリ8世である。メアリ1世は，カトリックを離脱したヘンリ8世が離婚した最初の妻の娘であり，熱心なカトリック教徒であった。スペインのフェリペ2世と結婚して，カトリックの復活を図った。　(7)　1789年にバスティーユ牢獄が民衆に襲撃されると，地方でも「大恐怖」が広がり，王権が実質的に停止された。そのため，国王一家は逃亡を図るが，ヴァレンヌで発見され，拘束された。その後，オーストリアなどの革命への干渉を退けて第一共和政が成立するが，ルイ16世の処刑にともなう内外の反動に対抗するためにジャコバン派が独裁政治を行った。ここで制定されたのが，実施はされなかったものの，男子普通選挙を定めた1793年憲法である。しかし，恐怖政治に対する不満が高まり，ブリュメール18日のクーデタでジャコバン派は打倒された。　(8)　林則徐が派遣された場所は，広州である。1757年に乾隆帝によって外国との貿易は広州一港に限定されており，アヘンの密貿易もこの港が舞台であった。　(9)　ア　アイルランドでは1845～51年に発生したジャガイモ飢饉の影響で多くの人々がアメリカへ移住した。　イ　ロシアでは19世紀後半以降，ポグロムを逃れて多数の人々が合衆国に移民した。しかし，革命政権が成立して激減した。　ウ　20世紀以降増え続けているメキシコである。エ　日本人移民は，1882年の移民法で中国人移民が禁止されたことを

機に増加する。しかし，1924年の割り当て移民法で実質的に禁止された。　(10)　オスマン帝国は，2度にわたるバルカン戦争により，ロシアが支援するバルカン同盟諸国に領土を奪われた。ブルガリアも，第2回バルカン戦争により，他のバルカン同盟諸国とルーマニアに領土を奪われた。オーストリアは，三国同盟に参加している。

中学社会・高校日本史・世界史・公民　共通(地理)

【1】(1)　2　　(2)　4　　(3)　1　　(4)　3　　(5)　1　　(6)　5
(7)　2　　(8)　1　　(9)　5　　(10)　3

〈解説〉(1)　海岸線を持つ国は，基線から12海里以内を領海，基線から24海里以内で，領海外を接続水域と定めることができる。排他的経済水域(EEZ)は，基線から200海里以内で，領海外の部分である。大陸棚が伸びる場合は，最大350海里まで延長が認められる。また，EEZは海域，海底とその地底も含み，上空と深海底は含まない。領空は領土と領海の上までである。領海は沿岸国の主権があるが，他国の船舶の無害通行権が認められており，EEZについても同様である。外国人による漁業は，入漁料を支払うなど適切な対応が必要とされるが，海底電線・パイプライン敷設の自由は認められている。　(2)　1　穀類のみ自給率が高く，ほかは低い日本。　2　小麦の輸出国フランス。
3　園芸農業が盛んで，花卉や野菜類の輸出を行うオランダ。酪農も盛ん。　4　地中海性気候でオレンジやレモン，オリーブの産出が多いイタリア。パスタやピザのイメージがあるが，小麦の輸入国でもある。　5　全体的に自給率が低く，亜寒帯気候のスウェーデンである。
(3)　ASEANの原加盟国は，タイ，フィリピン，インドネシア，マレーシア，シンガポールで，設立宣言はタイの首都バンコクで行われた。その後5ヵ国が加盟し，現在は10ヵ国である。天然ゴムの生産はタイ，インドネシアで盛ん。近年では機械や自動車の輸出が増えている。
(4)　近年もっとも輸出が増えているのは大豆。ブラジルが世界の34%

を生産し，全輸出量のおよそ半分はブラジル産，全輸入量の6割が中国。セラードを開拓して農地を拡大している。アは機械類で，1994年にあり2019年にないイはコーヒー豆。しかし総生産量の30％を占め，世界1位。輸出も世界1位。エはとうもろこしで生産はアメリカ，中国に次いで3位だが，輸出量は1位である。　(5)　4000，5000m以上の割合が最も多い2は世界最高峰と世界の屋根を有するアジア。3は低平な平野が広がるヨーロッパ。平野の少ない1と5はアフリカか南極で，5は東部にキリマンジャロ山などを持つアフリカ，1が南極。4は北アメリカ。南極の最高峰は4897mのヴィンソン・マシフ。ヨーロッパの最高峰は4810mのモンブラン。　(6)　大きな差がなく，難問である。化学工業の割合が高い1は京葉工業地域。出荷額は小さい。出荷額等が最も多い5は水島臨海工業地域を有する瀬戸内工業地域。4は機械と食料品工業の割合が高く，出荷額も多いことから，北関東工業地域。2は繊維工業の割合が高く，北陸工業地域。3はオートバイなど輸送機械工業の盛んな東海工業地域。　(7)　果実栽培が盛んで産出額が高いのはりんごを作る青森県とぶどうやももを作る長野県で，アかオが該当する。野菜の抑制栽培を行う長野県がオ，青森県がア。ウは野菜の産出額が多いことから，促成栽培が盛んな高知県。畜産について考えると，岩手県と宮崎県がイとエに該当するとして，米の生産が多い岩手県がエ，宮崎県がイ。　(8)　輸出比率が50％未満の国は輸入超過，50％以上の国は輸出超過である。輸出超過の4と5で，相手国にベルギーがある4は隣国のオランダ，5がイタリア。オランダはロッテルダムのユーロポートが輸出港で，工業地域。イタリアは北部のトリノ，ミラノ，ジェノヴァなどの地域で古くから自動車工業が盛ん。航空機がある2はフランス。3は野菜と果実の輸出があることから，スペイン。残る1がイギリス。　(9)　Aは三重県尾鷲市で，夏の南東季節風と台風によって，降水量が非常に多いことが特徴である。1は降水量が少なく，気温の低い中央高地などの内陸気候区。2は冬季に降水量が多いことから，日本海気候区。4は最低気温が15度を超えていることから，南西諸島気候区。3と5では，気温は変わらないが，5の降水量の方が

多いので，Aに該当する。　(10)　兵庫県西宮市，芦屋市は阪神淡路大震災で甚大な被害を受けた地域である。大阪と神戸を結び，東西に阪急線，JR，阪神線の3本の電車が通っている。保健所は芦屋駅のやや西にある市民センターの南にある。芦屋川とJR東海道線が交差しているところでは，鉄道がトンネルになって川の下をくぐっており，これは河川が天井川になっているから。涸れ川は乾燥帯または扇状地で河川が伏流している場合に見られる。2万5千分の1地形図において4cmは，$4 \times 25{,}000 = 100{,}000\text{cm} = 1{,}000\text{m}$。エの地図記号は，発電所等を表している。

中学社会・高校日本史・世界史・地理　共通(公民)

【1】(1)　2　　(2)　5　　(3)　5　　(4)　3　　(5)　4　　(6)　5
　　(7)　4　　(8)　2　　(9)　1　　(10)　3

〈解説〉(1)　「持続可能な開発目標(SDGs)」は，ミレニアム開発目標(MDGs)の後継として策定された国際目標であり，2030年までの達成を目指している。17のゴール(目標)とその具体的な目標である169のターゲットからなる。　(2)　2050年までにカーボンニュートラルを目指すという目標は，地球温暖化対策法改正により，法律にも明記されている。　1　アジェンダ21は1992年の国連環境開発会議(地球サミット)で採択された。　2　削減義務が課せられたのは先進国のみ。　3　中国は離脱していないし，アメリカは2021年に復帰した。　4　段階的に削減することを宣言した。　(3)　衆議院議員の被選挙権資格年齢は満25歳以上である。国民の直接選挙によって選ばれる公職者のうち，被選挙権資格年齢が満30歳以上なのは参議院議員と都道府県知事であり，その他はすべて満25歳以上である。　(4)　内閣不信任決議は衆議院だけが行うことができ，このことにつき，両院協議会が行われることはない。なお，衆議院が内閣不信任決議を行うと，10日以内に衆議院が解散されない限り，内閣は総辞職しなければならない。　(5)　財

政節度を守るため，日銀による国債の直接引き受けは禁止されている。つまり，国に資金提供することはない。ただし，公開市場操作として市中銀行から国債を買い入れ，流動性を供給することはある。これを買いオペレーションという。　(6)　令和3年度の一般会計予算(当初予算)の歳入に占める「租税・印紙収入」の割合は53.9％である。なお，公債金(国債の新規発行による収入)は40.9％であり，わが国のプライマリーバランス(基礎的財政収支)は赤字が続いている。　(7)　時間外労働は，原則として月45時間・年360時間が上限と定められている。

1　15歳未満の者の労働は原則として禁止されている。　2　労働三権が保障されている。　3　公務員の団体行動権は規制されている。

5　黄犬契約は不当労働行為である。　(8)　2020年の労働力人口総数に占める女性の割合は，44.3％である。ただし，企業の管理職など，指導的地位に占める女性の割合は，政府目標の30％を下回る，15％ほどに過ぎない。また，年代が高くなるほど，正規雇用者の割合は低下する。　(9)　ア　憲法改正の発議につき，衆議院に先議権はない。イ　国民投票法により，有効投票の過半数の賛成で，憲法改正は承認されたとみなされる。　ウ　法律や政令，条約の公布も天皇の国事行為。　エ　公布とは，国民が知ることのできる状態に置くこと。

(10)　3　憲法第31条で，法定手続の保障と罪刑法定主義を定める条文である。　1　簡易裁判所が扱うこともあれば，例外的に二審制とされる裁判では，高等裁判所が第一審を行う。　2　違憲判決を下した例は複数ある。　4　参議院議員選挙ではなく，衆議院議員総選挙。5　裁判官や国会議員などは裁判員にはなれないし，裁判員候補者名簿は地方裁判所ごとに作成される。

中 学 社 会

【1】問1　(1)　世界人権宣言　(2)　チャーチル　(3)　i　ワルシャワ　ii　記号…E　国名…ルーマニア　(4)　i　東ベルリンから

西ベルリンへと住民が流出していた。　　ⅱ　チトー(ティトー)

(5)　ⅰ　中距離核戦力　　ⅱ　ペレストロイカ　　(6)　エストニア，ラ
トビア，リトアニア　　(7)　マーストリヒト条約　　問2　(1)　ⅰ
A　中国　　B　インド　　C　ベトナム　　ⅱ　郷鎮企業

(2)　ⅰ　ア　イスラム教(イスラーム教)　　イ　オスマン帝国　　ⅱ　2

(3)　ⅰ　13時間　　ⅱ　偏西風　　問3　(1)　2，4，5　　(2)　2011年に
発生した東日本大震災の影響で国内の原子力発電所が停止され，原子
力の割合は著しく小さくなった。安全性が危惧された原子力に代わる
エネルギー源として天然ガスなど化石燃料の依存度が上がり，水力を
除く再生可能エネルギー等の割合も大きくなった。(120字)

問4　(1)　1，2，3，5　　(2)　低所得者の収入に占める税負担の割合
が大きくなるという税の性格。

〈解説〉問1　(1)　世界の人間すべてが生まれながらにして人権を持って
いることを表明した初めての宣言である。しかし，法的拘束力がなか
ったために，1966年に国際人権規約が採択された。　　(2)　イギリスの
元首相であったチャーチルは，アメリカのフルトン市で，トルーマン
大統領の面前でこの演説を行った。鉄のカーテン演説は，戦後の東欧
へのソ連の勢力拡大を訴え，危機感を醸成しようとしたものであった。
これを受けて，翌年，トルーマン・ドクトリンが発表された。

(3)　ⅰ　ワルシャワ条約機構は，東側最大の軍事同盟である。1954年
にパリ協定で西独の独立，NATO加盟が実現されたことを契機として
結成された。1989年東欧革命後，1991年に解体された。　　ⅱ　地図上
の国名は，Aがイギリス，Bがノルウェー，Cがスイス，Dがオースト
リア，Eがルーマニアである。　　A　イギリスはNATO(北大西洋条約
機構)には加盟しているが，2020年にEU(ヨーロッパ連合)を離脱した。
B　ノルウェーもNATOには加盟しているが，国民投票で否決された
ためにEUには加盟していない。　　C　スイスは1815年のウィーン会議
で永世中立を認められており，NATOには加盟していない。ヨーロッ
パ自由貿易連合(EFTA)の加盟国ではあるが，EUへの加盟は国民投票
によって否決されている。　　D　オーストリアは，1955年，オースト

リア国家条約で永世中立国として独立しており，NATOには加盟していない。EUには加盟している。　(4)　i　1949年に東西ドイツの分断国家が成立して以降，西ドイツは，アデナウアー首相の下で「奇跡」と呼ばれた経済成長を実現したが，社会主義体制にあった東ドイツでは経済成長はままならず，冷戦の最前線にあって自由の制約も大きかった。　ii　チトーは，第二次世界大戦中のパルチザン闘争を戦い，ファシズムからの自力解放を実現した。ゆえに，戦後もソ連とは距離を置いた独自の社会主義建設を行った。マーシャル・プランを東欧で唯一受け入れたことなどがそれにあたる。　(5)　i　中距離核は英語で，Intermediate-range Nuclear Forces。中程度の射程距離や破壊力を持つ戦域核のことである。　ii　1985年にソ連共産党の書記長となったゴルバチョフは，新思考外交の下，西側との関係改善を進め，INF全廃条約を締結するとともに，国内ではペレストロイカを実施し，資本主義の市場原理を導入することで経済の立て直しを図った。　(6)　いわゆる「バルト三国」と総称されるこれらの国家は，第二次世界大戦中にスターリンによって併合されたが，1991年のソ連解体で真っ先に離脱した。当時は独立国家共同体が設立される前であったので，加盟していない。　(7)　マーストリヒトは，オランダの都市である。この条約では，経済統合を通貨統合まで高めること，政治統合を目指すことなどが決められた。　問2　(1)　i　米は高温多雨のモンスーンアジアで栽培され，多くは自給用である。生産量1位は中国で，人口が多いため輸出には回らず，輸入している。一方でインドは生産量2位で，自給率100％を達成し，輸出している。生産量5位はベトナム。インド，タイに次いで輸出国である。　ii　中国では人民公社の解体後，町のことを郷，村のことを鎮ということから，郷鎮企業という企業ができた。郷鎮企業には郷鎮すなわち町営，村営のほかに共同経営，個人経営のものもあって，中国の発展に大きく寄与した。　(2)　i　行程②では中国からトルコに移動している。宗教上の禁忌により豚肉を食さないのは，イスラーム信仰による。オスマン帝国は高大な領土を持ち，長く支配していたが，その料理は世界三大料理の1つにあげられる。

ii イスタンブールはボスポラス海峡を挟み，ヨーロッパ側とアジア側の市域を持つ。地中海性気候で，夏の降水量が少なく，温暖である2が該当する。1はサバナ気候，3は西岸海洋性気候，4は南半球の西岸海洋性気候または温暖湿潤気候，5は亜寒帯湿潤気候。　(3) ⅰ フランスの標準時子午線を東経15度とすると，日本との差は135−15＝120となり，時差は120÷15＝8より，8時間。フランスが8月16日正午のとき，日本は同日20時。それから翌日午前9時までは4＋9＝13。したがってフライト時間は13時間。日本時間の8月17日午前9時がフランスでは8月17日午前1時として，16日正午からの時間を考えても同じことである。　ⅱ 地球上をいつも基本的に変わりなく吹く風を恒常風という。亜熱帯高圧帯から熱帯低圧帯に向かって吹く風は貿易風，亜熱帯高圧帯から亜寒帯低圧帯に向かって吹く風は偏西風，極高圧帯から亜寒帯低圧帯に向かって吹く風は極東風という。偏西風の中でもより高度の高い地帯を吹く風を，ジェット気流という。航空機はジェット気流の影響を受けるため，一般に西行きよりも東行きの方が短時間で到着する。　問3 (1) 1 化石燃料とは，石炭，石油，天然ガスを指すため，1960年度の割合より2020年の割合の方が多い。　3 1970年度から2000年度まで，5年ごとにみると，石炭の割合は必ずしも減り続けてはいないし，天然ガスの割合は増加している。　(2) 日本のエネルギー政策は，輸入原料の依存脱却と二酸化炭素排出量削減を求め，原子力発電と再生可能エネルギーへの転換を推進していた。しかし東日本大震災による原子力発電所への甚大な被害により，原発の稼働はストップした。そのため，石炭と天然ガスの輸入が増大し，また太陽光発電の増加などがみられた。　問4 (1) 一般に消費税と呼ばれる税は，国税である消費税と地方消費税の総称である。　4 軽減税率は，税率が10％に改定された際に導入された。　(2) 累進課税に対し，低所得者ほど高い税率で課税することを逆進課税という。消費税の税率は納税者である消費者の所得には関係なく一律だが，所得に占める消費支出の割合が高い低所得者ほど，税負担の割合は高くなる。ゆえに，現在では飲食料品などを対象に軽減税率の制度が導入された。

地　理・歴　史

【日本史】

【1】問1　(1)　3　　(2)　2　　(3)　5　　(4)　5　　問2　(1)　4

(2)　2　　(3)　2　　問3　(1)　2　　(2)　3　　(3)　3

〈解説〉問1　(1)　造山古墳は岡山市にある前方後円墳で，5世紀前半の築造と推定。　　1　箸墓古墳は奈良県桜井市にある3世紀半ばから後半に築造された前方後円墳。　　2　岩戸山古墳は福岡県八女市にあり，6世紀前半の築造と推定。　　4　高松塚古墳は奈良県明日香村にある円墳。694〜710年の藤原京の時代に築造された終末期古墳で，石室の彩色壁画で知られる。　　5　竹原古墳は福岡県竹原市にある円墳で，6世紀後半の築造と推定され，石室の彩色壁画で知られる。　　(2)　1984〜85年，島根県斐川町(現・出雲市)の荒神谷遺跡から銅剣358本，銅矛16本，銅鐸6個が出土し，従来の近畿地方の銅鐸文化圏，瀬戸内中部の銅剣文化圏，九州北部の銅矛文化圏という，3つの青銅器文化圏というとらえ方に疑問が呈されることとなった。鉄剣は出土していない。(3)　ア　「倭の女王」(邪馬台国の卑弥呼)が中国の魏に朝貢したことを記す『魏志』倭人伝で239年。　　イ　倭の奴国の王が後漢の光武帝に朝貢したことを記す『後漢書』東夷伝で57年。　　ウ　『宋書』倭国伝に記された宋の順帝への倭王武の上表文で478年。　　エ　紀元前1世紀の倭の様子を記す『漢書』地理志。　　オ　607年の小野妹子らの遣隋使について記す『隋書』倭国伝。　　(4)　ア　阿倍内麻呂ではなく阿倍仲麻呂。阿倍内麻呂は645年の乙巳の変後に孝徳天皇が即位すると左大臣に任じられ，649年に没するまで大化改新の初期の政権の中枢を担った。　　エ　高麗ではなく新羅。菅原道真が遣唐使の停止を要請して容れられたのは894年で，高麗は918年に建国し，935年に新羅，翌936年に後百済を滅ぼして朝鮮半島を統一した。　　問2　(1)　史料は1401年に足利義満が明の建文帝に送った国書。義満は1394年に3代将軍を辞し，翌年には就任したばかりの太政大臣も辞していたので，「日本准三后」として国書を送った。「准三后」とは太皇太后・皇太

后・皇后に准じた待遇を受ける者という意味である。義満は1371年に今川了俊(貞世)を九州探題に任命した。1は6代将軍足利義教、2は初代将軍足利尊氏、3は8代将軍足利義政、5は足利基氏に関する説明である。　(2)　義満の死後の1411年、4代将軍足利義持は将軍が「日本国王」として明の皇帝に臣従し、貢物を贈る朝貢形式を嫌って、日明貿易を中止した。義持の死後の1432年、弟の6代将軍足利義教によって再開された。　(3)　蘇木とはインドやマレー半島に自生する蘇芳(スオウ)の木の心材で、染料のブラジリンや漢方薬として珍重され、飛鳥時代から輸入されていた。中国には自生していないので日明貿易の輸入品ではなく、主に琉球の中継貿易によって輸入され、その一部は明と朝鮮に輸出されていた。　問3　(1)　ア　坊の津(坊津)は薩摩半島にある古代からの港。鑑真は753年に帰国する遣唐使船に乗り、屋久島を経て坊の津に漂着した。　イ　博多は現在の福岡市。九州北部は古くから筑紫と呼ばれ、7世紀末に都から比較的近いこの地域は筑前国、遠い地域は筑後国となった。　ウ　敦賀は越前にある港町。江戸時代には西廻り航路で蝦夷地産の昆布などが敦賀まで運ばれ、陸路や琵琶湖の水運で京都・大坂に運ばれていた。　(2)　史料の『海国兵談』は1791年に林子平が刊行した海防論書。外国船の接近に備えて海防を強化する必要性を主張した。しかし翌1792年、幕府は子平を蟄居に処し、板木を没収した。同年にロシアの軍人で外交使節のラクスマンが大黒屋光太夫ら漂流民3名を伴って根室に来航した。1のフェートン号事件は1808年、2の異国船打払令は1825年、4のオランダ国王ウィレム2世の開国勧告は1844年、5のモリソン号事件は1837年の出来事である。(3)　1841年、大御所として権力を振るっていた11代将軍徳川家斉が没すると、老中水野忠邦は12代将軍徳川家慶のもとで天保の改革を始めた。3は天保の改革で実施された人返し令(人返しの法)の内容の説明として正しい。1の足高の制、2の小石川養生所の設置、4の目安箱の創設は享保の改革、5の七分積金は寛政の改革の政策である。

【2】問1　(1)　新貨条例　　(2)　横浜正金銀行　　(3)　3　　(4)　下関条約で得た賠償金で金が蓄積されたことを機に，金本位制を採用すれば，欧米諸国との資金調達の利便や貿易振興を図ることができる。また，朝鮮・中国等との貿易における金本位制国との競争では日本は地理的条件等で恵まれ，銀価格の下落による銀本位制国の輸出伸張も一時的なものであるため，その結果，日本の利益は大きくなると予測される。(160字)　　(5)　日米通商航海条約　　(6)　1，2　　(7)　6

問2　(1)　高野房太郎　　(2)　1，4　　(3)　賀川豊彦　　(4)　i　普通選挙制による最初の総選挙で非合法の日本共産党が公然と活動したため，日本共産党員に対する一斉検挙を行い，三・一五事件および四・一六事件が起こった。さらに，労働農民党や日本労働組合評議会に解散を命じた他，治安維持法を緊急勅令によって改正して最高刑を死刑にするなど厳罰化し，また特高警察を全国に設置して弾圧体制を整備した。(160字)　　ii　5　　(5)　自作農創設特別措置法

(6)　日本労働組合総評議会　　問3　(1)　パークス　　(2)　徳川斉昭

(3)　下田　　(4)　紀元節　　(5)　黒田清隆　　(6)　森有礼

(7)　山東　　(8)　大冶(ターイエ)鉄山　　(9)　加藤高明　　(10)　柳条湖事件　　(11)　満州(満洲)　　(12)　リットン　　(13)　ドッジ

(14)　ガリオア資金(占領地統治救済資金)　　(15)　松本清張

〈解説〉問1　(1)　明治政府は統一的な貨幣制度を確立するため，1871年に新貨条例を公布した。円・銭・厘の十進法を採用し，金本位制を建前としたが，アジア諸国は銀本位制だったこともあって銀貨を補助貨幣とし，実質的には金銀複本位制だった。　　(2)　1880年，国立銀行条例に基づき，貿易金融を目的とする横浜正金銀行が設立され，1887年には横浜正金銀行条例によって半官半民の特殊銀行となった。1900年には日本の金融機関として初めて満州に進出し，日露戦争後は満州開発のための中枢金融機関として発展し，大正時代には世界三大為替銀行の一つと称された。第二次世界大戦後は普通銀行の東京銀行となり，合併により現在は三菱UFJ銀行になっている。　　(3)　A　884～1886年平均，1898～1900年平均ともに輸出の第1位なので，幕末から昭和戦

前まで輸出品の1位だった生糸。　B　輸出の4位から輸入の3位となっているので米。人口の増加と産業革命の進展に伴う農業人口の減少が主な原因。　C　輸入の1位から輸出の2位となっているので，1890年代の軽工業における産業革命によって急発展した紡績業の製品である綿糸。　D　1898〜1900年平均の輸入の1位なので，原料を輸入に依存していた綿花。　(4)　貨幣価値を安定させて貿易の振興をはかるためには金本位制の採用が求められたが，金準備の不足で実施できなかった。しかし1895年に日清戦争の勝利によって巨額の賠償金が得られると，その一部を準備金として1897年に貨幣法が制定され，金本位制が採用された。松方正義首相兼蔵相は史料で，金本位制の採用によって欧米諸国との資金調達の利便や，銀価格の下落による銀本位制国の輸出伸長も一時的なものであるとして，日本の利益が大きいと説いている。　(5)　日清戦争直前の1894年に陸奥宗光外相によって結ばれた領事裁判権の撤廃や関税自主権の一部回復を定めた日英通商航海条約は，1899年に発効し有効期間は12年だった。そのため，関税自主権が完全に回復されたのは，同条約が期限切れとなる1911年に第2次桂太郎内閣の小村寿太郎外務大臣がアメリカ合衆国との間で結んだ日米通商航海条約によってであり，これ以降，他の欧米諸国とも同様の条約を結んだ。　(6)　第一次世界大戦の勃発は1914年，ヴェルサイユ(ベルサイユ)条約の調印は1919年。1の鞍山製鉄所の設立は1918年，2の全工業原動力中，馬力数において電力が蒸気力を超えたのは1917年のこと。3の重化学工業の生産額が全工業生産額の50％を超えたのは1938年，4のシーメンス事件は1914年の初め，5の日本の生糸輸出量が世界第一位となったのは1909年のことである。　(7)　第一次世界大戦後，大戦景気が終わり，輸出が減少して戦後恐慌が起こり，輸入超過が続いた。1930年には世界恐慌の影響と金輸出解禁による不況が相まって昭和恐慌に陥り，輸出・輸入ともに大きく落ち込んだが，1931年末からの高橋是清蔵相による金輸出再禁止と円の金兌換停止，金本位制離脱と管理通貨制度移行の結果，大幅な円安となって輸出に有利となったため，産業合理化を進めていた諸産業は輸出を大きく伸ばし，輸入

も増えた。　問2　(1)　長崎出身の高野房太郎は1886年に満17歳でアメリカに渡り，サンフランシスコ・シアトル・ニューヨークなどで働きながら労働問題・労働運動を学んで1896年に帰国した。翌1897年には，1890年に城常太郎・沢田半之助らとサンフランシスコで結成した同名の団体をもとに東京で職工義友会を結成，まもなく労働組合期成会に改組した。幹事長は高野，幹事には片山潜らが就任した。しかし，1900年に治安警察法が施行されると急速に衰退し，翌1901年に消滅した。　(2)　1は1900年に起きた第2次山県有朋内閣によって施行された治安警察法，4は1903年に農商務省が刊行した『職工事情』(全5巻)の説明。　2　工場法は1911年に制定されたが，施行されたのは1916年。3　日本初のストライキとされるのは1886年の山梨県甲府の雨宮製糸スト。天満紡績ストは1889年。　5　横山源之助の著書は『日本之下層社会』(1899年)。『女工哀史』は1925年に細井和喜蔵が著した。

(3)　神戸市出身の賀川豊彦はキリスト教に入信し，アメリカ留学から帰国後は労働運動に携わって友愛会に参加，1920年には自伝的小説『死線を越えて』を刊行した。1922年には日本初の小作人の全国組織として日本農民組合の創立大会が神戸市で開かれ，結成を主導した杉山元治郎が委員長に，賀川らが理事に選出された。日本農民組合はこのころ各地で頻発していた小作争議を指導して勢力を広げたが，1926年に右派の平野力三らが脱退して分裂した。　(4)　i　初の(男子)普通選挙となった1928年2月の衆議院議員総選挙で，無産政党が8議席を獲得した。うち2議席を獲得した労働農民党(労農党)は直後に行われた非合法の日本共産党の党員一斉検挙事件の三・一五事件で多くの共産党系活動家の存在が明らかになり，4月に解散を命じられた。田中義一内閣は同年に治安維持法を改正して最高刑を死刑とし，特高警察を全国に設置するなど弾圧体制を強め，翌1929年には四・一六事件で2度目の大規模検挙を行った。　ii　岡田啓介内閣が国体明徴声明を発したのは1935年であり，小作争議が6824件で1921〜40年で最多となっている。　1　関東大震災が起きたのは1923年。労働争議・小作争議とも前年より増えた。　2　日中戦争が勃発したのは1937年。翌1938年

は労働争議・小作争議とも前年より減少した。　3　五・一五事件は1932年。1934年の労働争議は前年より増加した。　4　日ソ基本条約の調印は1925年。翌1926年は労働争議・小作争議とも前年より増加した。　(5)　政府はGHQ(連合国最高司令官総司令部)の勧告に基づいて1946年10月に自作農創設特別措置法を制定し，翌1947〜50年に第2次農地改革を実施した。在村地主の保有限度を北海道のみ4町歩，その他の都府県は1町歩に制限し，これを超える分は国が強制的に買い上げて小作人に安く売り渡すというもので，その結果，1950年には約90％が自作地となった。　(6)　1950年，日本共産党が指導する産別会議に反対する組合の全国組織として，GHQの指導のもとに日本労働組合総評議会(総評)が結成された。当初の親米路線から次第に反米路線へと左傾し，平和運動でも活動，日本社会党の主要支持基盤として55年体制を支えたが，1989年に解散し，日本労働組合総連合会(連合)に合流した。　問3　(1)　1865年の時点で，フランス公使ロッシュが江戸幕府を支持して財政・軍事的援助を続けたのに対し，オールコックの後任としてイギリス公使に着任したパークスは天皇を中心とする雄藩連合政権の樹立を期待して，薩摩藩・長州藩を支持した。　(2)　水戸藩主の徳川斉昭は天保の藩政改革を進めたが，1844年にその急進的手法を幕府に咎められて隠居・謹慎を命じられた。1849年に謹慎を解かれて以降は藩政に深く関与し，1853年には幕府の海防参与に任じられた。1858年，将軍継嗣問題で一橋派として実子の一橋慶喜を推したが徳川慶福(家茂)を推す南紀派に敗れ，翌1859年には安政の大獄に連座して永蟄居となり，翌年に没した。　(3)　1854年，ペリーと幕府との間で日米和親条約が結ばれ，日本は開国した。その内容は下田・箱館の2港を開き，アメリカ船に石炭や水・食料を供給すること，難破船や乗組員を救助すること，アメリカに対して片務的な最恵国待遇を認めるなどだった。1858年，日米修好通商条約に基づいて神奈川(実際には横浜)が開港され，半年後に下田は閉港された。　(4)　1873年3月の太政官布告によって，『日本書紀』に記されている，初代天皇の神武天皇が即位したとされる「辛酉年正月朔」を西暦に換算して紀元前

660年2月11日とし，この日を紀元節として祝日にした。1889年の紀元節に大日本帝国憲法が発布されたのをきっかけに，学校教育や国民生活に浸透していった。1948年に廃止されたが，1966年に建国記念の日として復活した。　(5)　1889年，大日本帝国憲法発布時の内閣総理大臣は，初代内閣総理大臣伊藤博文(在任1885〜88年)に次ぐ2代目の黒田清隆(在任1888〜89年)。同年10月，大隈重信外相が爆弾テロで重傷を負い，黒田内閣は総辞職した。黒田は薩摩藩出身で，1881年に開拓使官有物払下げ事件を起こした開拓使長官としても知られる。

(6)　1885年，内閣制度が創設され，薩摩藩出身の森有礼が初代文部大臣に就任した。翌1886年にはいわゆる学校令を公布して学校体系を整備するなどの政策を進め，黒田内閣でも留任したが，明六社出身で欧化主義的な姿勢が国粋主義者たちに警戒され，憲法発布の日に刺されて，翌日に死去した。　(7)　「日本がドイツから奪った膠州の租借地」とあるので山東(省)。第一次世界大戦中の1915年，第2次大隈重信内閣はヨーロッパ列強が中国に目を向ける余裕がない隙をつき，中国に対してドイツが山東省に持っていた権益を引き継ぐことなど二十一カ条の要求を行い，そのほとんどを認めさせた。1919年のヴェルサイユ条約によって日本の山東権益継承が認められたが，1922年のワシントン会議での九ヵ国条約に関連する山東懸案解決条約によって中国に返還された。　(8)　二十一カ条の要求の第三号第一条で，日本は1908年に日本が巨額の借款を供与して設立された，漢陽製鉄所・大冶鉄山・萍郷炭鉱からなる製鉄会社の漢冶萍公司を日中合弁にするよう要求した。合弁化には失敗したものの実質的に支配し，漢冶萍公司は製鉄会社としては十分に機能できず，大冶鉄山産の鉄鉱石を八幡製鉄所などに供給する役割を担わされた。　(9)　第2次大隈重信内閣の外務大臣は加藤高明。外交官の出身で，日英同盟を理由とした第一次世界大戦への参戦や二十一カ条の要求を主導した。その後は憲政会の総裁となって政権の獲得をめざし，1924年の第二次護憲運動で清浦奎吾内閣を衆議院解散，総選挙に追い込み，憲政会などの護憲三派が圧勝して加藤高明内閣が生まれ，病死する1926年まで首相を務めた。　(10)

1931年9月18日，中国東北地方(満州)に駐留していた日本軍が奉天(現在の瀋陽)郊外の柳条湖で日本が所有していた南満州鉄道(満鉄)の線路を爆破した。この出来事を柳条湖事件という。日本軍はこれを中国軍の仕業として軍事行動を開始した(満州事変)。 (11) 満州事変によって東北地方の大半を占領した日本軍は，翌1932年1月には第1次上海事変を起こし，3月には清朝最後の皇帝溥儀を執政(元首)とする傀儡国家の満州国を建国させた。犬養毅首相は満州国の承認に慎重だったため，五・一五事件で海軍の青年将校らに暗殺された。次の斎藤実内閣は9月に日満議定書を交わし，満州国を承認した。 (12) 1933年，国際連盟が派遣したイギリスのリットン卿を団長とするリットン調査団の報告書が満州国の独立を認めず，これが総会で採択されると，日本は国際連盟に脱退を通告した。報告書では日本の軍事行動を正当な自衛行動と認めず，満州国は満州在住の中国人の自発的な意志で成立したものとする日本側の主張も否定した。しかし一方で，満州における日本の経済的利益を認めて中国に配慮を求めるなど，日本に対してかなり妥協的，融和的な側面もあった。 (13) 第二次世界大戦後，インフレが進行したため，1948年12月にGHQは第2次吉田茂内閣に対して経済安定九原則の実行を指令した。翌1949年2月にはデトロイト銀行頭取のドッジが特別公使として来日し，史料Ⅴ中のドッジ声明で「竹馬の足を縮める」と比喩した超均衡予算の編成による支出の大幅削減，輸出振興のため1ドル＝360円の単一為替レート設定など，ドッジ＝ラインと呼ばれる一連の経済安定化計画を提示した。 (14) 第二次世界大戦後，アメリカが日本・ドイツ・オーストリア・韓国などの占領地に供給した食糧などのために政府予算から支出した資金をGovernment Appropriation for Relief in Occupied Areas Fundといい，その頭文字をとってガリオア資金と呼ばれ，占領地統治救済資金などと訳される。供与ではなく貸与で，これをもとに小麦(粉)・とうもろこしなどの食糧が購入された。 (15) 1947年7月，日本国有鉄道(国鉄)総裁下山定則が行方不明となり，東京都足立区綾瀬の常磐線の線路で，轢死体で発見された下山事件が起こった。ドッジ＝ラインにより深刻

なデフレに陥り，折からの人員整理も重なって，失業者が増大して労働運動が激化した結果，1949年夏に発生した国鉄労組に関わる，三鷹事件・松川事件と並ぶ三大事件の一つである。1960年，作家の松本清張は『文藝春秋』に連載した『日本の黒い霧』でこの事件を取り上げた。

【世界史】

【１】(1)　1　　(2)　5　　(3)　3　　(4)　2　　(5)　4　　(6)　2
　　　(7)　4　　(8)　5　　(9)　2　　(10)　4

〈解説〉(1)　2　募兵制を採用し節度使を配置したのは，玄宗である。3　澶淵の盟では，宋が遼に銀や絹などの歳幣をおくることとなった。4　班超を西域都護に任じたのは，後漢の和帝である。　5　モンゴル・青海・チベット・新疆は清朝の藩部である。　(2)　地丁銀制では，丁税が地税に組み込まれて，税の対象が土地に一本化された。1712年の成人男子を盛世滋生人丁とし，それ以降に成人する男子については丁税を課さないこととし，徐々に丁税を廃止していった。　(3)　ニュージーランドが1873年で，最も早い。現在も女性のアーダーン首相を擁し，ジェンダー平等指数も世界で上位である。第一次世界大戦は総力戦として戦われ，戦後の女性参政権実現の契機となった。イギリスが第4回選挙法改正で1918年。アメリカが1920年。フランスは1945年。(4)　ナポレオンの戴冠式は，ノートル・ダム大聖堂で行われた。ローマ皇帝の戴冠式は皇帝の保護者である教皇によって行われるので，もともとは戴冠される皇帝がローマに赴いて行われていた。　(5)　対ソ干渉戦争中のソ連の経済政策は，戦時共産主義である。穀物強制徴発制度によって，栽培した穀物は一旦すべて国家に接収され，必要に応じて分配された。重要産業はすべて国有化され，貨幣も廃止された。その結果，生産力が半減したために，干渉戦争がほぼ終結した1921年，新経済政策が導入され，資本主義の市場原理を導入して経済再建が図られた。　(6)　1265年にイギリスで身分制議会を招集したのは，貴族のシモン・ド・モンフォールである。ヘンリ3世がマグナ・カルタを

無視したために招集された。イギリスでは，王権に対抗することで，議会が発展していった。　(7)　謝罪したのは，皇帝ハインリヒ4世である。神聖ローマ帝国では，帝国教会政策の下で皇帝が聖職者の叙任権を握っていた。その結果，聖職者の腐敗が進み，グレゴリウス7世は叙任権を取り戻そうとしたが，ハインリヒ4世が従わなかったために破門した。この措置によって諸侯らが皇帝から離反したために，ハインリヒ4世は謝罪に追い込まれた。これが1077年のカノッサの屈辱である。　(8)　A　メキシコでは，ドローレス村の司祭イダルゴの呼びかけでメスティーソらが蜂起し，独立運動が開始された。　C　フランス領サン＝ドマングには砂糖のプランテーションが広がり，多くの黒人奴隷がいた。本国でフランス革命が起きるとその思想はこの地にも広がり，黒人のトゥサン＝ルヴェルチュールを指導者として独立運動が起こった。　D　アルゼンチンの独立を指導したのは，クリオーリョのサン＝マルティンである。　(9)　ウ　トマス＝ペインの『コモン＝センス』では，植民地の経済的自立が可能であることが語られ，これがベスト・セラーとなり，独立への機運が高揚した。　エ　第2回ポーランド分割に抵抗した愛国者コシューシコは，義勇兵として植民地側で参戦した。ナショナリズムに共感して植民地側に参戦した人物には，他にフランスのラファイエットなどがいる。　(10)　清仏戦争を経て1887年にフランス領インドシナ連邦が形成されたときにはベトナムとカンボジアであったが，のちにラオスが加わった。

【2】(1)　①　(ア)　唯一絶対神を信じるキリスト教徒は皇帝礼拝を拒み，国家祭儀に参加しなかったため，反社会集団とみなされ迫害された。(イ)　ディオクレティアヌス　(ウ)　カタコンベ　②　・官僚制を整備した。　　・軍備を増強した。　　・ソリドゥス金貨を発行し，通貨制度を立て直した。　　・税収確保のために，コロヌスを土地に拘束したり，身分や職業の固定化を推進した。　　・コンスタンティノープルを建設し，遷都を行った。　③　父なる神と子たるイエスを同一とするアタナシウス派が正統とされ，イエスの人性を強調する

アリウス派は異端とされた。　④　テオドシウス　(2)　①　南部では，奴隷の労働力に支えられた大規模綿花栽培のプランテーションが産業に中心だったため。　②　(ア)　ミズーリ協定　(イ)　1820年　(ウ)　年…1854年　説明…自由州となるか奴隷州となるかは住民投票で決定するとした法　③　ホームステッド法

④　(ア)　ジェファソン＝デヴィス　④　(イ)　ケンタッキー，デラウェア，メリーランド，ミズーリ　⑤　リッチモンド

(3)　①　(ア)　アショーカ王　(イ)　パータリプトラ　②　カニシカ王　③　文学面では，サンスクリット文学が栄え，カーリダーサなどの詩人が活躍した。二大叙事詩「マハーバーラタ」「ラーマーヤナ」もこの時代に今日の形にまとめられた。仏教面では，各地の僧院を中心に教学研究が盛んに行われ，特にナーランダー僧院は，インドにおける仏教教学のセンターとなった。学問面では，ゼロの概念や，十進法による数学の表記法が発明され，これらは後にイスラーム世界を通して，ヨーロッパへと伝わった。美術面では，アジャンター石窟寺院の壁画などに見られるように，純インド的な表情を持つグプタ様式が成立した。　④　(ア)　玄奘　(イ)　大唐西域記

(4)　①　イブン＝ハルドゥーン　②　イブン＝ルシュド　③　イブン＝シーナー　④　イブン＝バットゥータ　(ア)　歴史序説(世界史序説)　(イ)　医学典範　(ウ)　旅行記(三大陸周遊記)

〈解説〉(1)　①　(ア)　ローマでは，オリンポスの12神を初めとする様々な神々が信仰されていた。国家の祭儀ではそれらの神々を讃える儀式が行われたために，一神教徒であるキリスト教徒はこれに参加しなかった。　(イ)　ディオクレティアヌス帝は，軍人皇帝時代の混乱を終結し，皇帝権を強化するために，ドミナートゥス(専制君主制)を採用し，皇帝崇拝を強要した。一神教徒としてこれを拒否したキリスト教徒は，そのために弾圧された。　(ウ)　キリスト教徒は，国家当局の弾圧を逃れ，秘密裡に地下墓所に集まって集会や礼拝を行った。

②　コンスタンティヌスは，ディオクレティアヌスを継承して，ドミナートゥスを確立して皇帝権を強化しようと努めた。そのための具体

的な施策が解答にある事柄である。コンスタンティノープルへの遷都は，元老院の影響力を排除するためのものである。　③　ローマ教会が正統とするアタナシウス派の説は，三位一体説という。イエスについて，三位一体の神であることを認める考え方である。　④　392年，テオドシウス帝は，キリスト教以外の異教の信仰を禁止した。これをもって，ローマはキリスト教を国教としたことになる。コンスタンティヌス帝のミラノ勅令は，他の信仰と同じく，キリスト教の信仰を認めたものである。　(2)　①「綿花は王者」と言われ，南部の産業を支えていた綿花プランテーションでは，奴隷の労働が不可欠であった。これに対して工業化を指向していた北部は，自由な労働力を求めていた。　②　(ア)　この頃のアメリカの西部では，白人による入植が進み，一定数の人口に到達した地域は，州や準州として認定された。それに伴い，それらの新州を奴隷州とするか自由州とするかで南北の対立が強まっていった。ミズーリ州は北緯36度30分以北の州であるが，これについては奴隷州とした。しかし，今後これより北に奴隷州を作らないという協定が締結されたことにより，奴隷制拡大に歯止めがかけられた。　(イ)　近い年号としては，1819年のフロリダ買収や1823年のモンロー宣言があり，モンロー大統領の時代である。アメリカが領土拡大を基礎に国際的地位を上昇させていった時代と言うことができる。　(ウ)　この法律が制定され，ミズーリ協定が撤廃されたことにより，奴隷制拡大の歯止めが外されたということができる。そこで，奴隷制に反対する人々は，同年，共和党を結成した。　③　南北戦争を開始したリンカンは，この法律を制定したことで，西部の白人自作農の支持を獲得した。さらに，翌年奴隷解放宣言を出すと，黒人奴隷がプランテーションから脱出して北軍に加わり，戦いに勝利した。④　(ア)　アメリカ連合国の首都は，ヴァージニアのリッチモンドである。大統領と首都を置き，独立国として南北戦争に臨んだ。一方，北部のリンカンはこれを独立国として認めず，南北戦争を「内戦」としてとらえている。　(イ)　これらを境界州という。ちょうど南北の境界上に位置する4州である。これらの地域では，正規軍による戦い

ではなく，ゲリラ戦が多発し，暗殺などが横行した。　⑤　当初はモンゴメリーであったが，ヴァージニアがアメリカ連合国に加わると，合衆国の首都ワシントンに距離的に近いこともあり，戦略上重要な都市であるため，首都が移された。　(3)　①　(ア)　アショーカ王は，インドの南端を除くほぼ全土を統一し，仏教を保護して法(ダルマ)にもとづく統治を行った。各地に仏塔(ストゥーパ)や磨崖碑・石柱碑を建てている。　(イ)　ガンジス川中流域の都市である。マガダ国があった場所である。マガダ国のナンダ朝をクーデタによって倒したのが，マウリヤ朝の創始者であるチャンドラグプタである。　②　アショーカ王と同様に仏教を保護した。クシャーナ朝では大乗仏教の教義が整えられ，ガンダーラ美術が栄え，ギリシア風の仏像が作製された。③　グプタ朝期には，インド古典文化が完成したと言われる。ヒンドゥー教が広がり，ヴァルナ制度が『マヌ法典』によって確立された。文化面でもインド古典文化が集大成された形である。サンスクリット語はバラモンの言語であるし，仏教美術がクシャーナ朝期のギリシア様式に変わって純インド的なグプタ様式になったことにも注目したい。　④　(ア)　インドを訪問した中国僧侶は，グプタ朝期に法顕，ヴァルダナ朝期に玄奘である。義浄が訪れた頃には，すでにヴァルダナ朝が衰退し，ラージプート時代と呼ばれる分裂時代に入っていた。(イ)　玄奘は，唐の二代目太宗の保護を受けてインドに向かった。往路も復路もともに陸路を利用し，その旅行記からは，当時の西域の様子を伺うことができる。『西遊記』の三蔵法師のモデルとされている僧侶である。　(4)　①　「都市と遊牧民との関係を中心に循環的な歴史理論を概説」という表記から，歴史を単なる事実の集積ではなく，独自の歴史観のもとに描いたことがうかがわれる。それゆえ，「イスラーム最大の歴史家」と評されている。　②　12世紀においては，ヨーロッパにアリストテレス哲学が逆輸入された。その担い手の多くはコルドバやトレドなどのイベリア半島の都市やシチリア島で活躍した。ヨーロッパ史では「12世紀ルネサンス」という。イブン＝ルシュドはその担い手のひとりである。　③　イスラーム世界は，当時，医学を

初めとする自然科学の先進的な地域であった。イブン=シーナーの著書は，ヨーロッパでは大学の教科書となった。　④　モロッコのウラマーであるイブン=バットゥーンは，アフリカを訪れ，マリ王国の首都トンブクトゥを「黄金の都」と表現した。また，元末の中国を訪れたことも記されている。　(ア)　イブン・ハルドゥーンの博識の高さは広く知られ，征服活動を展開中のティムールに求められ，謁見したこともあった。　(イ)　挿絵として細密画(ミニアテュール)が描かれた。この書によると，すでにこの当時，イスラーム世界では帝王切開が行われているなど非常に医学が進んでいたことがわかる。　(ウ)　正式名称は『諸都市の新奇さと旅の驚異に関する観察者たちへの贈物』である。1325年モロッコからメッカ巡礼の旅に出発し，東アフリカ，シリア，中央アジア，アナトリア，インドを経て中国を訪れた。さらに，いったん帰郷し，スペインとサハラ以南のアフリカ地域も訪れた。

【地理】

【１】(1)　2　　(2)　5　　(3)　1　　(4)　4　　(5)　2　　(6)　1
　　　(7)　3　　(8)　4　　(9)　2　　(10)　5

〈解説〉(1)　対蹠点は，地球の中心にある点に対して，真反対にある点のことをいい，ある点の緯度の数値に対して北緯と南緯を入れ替え，経度の数値は180から減算して東経と西経を入れ替えれば求められる。ロンドンは東経も西経も0度であるから，対蹠点は東経180度＝西経180度の線上で，かつ南緯50度付近にあたる。オーストラリア大陸とタスマニア島との間が南緯40度なので，2が該当する。　(2)　北緯90度とは，北極点のこと。北極点は点であるから，経度1度の長さなど存在しない。答えは0である。経線は，北極点と南極点を結ぶ無数の線である。経線の長さはいずれも同じ。また，赤道上の経度1度に対する弧の長さは，1周を4万kmとすると，40000÷360より111.1kmとなる。　(3)　1月より7月の気温が高いので，北半球の都市であることがわかる。最低気温が0度で冬が寒く，降水が少ない。夏の気温も20度未満で，降水量は150mm程度であることから，一般的なケッペンの気

候区分とは異なる高山気候であると判断する。選択肢の中では，ボリビアのラパスとペルーのクスコは南半球。メキシコシティは標高2309m。エチオピアのアディスアベバは2354mで，いずれも高山気候だがここまで低温にはならない。中国のチベット自治区の区都ラサは北緯29度で冬に気温が下がり，標高3650mと最も高い。　(4)　1は竹林，2笹地で，記号がよく似ているため間違いやすい。　3　広葉樹林はシイ，カシ，ナラ，ブナなど一般的によく目にする樹木で，常緑樹と落葉樹がある。　4　ハイマツ地は，ハイマツというマツの種類。樹高が低く，本州では2000m以上，北海道では800m以上の山地で見られるものである。　5　針葉樹林はマツ，スギなど比較的冷涼な地域で多い。　(5)　年平均蒸発量が年平均降水量を上回るということは，乾燥気候であることを示す。北緯0度から10度は赤道低圧帯下で太陽の日射による上昇気流のために降水量が非常に多い地域である。北緯20度から30度は中緯度高圧帯下で，年中降水量が少ない乾燥気候である。北緯40度から50度は高緯度低圧帯下で偏西風の影響で温暖で，降水がある。北緯60度から70度は寒帯前線の影響で多くはないが降水があり，低温なために蒸発量は多くない。北緯80度から90度は極高圧帯下で降水は少ないが，蒸発量も多くはない。　(6)　よい漁場とは，栄養豊富で，暖流と寒流の出合う潮目があること，湧昇流のあること，などである。また大陸棚やより浅いバンク(浅堆)もよい。世界三大漁場とは，太平洋北西部，大西洋北東部，大西洋北西部を指す。

(7)　まぐろ，かつおは暖かい海に住む暖海魚，さけ・ます，たら，にしんは寒い海に住む寒海魚である。いわし類，かつお類，たら類，まぐろ類の4種の漁獲量が多いアに該当するのは宮城県。宮城県は親潮と黒潮のぶつかる潮目に近く，石巻，気仙沼などの漁港がある。東京都では伊豆・小笠原諸島海域でかつおやまぐろの漁獲が盛んである。

(8)　国際連合食糧農業機関は，Food and Agriculture Organization of the United Nationsという。第二次世界大戦後の1945年10月設立，ローマに本部をおいた。日本が加盟したのは1950年のこと。UNEPは国連環境計画のことで，1972年設立，本部はケニアの首都ナイロビ。　(9)　日

本にとって最大の貿易相手国は，輸出・輸入共に中国で，日本は輸入超過である。次に大きな輸出相手国5はアメリカ合衆国で，日本の輸出超過。貿易規模の大きい3は韓国。輸入額が大きい4はオーストラリアで，液化天然ガス，石炭，鉄鉱石，銅鉱などの資源を輸入している。原油の輸入で日本が大きく輸入超過の1はアラブ首長国連邦，残る2がドイツ。　(10)　モータリゼーションとは車社会化のことで，公共交通機関から自動車の利用が増えることを意味する。自家用車から公共交通機関，貨物のトラックから鉄道，海運へと変えることはモーダルシフトという。

【2】問1　(1)　地理情報システム　　(2)　(i)　等角航路は，進行方向を一定の方位角に保つ航路であり，メルカトル図法上では直線で表される。大圏航路は，地球表面上の2点を結ぶ最短距離となる航路であり，メルカトル図法上ではほとんどの場合曲線で表される。　　(ii)　マルティン＝ベハイム　　(3)　(i)　5　　(ii)　(a)　条里制　　(b)　人工の堤防によって流路を固定された結果，堤防内に多量の砂礫が堆積して，河床が周囲の平野面より高くなってしまった河川である。　　(c)　土器川は，河口付近まで河道が急勾配であり，河川の長さも短いため，雨が降ってもすぐに海へ流れてしまうことと，瀬戸内の気候は年間を通して降水量が少ないことから，不足しがちな水を確保するために図2中にため池がみられる。　　(iii)　ビュート　　(iv)　塩田　　問2　(1)　ホットスポット　　(2)　ギャオ　　(3)　アフリカ大地溝帯は地下からのマントルの上昇により，プレートが東西に引き裂かれ，マントルの一部がマグマとなって噴出するため。　　(4)　1, 2　問3　(1)　a　カラコルム(山脈)　　b　ヒマラヤ(山脈)　　c　デカン(高原)　　d　ベンガル(湾)　　e　大インド(タール)(砂漠)　　f　インダス(川)　　g　ガンジス(ガンガー)(川)　　(2)　ウルドゥー語　(3)　原油を輸入して石油製品を輸出していること，ダイヤモンドを輸出入していることから，外国から原材料等を輸入し，これを国内で加工して製品をつくり，製品を輸出する加工貿易を行っている。

(4) 5 (5) 1, 5 (6) (お)の国の国土の大部分は, 複数の大河川の沖積作用によって形成された三角州(デルタ)で低平地である。かつ, 雨季にモンスーンの影響を受けて降水量が増えること, 暴風雨を伴うサイクロンによる高潮が要因となり, 洪水等の水害が発生する。

(7) 貧困層や低所得層を対象として, 使途は起業や就労で所得を創出することに限定して行われている無担保の小口融資のことである。

〈解説〉問1 (1) 地図が電子化されたことで, 情報を地図に重ね合わせて表示することができるようになっている。それを活用することによって分析・管理・理解することを, 地理情報システム(GIS)という。GISはGeographic Information Systemのこと。道路, 商業施設, 標高, 土地利用などで, 観光地図やハザードマップなどに利用されている。

(2) (i) 等角航路は, 船舶が経線や緯線に対し同じ角度で進行する航路のことで, 大圏航路は2地点間の最短距離のこと。メルカトル図法は経線と緯線がいずれも直線で直行していることから, 等角航路を直線で表すことができ, 航海図に適しているが, それは最短距離ではない。メルカトル図法における大圏航路は北半球では北に膨らんだ曲線となり, 南半球では逆になる。 (ii) 地球を平面に表すためには, どの図法を使用しても, 角度, 方位, 面積, 形などの情報の中ですべてを表すことはできない。一方, 地球儀は球体の地球を収縮したものであり, ひずみを少なく表すことができる。ドイツのマルティン=ベハイムは, 1492年に初めて地球儀を製作した。大きさは直径50cmで, まだヨーロッパ人は南北アメリカを「発見」しておらず, プトレマイオスの地図に基づいていた。 (3) (i) 1 冬季の気温が5度以上あることと, 梅雨と秋の台風の降水量が多いことから太平洋岸で夏の季節風の影響を受ける神奈川県横浜市。 2 最低気温が15度以上あることから, 沖縄県那覇市。 3 冬季の降水量が多いことから, 新潟市。4 1月の平均気温が−3度近いので, 亜寒帯気候の北海道札幌市。5 全体的に降水量が少なく, 冬季の気温が高いことから温暖少雨の日本の地中海性気候にあてはまる高松市。 (ii) (a) 図2中の道路は直線で, 正方形の区画を作って直交していることがわかる。これは班

田収授法のために形成された条里制の地割りである。近畿地方に多いが，九州や東北地方にも残る。善通寺は夏高温で少雨のため各所にため池があるが，これも条里制の影響で四角いものが多い。　(b)　讃岐山脈から南へ流れる土器川は，山地からの急流で多くの砂礫を運搬し，平地に近づくと扇状地を形成し，川底に砂礫が堆積する。そのため，河床が後背湿地よりも高くなるため，洪水を防ぐ堤防の高さも高くなって，次第に周囲より高い天井川となる。天井川では，川の下にトンネルを作って道路や線路を作ることもある。　(c)　新期造山帯の島国である日本の河川は，概して短く急流で，河床勾配が大きい。信濃川や利根川の上流は勾配が急だが，中流から下流にかけては次第にゆるやかな流れになっているのに対し，土器川は短く，流れが急で水の利用が難しい。また夏高温で少雨の瀬戸内気候のため，降水量が少ない上に河川の水を利用して灌漑をすることは難しく，ため池の整備が必須であった。　(iii)　硬い岩盤の層が侵食されずに残ったものがメサで，さらに侵食が進んで塔状あるいは孤立丘となったものをビュートという。図4は善通寺市を流れる土器川の右岸にある飯野山，通称讃岐富士。地殻変動によって形成された山とは成因が異なっている。

(iv)　海岸に人工的に築かれた長方形の土地は，海水を天日によって乾燥させて製塩する塩田である。夏の降水量が少なく高温であることを生かし，瀬戸内では各地で行われていたが，天候に左右されることや機械化，衛生面などから，いわゆる本来の塩田は日本では全廃されており，地図記号も廃止された。　問2　(1)　ハワイ諸島はプレートの境界ではないのに，火山活動が盛んである。これは，地下からマグマが供給されるホットスポット上の島であることによる。ホットスポットは位置が固定されているが，できた島はプレートの移動に伴って動くため，太平洋プレート上のハワイ諸島は北西に移動しており，最も古い島は既に海底に沈んでいる。　(2)　プレートの境界のなかで，新たにプレートが作られる場所を広がる境界といい，海底で海嶺が形成されていることが多い。アイスランドは，大西洋中央海嶺が海面に現れた場所に位置し，ユーラシアプレートと北アメリカプレートが東

西に分かれていくことによって島内では火山活動が活発である。この
エネルギーによって地熱発電が盛んであるが，地震や噴火も多い。

(3)　アフリカ大陸はアフリカプレートの上に位置し，プレートの境界
はないとされているが，死海〜紅海〜エチオピア高原〜タンガニーカ
湖〜マラウイ湖のライン上に裂け目が生じており，これをアフリカ大
地溝帯という。この地溝に沿って大陸が東西に分離していくと考えら
れている。　(4)　北海道の摩周湖と青森県の十和田湖は，火山活動に
よるカルデラ湖。島根県の宍道湖と中海は，元は海だったところが陸
地化した海跡湖。北海道のサロマ湖は砂嘴ができて作られた潟湖。琵
琶湖は断層湖。　問3　(1)　南アジアの代表的な地名。ヒマラヤ山脈
はネパールとブータンの北部に位置し，その北西にあるのがカラコル
ム山脈。その北には世界の屋根パミール高原とチベット高原がある。
インド半島の大半はデカン高原で，東がベンガル湾，西がアラビア海。
パキスタンを流れる河川はインダス川で，インドとの国境には大イン
ド(タール)砂漠がある。インダス川の河口はほぼ北回帰線。インドの
東部を流れるのはガンジス川(ガンガー)。ヒマラヤ山脈をぐるりと回
り込むようにして流れるブラマプトラ川と共に河口に広大な三角州を
形成している。インド半島南端にある島はセイロン島で，スリランカ。

(2)　パキスタンの国語はウルドゥー語で，公用語は英語である。イン
ド・ヨーロッパ語族にはゲルマン語派，ラテン語派，スラブ語派とと
もにインド・イラン語派も含まれることは確認しておきたい。

(3)　インドでは，計画経済下での輸入代替型工業政策から自由化に転
じ，多くの工業製品を輸出する国となった。原油，石炭といった資源
のほかにダイヤモンドの輸入が特徴的で，西部のスーラトで加工して
輸出している。粗鋼，自動車の生産も多く，BRICSの1国として貿易額
を増やしている。　(4)　スリランカは，インドで起こった仏教が伝来
し，信者が多い。約7割が仏教徒だが，イギリス統治時にプランテー
ション労働者として南インドから多くの労働者が連れてこられたた
め，ヒンドゥー教徒も多い。このことが独立後に長い内戦の原因とな
った。　(5)　1　サガルマータはネパール語でエベレストのこと。

2 西ガーツ山脈はインド半島西部に位置する。 3 アジャンター石窟群はインド北西部にある仏教遺跡。 4 タージ・マハルもインドのアグラにある，ムガル帝国皇帝の妃の墓として建造された美しい建物。 5 仏陀の生誕地ルンビニはネパールにおける仏教の聖地の1つ。 6 モヘンジョダロの遺跡群はパキスタンにあるインダス文明の遺跡。 (6) バングラデシュは，ガンジス川とブラマプトラ川の河口に位置し，国土が低湿で洪水の被害が多い。図8と図9から，気温が高く降水量の多い夏に洪水の被害が多いことがわかる。南アジアでは夏に南西季節風が卓越し，ベンガル湾で湿度を帯びて多雨となること，低気圧によって海水が引き寄せられる現象である高潮が起きることが洪水の原因となっている。 (7) 一般的に融資を受けるには借金の抵当となる担保が必要だが，貧困層には担保がなく，融資を受けることができなかった。グラミン銀行は，生活や零細企業の運営のために使途を限定し，グループによる無担保の小口融資を行って，貧困からの脱却を図る手助けとなった。グラミン銀行は2006年にノーベル平和賞を受賞している。

公 民 科

【共通問題】

【1】問1 (1) 4　(2) 4　(3) 3　(4) 3　(5) 5
問2 (1) 5　(2) 2　(3) 2　(4) 3　(5) 4

〈解説〉問1 (1) 憲法第29条の2項には「財産権の内容は，公共の福祉に適合するやうに，法律でこれを定める」とある。なお，憲法第24条の2項には家庭生活における「個人の尊厳」と両性の本質的平等が定められている。 (2) 臨時国会ではなく，特別国会に関する記述である。臨時国会は通常国会の閉会後，必要に応じて臨時に召集される国会のこと。内閣の判断で召集されるが，国会のいずれかの議院の総議員の4分の1以上の要求があれば，召集されることになっている。 (3) 三位一体改革の一環として，所得税の減税と住民税の増税などが行わ

れた。　1　機関委任事務は廃止された。　2　介護保険サービスは自治事務。　4　地方債の発行は認められている。　5　地方交付税は地方公共団体間の財政力格差の緩和のために交付されるもので，使途は特定されない。　(4)　好況時には有効需要が拡大し，不況時には縮小している。ゆえに，経済の安定化のためには，好況時には公共事業を減少させ，不況時には増加させる。　(5)　関税，法人税は国税，住民税は地方税である。また，たばこ税には，国税としてのたばこ税(国たばこ税)と，地方税である道府県たばこ税，市町村たばこ税がある。

問2　(1)　1は反動形成，2は退行，3は投影(投射)，4は抑圧に関する説明である。これらの他，防衛機制の例としては，合理化や同一視などがある。　(2)　プロタゴラスに関する記述である。プロタゴラスは若者に弁論術を教える代表的ソフィストとして，「人間は万物の尺度である」とし，相対主義を唱えた。ゴルギアスも相対主義を唱えたソフィストだが，彼が唱えたのは懐疑論的な相対主義である。　(3)　ア　人々が相互に尊重し，協調しあうことが重要ということ。　イ　仏・法・僧を三宝とした。　ウ　礼儀は秩序維持の基本であり，役人は礼儀を大切しなければならないということ。　エ　凡夫とは煩悩に惑わされる普通の人間のこと。　(4)　中江兆民は，ルソーの『社会契約論』を『民約訳解』の書名で刊行し，ルソーの思想をわが国に紹介したことから「東洋のルソー」と呼ばれた。　1　独立自尊を唱えた。　2　哲学などの用語を翻訳した。　4　明六社の結成者。
5　私擬憲法である東洋大日本国国憲按の起草者。　(5)　人間はアンガジュマン(社会参加)によって自己の本質を自由に選択できる存在とした。ただし，その全責任を負っており，その意味で人間は「自由の刑」に処せられていると論じた。1はキルケゴール，2はヤスパース，3はニーチェ，5はハイデッガーに関する記述。

【政治・経済】

【1】(1)　ア　①　c・e　②　GNI…258兆円　　NNP…213兆円　　NI…193兆円　　イ　i　公害対策基本法　　ii　環境基本法　　iii　京都

議定書　　iv　パリ協定　　ウ　360円　　エ　b　　オ　非常任理事国は，全加盟国による投票によって毎年半数が改選され，任期は2年で引き続いて再選される資格はない。安保理(安全保障理事会)の決定事項に関する投票権を有するが，常任理事国が有する拒否権は有さない。　　カ　プラザ合意以降，円高が進行し日本経済は円高不況に見舞われた。日本銀行は円高不況からの回復と為替相場の安定化を図るため，公定歩合の引き下げを行い，低金利政策を実施した。

(2)　ア　人口置換水準　　イ　法令審査権(違憲審査権)

ウ　①　i　健康　　ii　最低限度　　iii　社会福祉　　②　ベーシックインカム　　③　国民年金(基礎年金)　　エ　国民負担率

オ　現役世代が負担する保険料を財源とする賦課方式では，少子高齢化が進行すると，保険料を負担する現役世代の人数が減り，年金を受け取る高齢者の人数が増加するため，年金財政の安定化に課題が生じる。　　(3)　ア　阿弥陀仏は，自力作善の善人でさえ救済(往生)するのだから，煩悩具足を自覚して阿弥陀仏の本願を無条件に信じる悪人は，当然救済(往生)されるという教え。　　イ　林羅山　　ウ　主観客観

〈解説〉(1)　ア　①　フローが一定期間内の収入や支出を意味するのに対し，ストックは貯蓄や負債のように貯まっているものを意味する。なお，国富(国民純資産)はストックの統計だが，cやeのような国内金融資産は含まれない。　　②　GDPは国内総生産，GNIは国民総所得，NNPは国民純生産，NIは国民所得のことであり，GDP＝総生産物－中間生産物，GNI＝GDP＋海外からの純所得，NNP＝GNI－固定資本減耗分，NI＝NNP－間接税＋補助金の関係にある。　　イ　i　現在は廃止済。　　ii　前年にはリオデジャネイロで国連環境開発会議(地球サミット)があった。　　iii　先進国に温室効果ガスの排出削減が，数値目標つきで義務付けられた。　　iv　京都議定書に代わる，温室効果ガス排出削減の国際的枠組み。　　ウ　ブレトンウッズ体制により，金1オンスと35ドルの交換が保証されるとともに，ドルと各国通貨の交換レートが固定化された。日本円はドッジラインにより1ドル＝360円とされた。ブレトンウッズ体制は，1971年のニクソンショックで金とドルの交換

が停止されるまで続いた。　エ　1970年代には石油危機が発生したのを機に，わが国の産業構造は重厚長大型から軽薄短小型となり，経済のソフト化・サービス化が進んだ。aは1995年，cは1990年代，dは2009年，eは1965年度の出来事。　オ　非常任理事国は10か国であるが，毎年5か国ずつ改選されている。また，非常任理事国は地域別に選ばれている。安保理の決議は，手続事項は15理事国中9理事国以上が賛成すれば成立するが，実質事の決議には加えて，拒否権を発動する常任理事国が存在しないことも要件となる。　カ　プラザ合意により，主要国の通貨当局がドル高を是正したことで，日本経済は円高不況に見舞われた。円高は輸出産業に不利であり，景気対策として日銀は公定歩合を引下げたが，リゾート開発ブームもあり，供給された資金は不動産や株式などの投機に回り，不況は短期間で終息しバブル景気が発生した。　(2)　ア　合計特殊出生率とは，一人の女性が生涯に産む子どもの平均数とされている数値だが，人口維持に必要な合計特殊出生率を人口置換水準という。わが国の現在の人口置換水準は2.07とされている。　イ　わが国では，具体的事件の裁判において，それに適用される法令の憲法適合性を審査する付随的違憲審査制が導入されており，下級裁判所も審査は行う。だが，最高裁には終審として審査を行う権限があることから，最高裁は憲法の番人と呼ばれている。ウ　①　日本国憲法第25条は生存権の規定である。資本主義社会においても人間らしく生きられるよう，国に作為を求める権利を社会権というが，生存権はその中核的な権利である。憲法第25条に基づき，公的扶助として生活保護が実施されている。また，国が国民に最低限保障しなければならない生活水準を，ナショナルミニマムという。
②　ベーシックインカムは，日本語では最低所得保障と呼ばれている。世界各国で議論されており，実験的に導入された例もある。貧困問題の解決が期待される一方，それ以上の公的扶助が実施されなくなることや，国民の勤労意欲が減退するなどといった懸念もある。　③　国民年金は20〜60歳のすべての人が加入する基礎年金となっている。「2階部分」として，会社員や公務員などの被用者は，厚生年金にも加入

している。また，「3階部分」として，企業年金やiDeCoなどの私的年金がある。　エ　わが国の国民負担率は，主要国の中ではアメリカに次ぐ低水準だったが，近年は高齢化に伴い上昇傾向にあり，2021年度には46.5%(見通し)に達している。また，財政赤字を加味した潜在的負担率だと56.9%(見通し)となっている。　オ　賦課方式では，少子高齢化の進行に伴い，現役世代の保険料負担を増やすか，年金受給者の年金額を減らすかが課題となる。年金制度には積立方式というのもある。これは，現役時に納付した保険料が老後の年金の原資となる制度で，少子高齢化の進行には強いが，インフレに弱い。　(3)　ア　善人は自力作善の人であり，浄土真宗では自己の力を過信した誤った態度とされる。他力本願と言われるように，阿弥陀仏は衆生の救済を誓って成仏しており，人間は自己が悪人であることを自覚し，阿弥陀仏に帰依しなければならないとされる。　イ　林羅山は朱子学の官学化に尽力する一方，上下定分の理を唱えて自然の秩序と同一視することで封建的秩序を正当化するとともに，封建社会での理想的な心のあり方として存心持敬を唱えた。　ウ　西田幾多郎は自らの参禅体験から，『善の研究』を著し，主客未分，すなわち主観と客観の区別が成立していない純粋経験こそが真の実在とした。純粋経験の例としては，美しい音楽に聴き惚れている状態などが挙げられる。

【倫理】

【1】(1)　ア　人口置換水準　　イ　法令審査権(違憲審査権)
ウ　①　i　健康　　ii　最低限度　　iii　社会福祉　　②　ベーシックインカム　　③　国民年金(基礎年金)　　エ　国民負担率
オ　現役世代が負担する保険料を財源とする賦課方式では，少子高齢化が進行すると，保険料を負担する現役世代の人数が減り，年金を受け取る高齢者の人数が増加するため，年金財政の安定化に課題が生じる。　　(2)　ア　①　ハヴィガースト　　②　マージナルマン
③　e　　イ　①　B　服従　　C　征服　　②　自分自身の考えに頼らず，権威や伝統を鵜呑みにすることから生じる偏見。　　③　種族

のイドラ，洞窟のイドラ，市場のイドラ　　④　心は本来白紙(タブラ＝ラサ)の状態であって，生得的観念はない。観念は，外的経験としての感覚と内的経験としての内省とから与えられる。　　⑤　ライプニッツ　　(3)　ア　阿弥陀仏は，自力作善の善人でさえ救済(往生)するのだから，煩悩具足を自覚して阿弥陀仏の本願を無条件に信じる悪人は，当然救済(往生)されるという教え。　　イ　林羅山　　ウ　主観客観

〈解説〉(1)　ア　合計特殊出生率とは，一人の女性が生涯に産む子どもの平均数とされている数値だが，人口維持に必要な合計特殊出生率を人口置換水準という。わが国の現在の人口置換水準は2.07とされている。　　イ　わが国では，具体的事件の裁判において，それに適用される法令の憲法適合性を審査する付随的違憲審査制が導入されており，下級裁判所も審査は行う。だが，最高裁判所には終審として審査を行う権限があることから，最高裁は憲法の番人と呼ばれている。

ウ　①　憲法第25条は生存権の規定である。資本主義社会においても人間らしく生きられるよう，国に作為を求める権利を社会権というが，生存権はその中核的な権利である。憲法第25条に基づき，公的扶助として生活保護が実施されている。また，国が国民に最低限保障しなければならない生活水準を，ナショナルミニマムという。　　②　ベーシックインカムは，日本語では最低所得保障と呼ばれている。世界各国で議論されており，実験的に導入された例もある。貧困問題の解決が期待される一方，それ以上の公的扶助が実施されなくなることや，国民の勤労意欲が減退するなどといった懸念もある。　　③　国民年金は20～60歳のすべての人が加入する基礎年金となっている。「2階部分」として，会社員や公務員などの被用者は，厚生年金にも加入している。また，「3階部分」として，企業年金やiDeCoなどの私的年金がある。

エ　わが国の国民負担率は，主要国の中ではアメリカに次ぐ低水準だったが，近年は高齢化に伴い上昇傾向にあり，2021年度には46.5％(見通し)に達している。また，財政赤字を加味した潜在的負担率だと56.9％(見通し)となっている。　　オ　賦課方式では，少子高齢化の進行

に伴い，現役世代の保険料負担を増やすか，年金受給者の年金額を減らすかが課題となる。年金制度には積立方式というのもある。これは，現役時に納付した保険料が老後の年金の原資となる制度で，少子高齢化の進行には強いが，インフレに弱い。　(2)　ア　①　ハヴィガーストは，人生を乳幼児期から老年期までの6段階に分け，各段階において達成すべき発達課題を列挙した。例えば，青年期には「職業選択の準備」や「社会人としての自覚と責任ある行動」などが発達課題になるとしている。　②　マージナルマンとは，例えば移民のようにどの集団にも属しきれない人のことをいう。青年もまた，子どもと大人の境界線上にあって，いずれにも属しながら属しきれない存在であることから，レヴィンは青年をマージナルマンと表現した。　③　マズローは欲求階層説を唱え，低次の欲求が満たされることで，より高次の欲求が芽生えるとした。また，生理的欲求から承認・自尊心の欲求までが欠乏欲求であるのに対し，最高位の欲求である自己実現の欲求は成長欲求とした。　イ　①　「人間の知識と力とは合一する」は「知は力なり」と表現されることもある。ベーコンはイドラを排した自然の観察の繰り返しによって，人間はその法則を発見することができ，自然から豊かさを手にすることができるとした。　②　劇場のイドラとは，例えばテレビの情報番組にコメンテーターとして出演する知識人らの言説を，疑いの余地を入れずに正しいと思い込んでしまうことである。　③　種族のイドラとは，例えば目の錯覚のような，人間という種族に起因する思い込みをいう。また，洞窟のイドラは個人の経験の限界による偏見のこと，市場のイドラとは言語の不適切な使用による偏見のことをいう。　④　イギリスでは，ベーコン，ロック，バークリー，ヒュームによって，経験論が発展した。これに対し，フランスなどのヨーロッパ大陸諸国では，デカルトらにより，理性を人間に先天的に備わっているものとして重視する，合理論が発展した。
⑤　ライプニッツは，哲学，数学のほか，自然科学，歴史学や法学など，他分野の研究で活躍した。また，政治家，外交官としても活躍した。哲学では世界は無数の単子によって成り立つとする単子論が知ら

れるが，ニュートンとともに微分積分学の基礎を築いている。

(3)　ア　善人は自力作善の人であり，浄土真宗では自己の力を過信した誤った態度とされる。他力本願と言われるように，阿弥陀仏は衆生の救済を誓って成仏しており，人間は自己が悪人であることを自覚し，阿弥陀仏に帰依しなければならないとされる。　イ　林羅山は朱子学の官学化に尽力する一方，上下定分の理を唱えて自然の秩序と同一視することで封建的秩序を正当化するとともに，封建社会での理想的な心のあり方として存心持敬を唱えた。　ウ　西田幾多郎は自らの参禅体験から，『善の研究』を著し，主客未分，すなわち主観と客観の区別が成立していない純粋経験こそが真の実在とした。純粋経験の例としては，美しい音楽に聴き惚れている状態などが挙げられる。

2022年度　実施問題

中学社会・高校世界史・地理・公民　共通(日本史)

【1】日本史について，次の各問いに答えよ。

問1　次の(1)～(4)の問いに答えよ。

(1)　平安時代に関する次のA・Bの問いに答えよ。

A　『御堂関白記』は，平安時代の貴族社会を知ることのできる書物である。この日記を書いた人物はだれか。次の1～5から一つ選べ。

1　藤原道長

2　藤原頼通

3　藤原兼家

4　藤原道隆

5　藤原兼通

B　次のア～オのうち，平安時代に書かれた書物として，正しいものを○，誤っているものを×とした場合，正しい組合せはどれか。以下の1～5から一つ選べ。

ア　『小右記』

イ　『権記』

ウ　『西宮記』

エ　『北山抄』

オ　『歎異抄』

	ア	イ	ウ	エ	オ
1	×	×	○	○	×
2	○	×	×	○	○
3	×	○	○	×	○
4	○	○	○	○	×
5	×	○	○	○	○

(2)　室町時代に関する次のA・Bの問いに答えよ。

A　村内の秩序を自分たちで維持するために，村民自身が警察権を行使した。村民が警察権を行使することを何というか。次の1〜5から一つ選べ。

1　勘解由使

2　地下検断

3　刈田狼藉

4　地下請

5　使節遵行

B　1428年，近江で土民が蜂起し，徳政を求めた運動が畿内を中心として広範な地域に波及した。『大乗院日記目録』において，「日本開白以来，土民蜂起是初也」と記されたこの一揆のことを何というか。次の1〜5から一つ選べ。

1　播磨の土一揆

2　嘉吉の土一揆

3　正長の土一揆

4　山城の国一揆

5　加賀の一向一揆

(3)　戦国時代・安土桃山時代の武将たちは領国統治に関する文書などに印章を使っていた。次のア〜ウの印章を使った武将の組合せとして正しいものはどれか。以下の1〜5から一つ選べ。

ア　　　　　イ　　　　　ウ

※『国史大辞典』より引用。実寸大でない。

	ア	イ	ウ
1	織田信長	黒田長政	武田信玄

```
2   豊臣秀吉      大友宗麟      上杉謙信
3   豊臣秀吉      黒田長政      武田信玄
4   織田信長      大友宗麟      武田信玄
5   織田信長      大友宗麟      上杉謙信
```

(4)　明治時代の初め，政府は盛んに外国人教師を招いた。フランス出身の外国人教師で，『日本民法草案』を書いた人物はだれか。次の1～5から一つ選べ。

1　モッセ

2　ボアソナード

3　ロエスレル

4　リース

5　マレー

問2　次の【表】は，日本人のノーベル賞受賞者の一部を表している。(1)～(4)の問いに答えよ。

【表】

受賞年	受賞者
1965	朝永振一郎 … A
1968	川端康成①
1973	江崎玲於奈 … B
1974	佐藤栄作②
1981	福井謙一 　… C
1987	利根川進 　… D
1994	大江健三郎 … E

(1)　下線部①の人物が書いた作品名を，次の1～5から一つ選べ。

1　『羅生門』

2　『暗夜行路』

3　『雪国』

4　『金閣寺』

5　『風の歌を聴け』

(2)　A～Eの人物に関する説明文として正しいものを○，誤っているものを×とした場合，正しい組合せはどれか。以下の1～5から

一つ選べ。

A 「抗体の多様性生成の遺伝的原理」の発見で，日本人初のノーベル医学生理学賞を受賞した。

B トンネル効果の発見やトンネルダイオードと呼ばれる素子の発明によってトンネル分光学という新分野を開き，ノーベル物理学賞を受賞した。

C 化学反応が起こる際の電子の役割を量子力学的に考察したフロンティア軌道理論を発表し，ノーベル化学賞を受賞した。

D ヒトの皮膚細胞から人工多能性幹細胞の作製に成功し，ノーベル医学生理学賞を受賞した。

E 『飼育』などの数々の作品を残し，海外でも高い評価を得てノーベル文学賞を受賞した。

	A	B	C	D	E
1	×	○	×	○	×
2	○	×	×	×	○
3	○	×	○	×	×
4	×	○	○	×	○
5	×	○	○	○	×

(3) 下線部②の人物が内閣総理大臣に在任していた期間に起こった出来事として，誤っているものはどれか。次の1〜5から一つ選べ。

1 沖縄返還協定が発効した。

2 日韓基本条約が調印された。

3 公害対策基本法が制定された。

4 非核三原則が提唱された。

5 第1回先進国首脳会議(サミット)が行われた。

(4) 朝永振一郎がノーベル賞を受賞した年から佐藤栄作がノーベル賞を受賞した年までの期間内にみられた日本経済の景気の通称として，正しいものはどれか。次の1〜5から一つ選べ。

1 神武景気

2 朝鮮特需

3　岩戸景気

4　いざなぎ景気

5　バブル経済

(☆☆☆☆◎◎◎)

中学社会・高校日本史・地理・公民　共通(世界史)

【1】次の(1)〜(10)の問いに答えよ。

(1)　ローマ法について述べた文として正しいものを次の1〜5から一つ選べ。

1　リキニウス・セクスティウス法により，慣習法が成文化された。

2　陶片追放(オストラキスモス)の制度により，僭主になるおそれのある人物を国外に追放するようになった。

3　十二表法により毎年2名選出されるコンスルの1名は平民から選ばれるようになった。

4　ホルテンシウス法により，平民会決議が元老院で承認されなくとも法となることが定められた。

5　カエサルによって「ローマ法大全」が完成した。

(2)　中国史上の税制について述べた文として正しいものを，次の1〜5から一つ選べ。

1　均田制は東晋の孝文帝の時代にはじめられ，唐の時代には租・調・庸の税制が均田制に基づき行われた。

2　両税法は租・調・庸の税制にかわって採用され，所有している土地・財産に応じて，夏・秋2回の税が課された。

3　一条鞭法はモンゴル帝国が中国を支配するにあたって実施した税制である。

4　里甲制は明で実施され，魚鱗図冊と呼ばれる租税台帳や賦役黄冊と呼ばれる土地台帳を作成して政府の管理が行き届くようにした。

5　地丁銀制は，土地税と人頭税を別々に徴収する税制である。

(3)　ヴェルダン条約，メルセン条約によって現在の三つの国の境界線の大筋が決定された。それらの国名の組合せとして正しいものを，次の1〜5から一つ選べ。

1　スペイン　　－　フランス　　－　ドイツ

2　スペイン　　－　フランス　　－　イタリア

3　イタリア　　－　フランス　　－　ドイツ

4　スペイン　　－　フランス　　－　オーストリア

5　フランス　　－　ドイツ　　　－　オーストリア

(4)　次の文はイスラム世界について述べたものである。下線部に関して，イスラム世界の君主について述べた以下の1〜5の文のうち誤っているものを一つ選べ。

> アッバース朝が最盛期をむかえる9世紀になると，イスラム法学や神学などを学んだウラマーが台頭し，宗教的な解釈権をめぐって，カリフと対立するようになった。その後，宗教的権威はウラマーの手に移った。

1　ブワイフ朝の下で，カリフ位は初めて世襲制となった。

2　セルジューク朝のトゥグリル＝ベクはアッバース朝カリフよりスルタンの称号を与えられた。

3　ファーティマ朝の君主がカリフを称した。

4　ハールーン＝アッラシードはアッバース朝が最盛期をむかえる頃にカリフに即位した。

5　初代のアブー＝バクルから第4代アリーまでをスンナ派では「正統カリフ」と呼んだ。

(5)　次の文はヨーロッパの法について述べたものである。下線部に関して，中世ヨーロッパのできごとについて述べた以下のア〜オのうち，正しいものを〇，誤っているものを×とした場合，正しい組合せはどれか。あとの1〜5から一つ選べ。

> 中世前期の都市的集落の統治は明文化されていない慣習法によったと言われている。しかし，11世紀以降の集落の中には，領主と住民の関係を新たに文書で定め，住民の負担に明示的な制限を設ける例がみられた。

ア　コンスタンツ公会議が開かれ，聖地奪回のための十字軍が提唱された。

イ　イギリスの貴族たちは，エドワード3世に大憲章(マグナ=カルタ)を認めさせた。

ウ　聖職叙任権闘争がおき，教皇グレゴリウス7世が，神聖ローマ皇帝ハインリヒ4世を破門にした。

エ　トマス=アクィナスは「神学大全」を著し，キリスト教とアリストテレス哲学の調和を試みた。

オ　キリスト教の教会建築では11世紀からは修道院建築を中心に重厚なロマネスク様式が用いられ，12世紀からは都市の大聖堂を中心に高さを強調したビザンツ様式があらわれた。

	ア	イ	ウ	エ	オ
1	○	○	×	○	×
2	○	○	×	×	×
3	×	×	○	×	○
4	×	×	○	○	○
5	×	×	○	○	×

(6)　18世紀のアメリカにおいて合衆国憲法成立までにおこった次のア〜エのできごとを，おこった順に左から右へ並べた場合，正しいものはどれか。以下の1〜5から一つ選べ。

ア　ボストン茶会事件がおこった。

イ　ヨークタウンの戦いがおこった。

ウ　砂糖法が制定された。

エ　独立宣言が公布された。

1　ア　→　エ　→　イ　→　ウ

$$2 \quad ウ \rightarrow ア \rightarrow エ \rightarrow イ$$
$$3 \quad ア \rightarrow ウ \rightarrow イ \rightarrow エ$$
$$4 \quad ウ \rightarrow ア \rightarrow イ \rightarrow エ$$
$$5 \quad ア \rightarrow ウ \rightarrow エ \rightarrow イ$$

(7) 1919年にインドで施行された，政治活動の取締りを目的とした法律を何というか。次の1～5から一つ選べ。

1　スミス法

2　タウンゼンド諸法

3　ホームステッド法

4　ローラット法

5　ワグナー法

(8) 第一次世界大戦後のできごとについて述べた文ア～オのうち，正しいものを○，誤っているものを×とした場合，正しい組合せはどれか。以下の1～5から一つ選べ。

ア　トルコではムスタファ＝ケマルがトルコ共和国を成立させて，第一次世界大戦の戦勝国と新たにユトレヒト条約を結び，アナトリアを中心とする領土を認めさせた。

イ　ドイツではエーベルトが大統領となり，ヴァイマル憲法が成立した。

ウ　ロシアはラパロ条約でイギリスと国交を樹立し，四つのソヴィエト共和国からなるソヴィエト社会主義共和国連邦となった。

エ　アフガニスタンではレザー＝ハーンがパフラヴィー朝をたて，国王になった。

オ　ハンガリーと連合国の間で，トリアノン条約が結ばれた。

	ア	イ	ウ	エ	オ
1	○	○	○	×	×
2	○	×	×	○	○
3	×	○	×	×	○
4	×	×	×	×	○
5	×	×	○	○	×

(9) イギリスにおける選挙法改正について述べた次の文中の[X]，[Y]の空欄にあてはまる最も適切な組合せを以下の1〜5のうちから一つ選べ。

> イギリスでは1867年の第2次選挙法改正によって[X]などが，1884年の第3次選挙法改正によって[Y]などが，新たに選挙権を得た。

1 X 地主　　　　Y 資本家
2 X 地主　　　　Y 都市労働者
3 X 資本家　　　Y 農業労働者
4 X 資本家　　　Y 都市労働者
5 X 都市労働者　Y 農業労働者

(10) 1950年代以降，反核平和の動きは国際政治にも影響を与え，1968年に核拡散防止条約が調印され，1969年から米ソ両国間で第1次戦略兵器制限交渉(第1次SALT)の予備交渉が始まった。同じ1960年代におこったできごとを次の1〜5から一つ選べ。

1 中距離核戦力(INF)全廃条約が調印された。
2 第4次中東戦争がおこった。
3 日中平和友好条約が締結された。
4 イラン＝イラク戦争がおこった。
5 部分的核実験禁止条約が調印された。

(☆☆☆◎◎◎)

中学社会・高校日本史・世界史・公民　共通(地理)

【1】地理に関する次の(1)〜(10)の問いに答えよ。

(1) 次の1〜5のうち，東北地方で春から夏にかけて冷害を引き起こす要因となる地方風の「やませ」について説明している文章として正しいものはどれか。1〜5から一つ選べ。

1 オホーツク海気団から吹き出す低温・湿潤の北東風が要因であ

る。東北地方の太平洋側に吹き込む地方風である。

2　シベリア気団から吹き出す低温・乾燥の北西風が要因である。
東北地方の日本海側に吹き込む地方風である。

3　小笠原気団から吹き出す高温・湿潤の南東風が要因である。東
北地方の太平洋側に吹き込む地方風である。

4　シベリア気団から吹き出す低温・乾燥の北東風が要因である。
東北地方の太平洋側に吹き込む地方風である。

5　オホーツク海気団から吹き出す低温・湿潤の北西風が要因であ
る。東北地方の日本海側に吹き込む地方風である。

(2)　以下の1～5のグラフは，図1中の都市A～Eの月平均気温と月降水
量，年降水量をそれぞれ示したものである。以下の1～5のうち，図
1中の都市Aのグラフとして正しいものはどれか。1～5から一つ選べ。

図　1

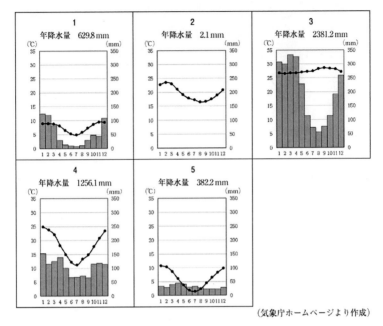

（気象庁ホームページより作成）

(3) 次の文章は，地図投影法の説明をしたものである。以下の1～5のうち，該当する地図投影法はどれか。1～5から一つ選べ。

> 擬円筒図法の一種で正積図法である。世界全体を長半径と短半径の比が2：1の楕円に収めるものとする。
>
> 正軸法の場合は，平行な直線で表す緯線の間隔が高緯度になるほど狭くなる。中央経線は直線，中央経線以外の経線は楕円弧で表される。

1　ボンヌ図法
2　サンソン図法
3　正距方位図法
4　メルカトル図法
5　モルワイデ図法

(4) Aさんは，12月31日午後6時に東京からニューヨークに向けて飛行

機で出発した。次の1～5のうち，飛行機のフライト時間を13時間として，Aさんがニューヨークに定刻通り到着した時のニューヨークの日時として正しいものはどれか。1～5から一つ選べ。なお，ニューヨークは西経75度とし，サマータイムを実施していないものとする。

1　12月31日午前4時

2　12月31日午後5時

3　12月31日午後9時

4　1月1日午前7時

5　1月1日午前8時

(5)　次の図2は，国土地理院が発行する2万5千分の1地形図『安芸』(平成18年2月1日発行)の一部を150％に拡大したものである。図2中の1～5のうち，最も標高の高い位置はどれか。1～5から一つ選べ。

図　2

(6)　次の図3は，2017年における世界の主な農作物生産に占める生産

量の多い上位3か国の割合を示したものである。表1は，2017年における世界の主な農作物輸出に占める輸出量の多い上位3か国の割合を示したものである。図3及び表1中のA〜Dにはアルゼンチン，インド，中国，ブラジルのいずれかが入る。あとの1〜5のうち，A〜Dに当てはまる国の組合せとして正しいものはどれか。1〜5から一つ選べ。

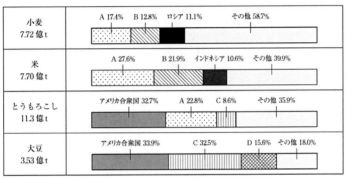

（『世界国勢図会』2019/2020年版より作成）

図　3

表　1

単位は（%）

小麦 1.97億t	ロシア (16.8)	アメリカ合衆国 (13.9)	カナダ (11.2)	その他 (58.1)
米 0.45億t	B (27.1)	タイ (26.1)	ベトナム (13.1)	その他 (33.7)
とうもろこし 1.61億t	アメリカ合衆国 (32.9)	C (18.1)	D (14.7)	その他 (34.3)
大豆 1.52億t	C (44.9)	アメリカ合衆国 (36.5)	D (4.9)	その他 (13.7)

（『世界国勢図会』2020/21年版より作成）

	A	B	C	D
1	中国	インド	ブラジル	アルゼンチン
2	インド	中国	アルゼンチン	ブラジル
3	中国	インド	アルゼンチン	ブラジル
4	インド	中国	ブラジル	アルゼンチン
5	中国	アルゼンチン	インド	ブラジル

(7)　次の1〜5のグラフは，エジプト，ガーナ，ナイジェリア，南アフリカ共和国，モロッコの5か国について，1990年代と2018年における輸出額及び輸出額に占める輸出上位3品目の割合をそれぞれ示したものである。次の1〜5のうち，エジプトに該当するものはどれか。1〜5から一つ選べ。

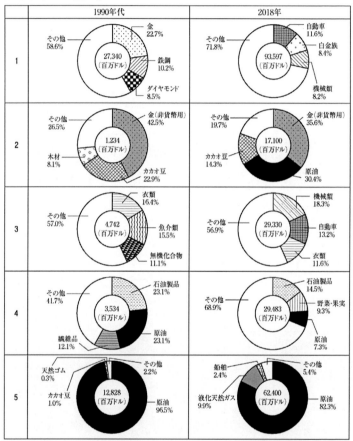

1990年代のグラフの統計年次は，1が1995年，2が1992年，3と4が1996年，5が1991年。
（『世界国勢図会』1999/2000年版・2020/21年版より作成）

(8)　次の図4は，日本における主なセメント工場の所在地を●で示したものである。以下の1〜5のうち，セメント工場の立地について説

明した文及びセメント工場と同じ立地の特徴をもつ工業で製造される工業製品の組合せとして正しいものはどれか。1〜5から一つ選べ。

（『セメントハンドブック』2021年度版より作成）

図　4

	説明文	工業製品
1	製品費に占める原料の運送費が大きいため、原料産地に立地しやすい。	ビール
2	製品重量が大きい、製品が破損しやすい、または市場の情報や流行を重視するため、消費地に立地しやすい。	衣服
3	技術力のある質的に高度な労働力を求めるため、労働力の得やすい場所に立地しやすい。	時計
4	製品費に占める原料の運送費が大きいため、原料産地に立地しやすい。	陶磁器
5	製品重量が大きい、製品が破損しやすい、または市場の情報や流行を重視するため、消費地に立地しやすい。	紙

(9)　次の表2は，2019(平成31／令和元)年における肉用牛，豚，肉用若鶏の飼育頭数の多い上位5道県をそれぞれ示したものである。表2中のAの県には世界遺産がある。以下の1～5のうち，表2中のAの県にある世界遺産の説明はどれか。1～5から一つ選べ。

表　2

肉用牛（万頭）		豚（万頭）		肉用若鶏（万羽）	
北海道	51.3	A	126.9	宮崎県	2,824
A	33.8	宮崎県	83.6	A	2,797
宮崎県	25.0	北海道	69.2	岩手県	2,165
熊本県	12.5	群馬県	63.0	青森県	694
岩手県	8.9	千葉県	60.4	北海道	492

（『日本国勢図会』2020/21版より作成）

1　1996(平成8)年にユネスコ世界文化遺産に「厳島神社」が登録された。厳島神社は瀬戸内海の島を背後にして，その入り江の海のなかに木造建築が建ち並ぶ日本でも珍しい神社である。

2　1993(平成5)年にユネスコ世界文化遺産に「姫路城」が登録された。この城は，白壁で統一された優美な外観から，白鷺城の別称があり，その名でも広く知られている。

3　1993(平成5)年にユネスコ世界自然遺産に「屋久島」が登録され，世界的にも稀な樹齢数千年のヤクスギや，多くの固有種や絶滅のおそれのある動植物などを含む多様な生物相を有する。

4　2007(平成19)年にユネスコ世界文化遺産に「石見銀山とその文化的景観」が登録された。伝統的技術による銀生産を証明する考古学的遺跡である。

5　1999(平成11)年にユネスコ世界文化遺産に「日光の社寺」が登録された。日光は，徳川初代将軍家康の霊廟である東照宮が1616(元和2)年に造営されて以来，徳川幕府の聖地となった。

(10)　次の図5は，2009(平成21)年における世界の燃料消費に伴う二酸化炭素排出量に占める排出量の多い上位6か国の割合を示したものである。表3は，1990(平成2)年を基準とした2009年における中国(含香港)，アメリカ合衆国，インド，ロシア，日本，ドイツの二酸化

炭素排出量の増減の割合をそれぞれ示したものである。表3中の1〜5のうち，ロシアに該当するものはどれか。1〜5から一つ選べ。

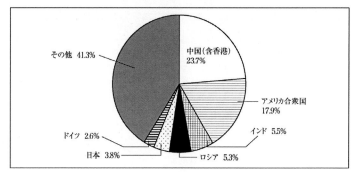

その他 41.3%

中国(含香港)
23.7%

アメリカ合衆国
17.9%

インド 5.5%

ロシア 5.3%

日本 3.8%

ドイツ 2.6%

構成比は，小数点以下第2位を四捨五入しているため，合計しても100とはならない。

(『世界統計白書』2014年版より作成)

図　5

表　3

1	206.5%
2	172.3%
3	6.7%
4	2.7%
5	−29.7%
ドイツ	−21.1%

(『世界統計白書』2014年版より作成)

(☆☆☆○○○)

中学社会・高校日本史・世界史・地理　共通(公民)

【1】次の問1，問2に答えよ。

　問1　日本の人口構造に関する次の各問いに答えよ。

　　(1)　次の2つの資料は日本の出生数・合計特殊出生率に関する資料である。これを見てあとのア・イの問いに答えよ。

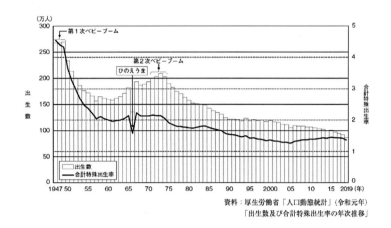

資料：厚生労働省「人口動態統計」（令和元年）
「出生数及び合計特殊出生率の年次推移」

出生数・合計特殊出生率の推移（数値）

	出生数（人）	合計特殊出生率		出生数（人）	合計特殊出生率		出生数（人）	合計特殊出生率
1947年	2,678,792	4.54	1971年	2,000,973	2.16	1995年	1,187,064	1.42
1948年	2,681,624	4.40	1972年	2,038,682	2.14	1996年	1,206,555	1.43
1949年	2,696,638	4.32	1973年	2,091,983	2.14	1997年	1,191,665	1.39
1950年	2,337,507	3.65	1974年	2,029,989	2.05	1998年	1,203,147	1.38
1951年	2,137,689	3.26	1975年	1,901,440	1.91	1999年	1,177,669	1.34
1952年	2,005,162	2.98	1976年	1,832,617	1.85	2000年	1,190,547	1.36
1953年	1,868,040	2.69	1977年	1,755,100	1.80	2001年	1,170,662	1.33
1954年	1,769,580	2.48	1978年	1,708,643	1.79	2002年	1,153,855	1.32
1955年	1,730,692	2.37	1979年	1,642,580	1.77	2003年	1,123,610	1.29
1956年	1,665,278	2.22	1980年	1,576,889	1.75	2004年	1,110,721	1.29
1957年	1,566,713	2.04	1981年	1,529,455	1.74	2005年	1,062,530	1.26
1958年	1,653,469	2.11	1982年	1,515,392	1.77	2006年	1,092,674	1.32
1959年	1,626,088	2.04	1983年	1,508,687	1.80	2007年	1,089,818	1.34
1960年	1,606,041	2.00	1984年	1,489,780	1.81	2008年	1,091,156	1.37
1961年	1,589,372	1.96	1985年	1,431,577	1.76	2009年	1,070,036	1.37
1962年	1,618,616	1.98	1986年	1,382,946	1.72	2010年	1,071,305	1.39
1963年	1,659,521	2.00	1987年	1,346,658	1.69	2011年	1,050,807	1.39
1964年	1,716,761	2.05	1988年	1,314,006	1.66	2012年	1,037,232	1.41
1965年	1,823,697	2.14	1989年	1,246,802	1.57	2013年	1,029,817	1.43
1966年	1,360,974	1.58	1990年	1,221,585	1.54	2014年	1,003,609	1.42
1967年	1,935,647	2.23	1991年	1,223,245	1.53	2015年	1,005,721	1.45
1968年	1,871,839	2.13	1992年	1,208,989	1.50	2016年	977,242	1.44
1969年	1,889,815	2.13	1993年	1,188,282	1.46	2017年	946,146	1.43
1970年	1,934,239	2.13	1994年	1,238,328	1.50	2018年	918,400	1.42
						2019年	865,234	1.36

厚生労働省政策統括官付参事官付人口動態・保健社会統計室「人口動態統計」（令和元年）

　ア　2つの資料から読み取れる内容を説明した文として誤りのあるものを次の1～5から一つ選べ。

　　1　第1次ベビーブームから第2次ベビーブームまでの期間で，「1人の女性が一生の間に生むとされる子どもの数」が最低人数を記録した年の出生数は150万人を下回る。

　　2　1947年から2019年の間の出生数で，最高の数値を記録した

年は最低の数値を記録した年の3倍を上回っている。

3　1989年における「1人の女性が一生の間に生むとされる子どもの数」は，1947年から1985年の間で一番出生数の少なかった年における「1人の女性が一生の間に生むとされる子どもの数」よりも少ない。

4　1947年以降，出生数が初めて100万人を下回った年における，「1人の女性が一生の間に生むとされる子どもの数」は1995年から2019年の25年間で最も多い。

5　1973年における「1人の女性が一生の間に生むとされる子どもの数」は，第1次ベビーブームの頃に比べ，半数以下に減少している。

イ　2つの資料から読み取れるような出生数が減少している状況から，少子化に的確に対処するための施策を総合的に推進するために，平成15(2003)年7月に制定された法律を次の1～5から一つ選べ。

1　少子化社会対策基本法
2　子どもの貧困対策の推進に関する法律
3　児童福祉法
4　子ども・子育て支援法
5　児童手当法

(2)　次の資料は日本の人口構成の変化に関する資料である。これについてあとのア～ウの問いに答えよ。

資料1

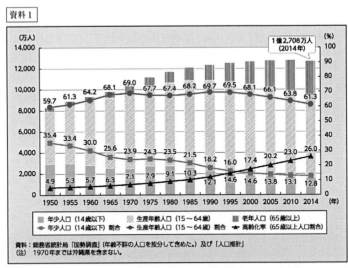

資料：厚生労働省「平成27年版厚生労働白書－人口減少社会を考える－」
「年齢3区分別人口及び人口割合の推移」

資料2

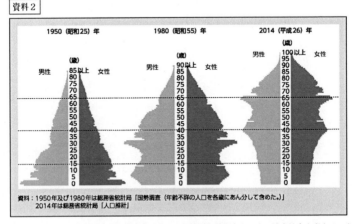

資料：厚生労働省「平成27年版厚生労働白書－人口減少社会を考える－」
「人口ピラミッドの変化」

ア　資料1・2から読み取れる内容を説明した文として正しいもの

を次の1～5から一つ選べ。

1　年少人口(14歳以下)割合は，1950年以降一度も上昇することなく，2014年は12.8％と1950年から2014年の間では最低の割合となっている。

2　1970年には日本の65歳以上の人口の割合は7％を超えており，65歳以上の人口の割合がその倍の数値になるまでの期間は25年以内であった。

3　1995年から2014年までの生産年齢人口の割合は低下し続けており，1995年から2014年までの高齢化率は20％を超え続けている。

4　人口ピラミッドを見ると1950年時点では富士山型であり，1980年時点になると，ひょうたん型へと変化している。2014年時点では釣鐘型へと変化している。

5　日本の人口がはじめて1億人を突破したのは1970年以降であり，日本の人口は現在まで増加し続けている。

イ　総人口に占める高齢者(65歳以上人口)の割合は高齢化率と呼ばれ，高齢化率がある一定の割合を超えた社会は「高齢社会」と呼ばれている。「高齢社会」に最初に到達した時期として正しいものを，次の1～5から一つ選べ。

1　1950年～1955年

2　1965年～1970年

3　1980年～1985年

4　1990年～1995年

5　2000年～2005年

ウ　資料1では，1955年から1965年の間に年少人口の割合が著しく低下していることが読み取れる。1955年から1965年の間に日本で起こった出来事として正しい文を次の1～5から一つ選べ。

1　実質国民総生産を10年以内に2倍にすることを目標とする「国民所得倍増計画」が閣議決定された。

2　郵政民営化法が成立し，郵政事業を担っていた郵政公社を，

　　　民間企業に移行させる郵政民営化が行われた。

　　3　税の直間比率が見直され，所得税等の減税に合わせて，消
　　　費税が導入された。

　　4　「プラザ合意」を契機に，急激な円高がすすみ，景気が後
　　　退した。

　　5　第1次オイルショックを契機に，消費者物価が急上昇するな
　　　ど，経済の混乱が起こった。

問2　次の資料は国際連合に関して項目ごとにまとめたものである。
　以下のア～オの問いに答えよ。

【国際連合について】

組織	基本情報	課題
国際連合には①6つの主要機関があり，さらに20以上の②専門機関および関連機関で構成される。	1945年6月26日サンフランシスコ会議で国連憲章に署名が行われ，同年10月24日に国際連合が発足。③国際連合への加盟は総会が承認する。	2017年，第9代国際連合事務総長に就任したグテーレス事務総長は，3つの優先課題を掲げた。・④組織改革・持続可能な開発・平和への取り組み

ア　下線部①のうち，国際連合憲章のもとに国際の平和と安全に主
　要な責任を持つ安全保障理事会は現在何か国の理事国から構成さ
　れているか。次の1～5から一つ選べ。

　　1　5

　　2　15

　　3　20

　　4　51

　　5　193

イ　下線部②の一つであり1948年に「全ての人々が可能な最高の健
　康水準に到達すること」を目的として設立され，2020年に

COVID-19に関して「国際的に懸念される公衆衛生上の緊急事態(PHEIC)」を宣言した機関の略称を次の1〜5から一つ選べ。

1　ILO

2　WHO

3　FAO

4　IMF

5　WTO

ウ　国際連合で使われる6つの公用語のうち，3つを組み合わせたものとして正しいものはどれか。次の1〜5から一つ選べ。

1　フランス語・アラビア語・スペイン語

2　英語・中国語・ドイツ語

3　日本語・ロシア語・アラビア語

4　中国語・フランス語・イタリア語

5　英語・ロシア語・ポルトガル語

エ　下線部③に関して，ベルリンの壁崩壊(1989年)以降に国際連合に加盟した国の組合せとして正しいものを次の1〜5から一つ選べ。

1　エストニア・マダガスカル・ネパール

2　トルコ・ウズベキスタン・モンテネグロ

3　ツバル・東ティモール・南スーダン

4　コートジボアール・トルクメニスタン・スイス

5　カザフスタン・リトアニア・ナイジェリア

オ　下線部④の一つに行財政改革があげられる。国際連合の分担金は3年に一度，国際連合総会で見直すことになっている。次の表は2010年，2013年，2016年，2019年における分担率の高い上位10か国とその分担率を示したものである。この表についてまとめた以下の各文の(a)〜(d)にあてはまる語句を並べたものとして正しいものを1〜5から一つ選べ。

2010年・2013年・2016年・2019年における分担率の高い上位10か国とその分担率（％）

2010年			2013年			2016年			2019年		
順位	国名	分担率	順位	国名	分担率	順位	国名	分担率	順位	国名	分担率
1	米国	22.000	1	米国	22.000	1	米国	22.000	1	米国	22.000
2	日本	12.530	2	日本	10.833	2	日本	9.680	2	中国	12.005
3	ドイツ	8.018	3	ドイツ	7.141	3	中国	7.921	3	日本	8.564
4	英国	6.604	4	フランス	5.593	4	ドイツ	6.389	4	ドイツ	6.090
5	フランス	6.123	5	イギリス	5.179	5	フランス	4.859	5	英国	4.567
6	イタリア	4.999	6	中国	5.148	6	イギリス	4.463	6	フランス	4.427
7	カナダ	3.207	7	イタリア	4.448	7	ブラジル	3.823	7	イタリア	3.307
8	中国	3.189	8	カナダ	2.984	8	イタリア	3.748	8	ブラジル	2.948
9	スペイン	3.177	9	スペイン	2.973	9	ロシア	3.088	9	カナダ	2.734
10	メキシコ	2.356	10	ブラジル	2.934	10	カナダ	2.921	10	ロシア	2.405

（国連広報センター及び外務省HPより作成）

まとめ

> ・分担率の高い上位10か国に含まれている国のうち，2010年
> 　から2019年にかけて日本の分担率は（　a　）し続けている。
> ・各年の分担率を比べると分担率の高い上位3か国の分担率の
> 　合計は2010年から2013年にかけては（　b　）しており，2016
> 　年から2019年にかけては（　c　）している。
> ・2010年から2019年にかけて，上位10か国中BRICSを構成する
> 　国の分担率の合計は3年ごとに（　d　）なっている。

1　a　減少　　b　減少　　c　増加　　d　低く

2　a　増加　　b　増加　　c　減少　　d　低く

3　a　増加　　b　減少　　c　増加　　d　低く

4　a　減少　　b　増加　　c　減少　　d　高く

5　a　減少　　b　減少　　c　増加　　d　高く

（☆☆☆◎◎◎）

中 学 社 会

【1】次の問1，問2に答えよ。

　問1　貨幣に関する次の各問いに答えよ。

　　(1)　貨幣の働きには，必要なものを貨幣と交換することによって得

る「交換の手段(支払・決済の手段)」と，将来使うために蓄えておく「価値の保存」と，ものの価値を価格として表す「価値の□□」がある。□にあてはまる語句を答えよ。なお，□1つにつき漢字1字とする。

(2) 日本の貨幣や通貨制度について，次の表にまとめた。この表に関して，以下の問いに答えよ。

内　容
708年，ₐ武蔵国から銅が献上されたことで♭中国にならって(A□□□)が鋳造された。これは皇朝十二銭の最初の貨幣である。
中世期においては，c社会経済が発達し，売買の手段としては，米などの現物にかわって貨幣が多く用いられるようになり，それにはもっぱら中国から輸入された貨幣が利用された。
近世期においては，全国的に通用する同じ規格の金・銀の貨幣がつくられ，これらは，徳川家康が金座・銀座で大量につくらせた慶長金銀が日本で初めとされる。金座では，d小判・一分金などの計数貨幣が鋳造された。また，銀座では丁銀や豆板銀などの(B□□)貨幣が鋳造された。
1871年，金本位制をたてまえとする新貨条例を定め，十進法を採用し，円・銭・(C□)を単位に新硬貨をつくった。また，1872年，アメリカの制度にならい，e国立銀行条例を定め，発行する銀行券の正貨兌換を義務付けた。
1931年，金輸出を再禁止し，ついで円の金兌換を停止した。日本はこれをもってf管理通貨制度へ移行した。

① 表中(A)～(C)にあてはまる適当な語句を答えよ。なお，□1つにつき漢字1字とする。

② 下線aに関連して，武蔵国の位置を次の地図ア～オから一つ

選び，記号で答えよ。

※点線は旧国の境界を
　示している。

③　下線bについて，隋・唐の時代から清朝末まで実施された科目試験による官吏登用制度の名称を答えよ。

④　下線cに関して，次の絵i～iiiについて述べた文の正誤を判断し，その組合せとして正しいものをあとのア～オから一つ選び，記号で答えよ。

i

i 『一遍上人絵伝』にある備前国福岡の市の様子である。

ii 江戸駿河町にあったある呉服店の様子である。

iii 「士族の商法」を表している。

ア i 正 ii 正 iii 正

イ i 正 ii 誤 iii 正

ウ i 正 ii 正 iii 誤

エ i 誤 ii 正 iii 誤

オ i 誤 ii 誤 iii 誤

⑤ 下線dに関して，1695年に金の含有量を減らした元禄小判が鋳造された。この時の将軍は誰か。また，この貨幣改鋳を将軍に進言した当時の勘定吟味役は誰か。それぞれ答えよ。

⑥ 下線eについて，この条例の起草立案にあたった，2024年度以降に新一万円札の肖像になる予定の人物は誰か。

⑦ 下線fについて，次の語句を用いて70字以内で説明せよ。

　　＜語句＞　中央銀行　　保有

問2 水に関する次の各問いに答えよ。

(1) 次の図1は，信濃川(新潟県小千谷，2003年)の月平均流量を示している。また図2は，その付近にある新潟県十日町の雨温図(統計期間1991〜2020年の平均値)である。図1・図2から，信濃川(新潟県小千谷)における4月・5月の月平均流量の特徴について，90字以内で説明せよ。なお，数字を使う場合，2けた以上の数字は，1マスにおさめること。

図1

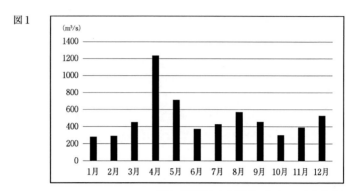

（国土交通省水文水質データベースから作成）

図2

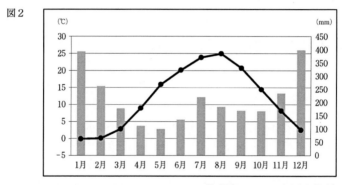

（気象庁ホームページから作成）

(2) 　仮想水(バーチャルウォーター)とは，食料を輸入している国(消費国)において，もしその輸入食料を生産するとしたら，どの程度の水が必要かを推定したものである。次の図3は，日本の仮想水総輸入量を示したものである。図4は，日本と諸外国の食料自給率を示したものである。

　　　図3から読み取れる日本の仮想水総輸入量の特徴について，図4から読み取れる内容を踏まえて，140字以内で述べよ。なお，数字を使う場合，2けた以上の数字は，1マスにおさめること。

図3

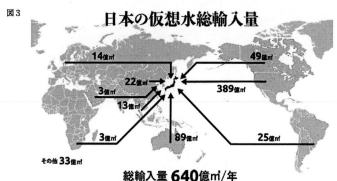

日本の仮想水総輸入量

14億㎥　49億㎥　22億㎥　389億㎥　3億㎥　13億㎥　3億㎥　89億㎥　25億㎥

その他 33億㎥

総輸入量 640億㎥/年
（日本国内の年間灌漑用水使用量は590億㎥/年）

（朝日新聞GLOBE＋ 2018.7.13の記事から作成）

図4　　　　　　日本と諸外国の食料自給率

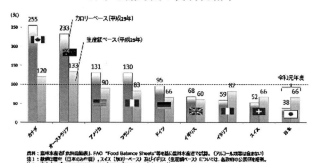

（農林水産省ホームページから作成）

(3)　次の表を見て，以下の問いに答えよ。

年	できごと
1891	国会で a 足尾銅山鉱毒事件を討議
1970	b 水質汚濁防止法制定
1999	c □□□□□□類対策特別措置法制定
2002	d 有明海及び八代海等を再生するための特別措置に関する法律制定

① 下線aについて，この事件の解決のため1891年に議会で取り

上げ，のちに天皇に直訴した地元出身の代議士は誰か。

②　下線bに関して，琵琶湖を有する滋賀県では，1979年に「滋賀県琵琶湖の□□□化の防止に関する条例」を制定し，窒素またはりんを含む物質により，藻類その他の水生植物が増殖繁茂することに伴って，琵琶湖の水質が累進的に悪化する現象を防ぎ，水質保全を行っている。□にあてはまる語句を答えよ。なお，□1つにつき漢字1字とする。

③　下線cについて，この法律は，「□□□□□□類が人の生命及び健康に重大な影響を与えるおそれがある物質であることにかんがみ，□□□□□□類による環境の汚染の防止及びその除去等をするため」に制定されたものである。□にあてはまる語句を答えよ。なお，□1つにつきカタカナ1字とする。

④　下線dについて，この法律では，「国は，有明海及び八代海等の海域において赤潮等により著しい漁業被害が発生した場合においては，当該漁業被害を受けた漁業者の救済について，当該漁業被害に係る損失の補填その他必要な措置を講ずるよう努めなければならない。」としている。このうち，赤潮と漁業被害発生の関係について，次の語句を用いて120字以内で説明せよ。

　　＜語句＞　酸素　　えら

（☆☆☆◎◎◎）

地 理 ・ 歴 史

【日本史】

【１】次の問1〜問3の問いに答えよ。

問1　次の史料Aを読んで，(1)〜(4)の問いに答えよ。

史料A

（　ア　）天皇十二年に曁び，①上宮太子親ら憲法十七条を作る，国家の制法茲自り始れり。降て（　イ　）天皇元年に至り令

廿二巻を制す。世人の所謂近江朝廷の令なり。爰に（　ウ　）天皇大宝元年に逮び，贈太政大臣正一位藤原朝臣不比等勅を奉りて律六巻，令十一巻を撰す。養老二年，復た同大臣不比等勅を奉りて更に②<u>律令</u>を撰し，各十巻と為す。今世に行はるる律令是なり。　　　　　　　　　　　　　　（『類聚三代格』）

(1)　空欄(　ア　)～(　ウ　)に当てはまる語句の組合せとして正しいものはどれか。次の1～5から一つ選べ。

	ア	イ	ウ
1	文武	天智	推古
2	天智	文武	推古
3	推古	天智	文武
4	推古	文武	天智
5	文武	推古	天智

(2)　次の写真は，史料A中の下線部①の人物の等身と伝えられ，秘仏とされてきたが，1884(明治17)年に岡倉天心とフェノロサにより開扉された仏像である。飛鳥文化を代表するこの仏像について，所蔵する寺院名および仏像名として正しいものはどれか。以下の1～5から一つ選べ。

1　飛鳥寺釈迦如来像
2　広隆寺弥勒菩薩半跏像

3　中宮寺菩薩半跏像

4　法隆寺夢違観音像

5　法隆寺救世観音像

(3)　史料A中の下線部②に関連して，日本で律令制度が整うより前の時代の様子について説明したものとして，正しいものはどれか。次の1〜5から一つ選べ。

1　豊作に関わる神事が行われ，旧暦の11月に稲の収穫を祝う祈年祭が行われた。

2　心身の汚れを清めたり，病気・災厄などを除いたりする呪術的な風習として，太占や盟神探湯が行われるようになった。

3　ヤマト政権は，服属させた地方豪族に「国造」や「県主」という氏を与えて地方を支配させた。

4　特殊職能を持つ豪族には「臣」が，大和地方の有力豪族には「連」の姓が与えられた。

5　ヤマト政権は，各地に直轄地である屯倉を配置し，地方豪族への支配を強めた。

(4)　史料A中の下線部②に関連して，日本における律令制度の成立とその内容について説明したものとして，正しいものはどれか。次の1〜5から一つ選べ。

1　太政官のもとに，民政・租税を司る式部省や，大学・国学などの教育を司る治部省が置かれた。

2　戸籍や計帳により人民が把握され，良民男女にのみ口分田が班給された。

3　民衆は租・庸・調などの負担が課せられたが，調は地方の特産物を貢納するものであったため，京・畿内には賦課されなかった。

4　貴族は，八虐の罪に際しては代償により刑罰が免除されるが，五刑の罪に際しては除名処分を受けるなど，刑罰は免除されなかった。

5　養老律令は，政界の実権を握っていた藤原仲麻呂により，孝

謙天皇の勅という形で施行された。

問2　次の史料Bを読んで，(1)～(3)の問いに答えよ。

史料B

> 去々年兵乱以後，諸国庄園郷保に補せらるるところの（　ア　）の沙汰の条々
>
> 一，得分の事
>
> 　右，宣旨の状の如くんば，仮令，田畠各拾一町の内，十町は領家国司分，一丁は（　ア　）分，広博狭小を嫌わず，この率法をもって免給の上，（　イ　）は段別五升充て行わるべしと云々。尤ももって神妙。……
>
> 貞応二年七月六日　　　　　　　　　　①前陸奥守　判
>
> 　相模守殿　　　　　　　　　　　　　（『近衛家本追加』）

(1)　空欄（　ア　），（　イ　）に当てはまる語句の組合せとして正しいものはどれか。次の1～5から一つ選べ。

　　　　　ア　　　イ

1　地頭　　加徴

2　地頭　　兵粮

3　守護　　官物

4　守護　　加徴

5　守護　　兵粮

(2)　史料B中の下線部①の人物はこの書簡の差出人であり，書簡が作られた当時の執権である。下線部①の人物はだれか。次の1～5から一つ選べ。

1　北条重時　　2　北条時房　　3　北条時政　　4　北条泰時

5　北条義時

(3)　史料Bに関連して，鎌倉時代に起こった次の出来事a～eについて，古いものから年代順に正しく配列したものはどれか。以下の1～5から一つ選べ。

a　日蓮が『立正安国論』を北条時頼に提出した。

  b　北条氏の挑発に乗せられ挙兵した和田義盛が，一族とともに
   敗死した。

  c　名越光時の反乱未遂事件を契機として，前将軍藤原頼経が帰
   洛させられた。

  d　安達泰盛一族らが，内管領平頼綱と対立するなかで滅んだ。

  e　幕府にとって初めての皇族将軍となる宗尊親王が将軍に任ぜ
   られた。

  1　a　→　b　→　c　→　d　→　e

  2　b　→　c　→　d　→　e　→　a

  3　b　→　c　→　e　→　a　→　d

  4　c　→　b　→　e　→　a　→　d

  5　c　→　a　→　d　→　b　→　e

問3　次の史料Cを読んで，(1)～(3)の問いに答えよ。

 史料C

(第1条)　一　天子諸芸能の事，第一御学問也。……
(第2条)　一　三公の下親王，……
(第4条)　一　摂家為りと雖も，其器用無きは，三公摂関に任
ぜらるべからず。況んや其外をや。
(第7条)　一　武家の官位は，公家当官の外為るべき事。
(第8条)　一　改元，漢朝の年号の内，吉例を以て相定むべし。
……
(第16条)　一　紫衣の寺，住持職，先規希有の事也。近年猥り
に勅許の事，且は臈次を乱し，且は官寺を汚し，
甚だ然るべからず，……　　　　　　（『大日本史料』）

(1)　史料Cの示す規則やその規則に関連する出来事について説明し
 たものとして，誤っているものはどれか。次の1～5から一つ選べ。

 1　この規則は，以心崇伝が中心となり，朝廷統制の基準として
  全17カ条が起草された。

 2　この規則では，天皇の学問専念，朝廷の席次，三公摂関の任

免などが規定された。

3　この規則では，武家官位と公家官位は別立てとしたため，武家官位は朝廷の職制とは関係のないものとなった。

4　この規則では，中国王朝で用いた年号の中から，日本の年号を用いることが規定された。

5　この規則によって，紫衣を僧尼に与えるという朝廷の権限はなくなり，紫衣の着用には幕府の許可のみが必要とされた。

(2)　史料Cの示す規則が制定された年に起こった出来事は何か。次の1〜5から一つ選べ。

1　柳川一件　　2　関ヶ原の戦い　　3　島原の乱

4　大坂夏の陣　　5　元和大殉教

(3)　史料Cに関連して，江戸幕府の統制策について説明したものとして，誤っているものはどれか。次の1〜5から一つ選べ。

1　大名に対して，徳川家継と慶喜の2代を除く将軍の就任後に，武家諸法度を公示した。武家諸法度に違反した大名は，改易などの処分を受けた。

2　朝廷勢力に対して，京都所司代が守護・監察を行った。さらには，朝廷と幕府間の交渉には公家の役職である武家伝奏を置き，公武間の意思疎通をはかった。

3　仏教寺院に対して，諸宗寺院法度を発布した。これにより，中国から伝えられた黄檗宗の信仰が禁止された。

4　キリスト教禁圧のために，檀家制度が成立した。住職は，キリシタンではない者にその身分を保証する寺請証文を与えるよう，幕府から命じられた。

5　神社・神職に対して，諸社禰宜神主法度を発布した。全国の神職は吉田家の支配を受けることとなり，唯一神道に属する神社と神職の数は増加した。

(☆☆☆◎◎◎)

【2】次の問1〜問3の問いに答えよ。

問1　次の図1は，2015(平成27)年，国際連合教育科学文化機関(ユネスコ)の世界遺産リストに登録された世界文化遺産「明治日本の産業革命遺産　製鉄・製鋼，造船，石炭産業」の全23の構成資産を，8つのエリアA〜Hに分けて示している。図1を見て，以下の(1)〜(7)の問いに答えよ。

図1

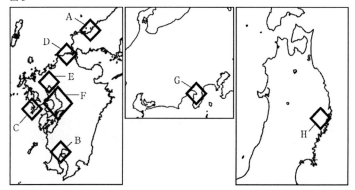

※文化庁「文化遺産オンライン」の参考資料より作成

(1)　エリアAには，構成資産「松下村塾」がある。玉木文之進が創設した松下村塾の名を継ぎ，門下である高杉晋作や久坂玄瑞らを教育した人物はだれか，答えよ。

(2)　エリアBには，薩摩藩主島津斉彬が創設した洋式工場群の構成資産がある。島津斉彬が命名したこの工場群の名称を答えよ。

(3)　エリアCには，「三菱長崎造船所」に関連する構成資産がある。1887(明治20)年，官営長崎造船所は三菱会社に払い下げられた。この三菱会社の創始者はだれか，答えよ。

(4)　エリアCには，構成資産「高島炭坑」がある。高島炭坑に関連して述べた文として正しいものを，次の1〜5から二つ選び，番号で答えよ。

1　高島炭坑は，佐賀藩とグラバー商会の共同出資で洋式技術により開発された。

2 三宅雪嶺らの創刊した雑誌『日本人』に，高島炭坑の労働問題が掲載された。

3 田中正造は，高島炭坑の公害問題について明治天皇に直訴することを試みた。

4 第二次世界大戦後，高島炭坑で三井鉱山三池鉱業所争議(三池争議)が起きた。

5 高島炭坑のある高島は，島の形が戦艦の形に似ているため「軍艦島」と呼ばれた。

(5) エリアDには，構成資産「官営八幡製鐵所」がある。八幡製鉄所に関連して述べた文として正しいものを，次の1～5から二つ選び，番号で答えよ。

1 八幡製鉄所は，日露戦争で得た賠償金をもとにして建設された。

2 八幡製鉄所は，主にドイツの技術を導入して鉄鋼の生産を開始した。

3 八幡製鉄所は，中国の黄河流域に位置する大冶鉄山の鉄鉱石を輸入した。

4 八幡製鉄所を中心とする民間企業の合同によって，日本製鋼所が発足した。

5 創業時の八幡製鉄所の一部施設は，世界遺産に登録された当時も稼働していた。

(6) エリアA～Hのいずれかに，構成資産の「三重津海軍所跡」および「橋野鉄鉱山」がある。各構成資産に関する次の説明を読み，「三重津海軍所跡」および「橋野鉄鉱山」の位置するエリアを，図1のA～Hのうちから一つずつ選び，それぞれアルファベットで答えよ。

〔三重津海軍所跡〕

藩主鍋島斉正(直正)のもとで設けられた御船手稽古所を始まりとする，海軍施設の跡地である。幕府の長崎海軍伝習所の閉鎖後に拡張し，教育，訓練，造船の場として機能した。

〔橋野鉄鉱山〕

　　藩士大島高任の指導によって洋式高炉が建設された鉱山である。毎回炉を解体するたたら製鉄法から連続出銑できる高炉法へ転換し，原料には釜石で採掘される鉄鉱石を用いた。

(7)　日本では，近代産業の発展にともない鉄道業が発達した。以下の図2は，1881(明治14)年から1910(明治43)年までの鉄道の営業キロ数を，官営および民営に分けて示している。図2を参考にして，1881年から1910年までにおける官営・民営それぞれの鉄道業の展開を，次の枠内の言葉をすべて使って140字以内で説明せよ。

日本鉄道会社　　企業勃興　　第1次西園寺内閣

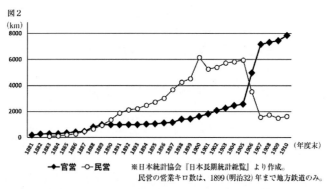

図2

※日本統計協会『日本長期統計総覧』より作成。
　民営の営業キロ数は，1899(明治32)年まで地方鉄道のみ。

問2　移民に関連した(1)〜(6)の問いに答えよ。

(1)　1893(明治26)年に設立された殖民協会は，榎本武揚を会長としてメキシコ移民を推進した。殖民協会の評議員の一人である柴四朗が1885(明治18)年以降に東海散士の名で刊行した政治小説の著書名を，次の1〜6から一つ選び，番号で答えよ。

　　1　『雪中梅』　　　2　『安愚楽鍋』　　　3　『経国美談』
　　4　『佳人之奇遇』　5　『西国立志編』　　6　『文明論之概略』

(2)　1906(明治39)年，アメリカのサンフランシスコで日本学童隔離問題が発生した。日本とアメリカとの間の外交について述べた次の文のうち，1906年以前に起きたものはどれか。次の1〜5から一

つ選び，番号で答えよ。

1 国務長官ノックスが提議した満州の諸鉄道の中立案に，日本やロシアは反対した。

2 国務長官ルートとの公文で，日米両国は太平洋方面における現状維持を確認した。

3 国務長官ランシングとの公文で，日米両国は中国の領土保全や機会均等を確認した。

4 陸軍長官タフトとの覚書で，アメリカは，日本による韓国の外交権掌握を承認した。

5 駐日大使オブライエンとの書簡・覚書で，日本は，アメリカへの移民制限を約束した。

(3) 1919(大正8)年，当時の日本移民排斥問題を背景として，日本はパリ講和会議で人種的差別撤廃を提案した。大久保利通の次男として生まれ，この会議の日本全権の一人として人種的差別撤廃の提案で中心的な役割を果たした人物はだれか，答えよ。

(4) 1924(大正13)年，アメリカでは移民法が改正され，各国からの移民に対する入国許可数を制限し，また，アメリカの市民となる資格を有しない移民に対する入国を禁止した。その結果，アメリカへの日本人移民の入国が全面的に禁止されたことから，とくに日本ではこの移民法をどのように呼称したか。漢字5字で答えよ。

(5) 1930(昭和5)年にブラジルへの移民団に加わって渡航した人物の一人が，その経験をもとに，1935(昭和10)年に小説『蒼氓』を発表した。1938(昭和13)年には小説『生きてゐる兵隊』を発表したこの人物はだれか，答えよ。

(6) 以下の表1は，1931(昭和6)年から1940(昭和15)年までの満州開拓移民数を示している。表1を参考にして，1931年から1940年までにおける日本政府による満州開拓移民の政策とその目的について，次の枠内の言葉をすべて使って140字以内で説明せよ。

人口増加　　昭和恐慌　　満蒙開拓青少年義勇軍

表1

年	満州開拓移民数（人）
1931	───
1932	1,557
1933	1,715
1934	946
1935	3,539
1936	7,707
1937	7,788
1938	30,196
1939	40,423
1940	50,889

※外務省領事移住部『わが国民の海外発展』より作成。
1931（昭和6）年の記録はない。

問3　次のⅠ～Ⅴの史料を読み，それらに関連した(1)～(15)の問いに答えよ。

史料Ⅰ

> 余ハ日露非開戦論者である許りでない，戦争絶対的廃止論者である，戦争ハ人を殺すことである，爾うして人を殺すことハ大罪悪である，爾うして大罪悪を犯して個人も国家も永久に利益を収め得やう筈ハない。……
>
> 勿論サーベルが政権を握る今日の日本に於て余の戦争廃止論が直に行はれやうとハ余と雖も望まない，然しながら戦争廃止論ハ今や文明国の識者の輿論となりつゝある，……
>
> （『万朝報』1903(明治36)年6月30日）

(1)　史料Ⅰの論説を発表した人物はだれか，答えよ。

(2)　史料Ⅰの下線部は，当時の内閣総理大臣が陸軍大将であることを示している。当時の内閣総理大臣はだれか，答えよ。

(3)　史料Ⅰの出典である新聞『万朝報』を創刊した人物はだれか，答えよ。

史料Ⅱ

> 【　ア　】陥落が吾輩の予想より遙かに早かりしは，同時に戦争の不幸の亦た意外に少なかりし意味に於いて，国民

と共に深く喜ぶ処なり。然れども，かくて我が軍の手に帰
せる【　ア　】は，結局如何に処分するを以つて，最も得
策となすべきか。是れ実に最も熟慮を要する問題なり。

　此問題に対する吾輩の立場は明白なり。亜細亜大陸に領
土を拡張すべからず，満州も宜く早きに迫んで之れを放棄
すべし，とは是れ吾輩の宿論なり。……

　這回の戦争に於いて，【　イ　】が勝つにせよ負くるにせ
よ，我が国が【　イ　】と開戦し，【　イ　】を山東より駆
逐せるは，我が外交第一着の失敗なり。若夫れ我が国が
【　イ　】に代つて【　ア　】を領得せば，是れ更に重大な
る失敗を重ぬるものなり。……

(『東洋経済新報』1914(大正3)年11月15日)

(4)　史料Ⅱの論説を発表した人物はだれか，答えよ。

(5)　史料Ⅱの空欄【　ア　】に入る適切な都市名を，漢字で答えよ。

(6)　史料Ⅱの空欄【　イ　】に入る適切な国名を，カタカナで答え
よ。

　史料Ⅲ

第一条　締約国ハ国際紛争解決ノ為戦争ニ訴フルコトヲ非
　　　　トシ且其ノ相互関係ニ於テ国家ノ政策ノ手段トシテ
　　　　ノ戦争ヲ放棄スルコトヲ其ノ各自ノ【　ウ　】ノ名
　　　　ニ於テ厳粛ニ宣言ス
第二条　締約国ハ相互間ニ起ルコトアルヘキ一切ノ紛争又
　　　　ハ紛議ハ其ノ性質又ハ起因ノ如何ヲ問ハス平和的手
　　　　段ニ依ルノ外之カ処理又ハ解決ヲ求メサルコトヲ約
　　　　ス

(『日本外交年表竝主要文書』)

---

(7)　史料Ⅲの条項を含む条約を提唱したフランスの外務大臣はだれか，答えよ。

(8)　史料Ⅲの条項を含む条約が調印された時の日本の内閣総理大臣はだれか，答えよ。

(9)　史料Ⅲの空欄【　ウ　】に入る適切な語句を答えよ。

史料Ⅳ

……曩ニ近衛内閣ハ事変ヲ起シナガラ其ノ結末ヲ見ズシテ退却ヲシタ，平沼内閣ハ御承知ノ通リデアル，阿部内閣ニ至ツテ初メテ事変処理ノ為ニ邁進スルトハ声明シタモノノ，国民ノ前ニハ事変処理ノ片鱗ヲモ示サズシテ総辞職シテシマツタ，現内閣ニ至ツテ初メテ此ノ問題ヲ此ノ議会ヲ通シテ国民ノ前ニ曝ケ出ス所ノ機会ニ到来シタノデアリマス，是ニ於テ私ハ総理大臣ニ向ツテ極メテ率直ニ御尋ヲスルノデアル，支那事変ヲ処理スルト言ハルルノデアルガ，其ノ処理セラルル範囲ハ如何ナルモノデアルカ，其ノ内容ハ如何ナルモノデアルカ，私ガ聴カントスル所ハ茲ニ在ルノデアリマス，……

（『第75回帝国議会衆議院議事摘要』）

(10)　史料Ⅳは，1940(昭和15)年2月，帝国議会衆議院本会議において立憲民政党の衆議院議員がおこなった質問演説の抜粋である。「反軍演説」とも称されるこの質問演説をおこなった人物はだれか，答えよ。

(11)　史料Ⅳが示す質問演説がおこなわれた時の内閣総理大臣はだれか，答えよ。

(12)　史料Ⅳが示す質問演説がおこなわれた同年，中国の南京で新たな中華民国国民政府が成立した。この時，新たな中華民国国民政府の主席に就任した人物はだれか，答えよ。

史料Ⅴ

> ……前述の基督教と教育勅語の問題より，①神道祭天古俗説，②<ruby>咢堂<rt>がくどう</rt></ruby>の共和演説を経て天皇機関説問題に至るまで，一たび国体が論議されるや，それは直ちに政治問題となり，政治的対立に移行した。「国体明徴」は自己批判ではなくして，殆どつねに他を圧倒するための政治的手段の一つであつた。之に対して純粋な内面的倫理は絶えず「無力」を宣告され，しかも無力なるが故に無価値とされる。……しかるに倫理がその内容的価値に於てでなくむしろその実効性に於て，云ひ換へればそれが権力的背景を持つかどうかによつて評価される傾向があるのは畢竟，倫理の究極の座が国家的なるものにあるからにほかならない。……
>
> (『世界』1946(昭和21)年5月)

(13) 史料Ⅴは，論文「超国家主義の論理と心理」の抜粋である。この論文を発表した人物はだれか，答えよ。

(14) 史料Ⅴの下線部①「神道祭天古俗説」は，1891(明治24)年に発表された論文「神道は祭天の古俗」に由来する。論文「神道は祭天の古俗」の著者はだれか，答えよ。

(15) 史料Ⅴの下線部②「咢堂」が示す人物について述べた文として正しいものを，次の1～5から二つ選び，番号で答えよ。

1 立憲改進党の創立に参画した。

2 治安警察法によって東京退去処分を受けた。

3 第1回から第25回まで衆議院議員総選挙に連続当選した。

4 日本で最初の政党内閣である大隈重信内閣の司法大臣となった。

5 第1次護憲運動の時，立憲国民党に所属して内閣打倒の陣頭に立った。

(☆☆☆◎◎◎)

295

【世界史】

【１】次の(1)～(10)の問いに答えよ。

(1)　古代の地中海沿岸では，フェニキア人が海上貿易で繁栄した。次の文1～5のうち，フェニキア人に関する内容として正しいものを一つ選べ。

1　新バビロニア王国に滅ぼされ，住民は強制移住させられた。

2　モーセに率いられてエジプトから脱出した。

3　ダマスクスを拠点とした交易を行い，使用言語は西アジアの国際語として用いられた。

4　シドン・ティルスなどの港市国家や，カルタゴなどの植民市を建設した。

5　東地中海沿岸地域で諸都市を攻撃し，ヒッタイトを滅亡させた。

(2)　ギリシア人は紀元前から交易活動を行っていた。次の文ア～オのうち，1世紀ごろのギリシア人の交易活動として正しいものの組合せを以下の1～5から一つ選べ。

ア　世界ではじめて貨幣を鋳造した。

イ　ポエニ戦争に勝利して地中海を制覇した。

ウ　エジプトのカイロを拠点として活動した。

エ　季節風を利用した航法の発見によって，交易が発展した。

オ　エジプトからインド方面の航路について「エリュトゥラー海案内記」を著した。

1　アとイ　　2　イとウ　　3　ウとエ　　4　エとオ

5　アとオ

(3)　義浄は海路を利用して唐とインドとを往復した。次の資料は，義浄が滞在した地について記したものである。下線部の国をA群から，義浄が著した書物の名称をB群からそれぞれ選び，その組合せとして正しいものを後の1～5から一つ選べ。

> 「この<u>仏逝</u>の城下には僧侶（<ruby>僧侶<rt>そうりょ</rt></ruby>）が千余人おり，学問に励み，托鉢（<ruby>托鉢<rt>たくはつ</rt></ruby>）
> を熱心に行っている。かれらが勉強している書物は中国の場
> 合と異ならない。沙門の儀軌もまったく違いがない。唐の僧
> でインドに赴いて勉強しようと思う者は，ここに一，二年滞
> 在して，その法式を学んでからインドに向かうのがよい」
> （「世界の歴史13　東南アジアの伝統と発展」中央公論社）

〔A群〕

　ア　扶南　　イ　チャンパー　　ウ　シュリーヴィジャヤ

〔B群〕

　エ　南海寄帰内法伝　　オ　仏国記　　カ　大唐西域記

1　アとオ　　2　イとエ　　3　ウとエ　　4　ウとカ

5　イとオ

(4)　8世紀頃からムスリム商人が海上に進出し，10世紀以降は中国商
人の海上進出も活発となり，海の道による交易が著しく発展した。
次のうち，ムスリム商人に関する内容として誤っているものはどれ
か。1～5から一つ選べ。

1　広州など中国の港市に居留地をつくった。

2　ウマイヤ朝やアッバース朝に保護されたカーリミー商人が国際
貿易を担った。

3　インド・東南アジア・中国の商品をダウ船に積んで運んだ。

4　アラビア半島で東方の商品を買い付け，北アフリカでイタリア
商人に売り渡した。

5　ムスリム商人の活動とともに，東南アジアでイスラーム教が広
まった。

(5)　ソグド人は中央アジアで東西交易に従事した。次のうち，ソグド
人に関する内容として誤っているものはどれか。1～5から一つ選べ。

1　サマルカンドを中心としたソグディアナ地方を故地とするトル
コ系民族である。

2　キャラヴァンで交易を行っていた。

　3　宗教は古代から受け継いできたゾロアスター教であった。

　4　唐の節度使となった安禄山はソグド人であった。

　5　正倉院にある伎楽面「酔胡王」の「胡」はソグド人と関わりがある。

(6)　中世ヨーロッパでは，遠隔地商業が行われるようになり都市が発展した。次の文1～5のうち中世ヨーロッパの商業や都市に関する内容として正しいものを一つ選べ。

　1　地中海では，ヴェネツィアやジェノヴァなど北イタリアの都市が東方貿易に従事し，香辛料や絹織物を交易した。

　2　北海・バルト海では木材・海産物・毛皮・毛織物などが取引され，北ドイツの諸都市はハンブルクを盟主としてロンバルディア同盟を結成した。

　3　南北の交易圏を結ぶ都市が発達し，シャンパーニュ地方は金融業で栄え，ブレーメンなどの南ドイツの諸都市は交易拠点として繁栄した。

　4　商工業が発達したイタリアの都市は自治権を獲得し，司教座都市として独立した。

　5　商人や手工業者が商人ギルドや同職ギルド(ツンフト)などの同業組合を結成し，自由競争を奨励して市場を独占した。

(7)　モンゴル帝国がユーラシアのほぼ全域を統合すると，通信・交通のネットワークが確保され商業や貿易が奨励されたことによりユーラシア規模で経済・文化交流が大きく発展した。次のうちモンゴル帝国や元の時代に行われたものを三つ選び，その組合せとして正しいものを以下の1～5から一つ選べ。

　ア　征服地に都護府をおいた。

　イ　日本と勘合貿易を始めた。

　ウ　紙幣として交鈔を発行した。

　エ　班超が西域の支配を確立した。

　オ　燕雲十六州を領土に加えた。

　カ　全国の農村に里甲制を施行した。

キ　駅伝制(ジャムチ)を整備した。

ク　公行(広東十三行)に対外貿易を請け負わせた。

ケ　交子・会子が紙幣として使用された。

コ　運河を開通させ大都を中心とする交通システムが完成した。

1　アとウとコ　　　2　イとエとカ　　　3　ウとキとコ

4　エとキとケ　　5　オとカとク

(8)　15世紀には，鄭和がインド洋からアフリカ沿岸にまで至る数回の
遠征をおこなった。次の〔Ⅰ群〕ア〜オは鄭和艦隊が入港した都市
の一部である。〔Ⅰ群〕にある都市が位置する場所を〔Ⅱ群〕から，
〔Ⅰ群〕にある都市について述べた文を〔Ⅲ群〕からそれぞれ選び，
その組合せとして正しいものを後の1〜5から一つ選べ。

〔Ⅰ群〕

ア　カリカット　　イ　パレンバン　　ウ　ホルムズ

エ　マラッカ　　　オ　モガディシュ

〔Ⅱ群〕

①　ペルシア湾岸　　②　マレー半島　　③　スマトラ島

④　インド西岸　　　⑤　東アフリカ

〔Ⅲ群〕

A　密貿易に携わる中国商人たちの拠点となっていたが，19世紀
にオランダの植民地となった。

B　アラブ商人の進出により港市として栄え，15世紀にはヴァス
コ＝ダ＝ガマが来航した。

C　地中海方面や中央アジア方面との交易の拠点であり，16世紀
にはポルトガルが上陸占領したが，17世紀にサファーヴィー朝
が支配権を回復した。

D　港市国家として海上交易で栄えたが，16世紀にポルトガルに
よって占領され，後にオランダ，イギリスが進出した。

E　天然の良港として発展しムスリム商人の交易地として繁栄し
たが，20世紀にイタリアの植民地となった。

1　アと③とD　　2　イと②とA　　3　ウと①とB

　　4　エと④とC　　5　オと⑤とE

(9)　16～17世紀の東アジアや東南アジアでは様々な交易活動が行われた。次の文A～Eの内容について正しいものを○，誤っているものを×とした場合，正しい組合せを以下の1～5から一つ選べ。

　A　元の海禁政策に対抗した華南地方の沿海住民は，後期倭寇となって密貿易を行った。

　B　16世紀後半に明は海禁政策を緩和し，倭寇の根拠地とみなされた日本への渡航も許可した。

　C　徳川家康は，朱印船を台湾・マカオや東南アジアに渡航させて中国人商人と交易させた。

　D　東南アジアに渡航した日本人は，アユタヤやマニラなどに日本人町を形成した。

　E　マニラを拠点としたスペイン商人は中国の絹織物や陶磁器をメキシコに運び，持ち帰ったメキシコ銀が中国に流入した。

	A	B	C	D	E
1	○	×	○	×	○
2	×	×	○	○	○
2	×	○	×	○	×
4	○	○	×	×	×
5	×	○	○	○	×

(10)　17世紀以降20世紀初頭のヨーロッパでは，王侯貴族が中国や日本の磁器を集めたり，画家たちが中国や日本を意識した作品を描いたりした。次の文A～Cのできごとが起こった世紀の組合せとして正しいものを以下の1～5から一つ選べ。

　A　ゴッホが，歌川広重の浮世絵を模写した「雨中の橋」を描いた。

　B　日本の磁器をヨーロッパ市場に送ったオランダの東インド会社が，平戸に商館を置いた。

　C　プロイセン国王フリードリヒ2世によって，サンスーシ宮殿の庭園に中国風茶館が建てられた。

	A	B	C
1	18世紀	17世紀	17世紀
2	19世紀	17世紀	17世紀
3	19世紀	17世紀	18世紀
4	20世紀	18世紀	18世紀
5	20世紀	18世紀	19世紀

(☆☆☆◎◎◎)

【2】次の(1)～(3)の問いに答えよ。

(1) 次の文を読み，以下の①，②の問いに答えよ。

> 1502年にカリブ海に渡り，ドミニコ会士となった[ア]は，スペインが推し進める新大陸征服の正当性を否定し，征服戦争の全面的禁止やエンコミエンダ制の即時撤廃を訴え，数多くの論策や記録文書を執筆した。

① [ア]に入る人物は『インディアスの破壊についての簡潔な報告』の著者である。この人物は誰か答えよ。

② 下線部に関して，「エンコミエンダ制」について説明せよ。

(2) 宗教改革に関する次の①，②の問いに答えよ。

① ルターがドイツにおいて始めた宗教改革について，次のア～ウの問いに答えよ。

ア 1517年，ルターが贖宥状の悪弊を批判して発表したものは何か答えよ。

イ ヴォルムスの帝国議会を開催し，ルターに自説の撤回を求めた神聖ローマ帝国の皇帝は誰か答えよ。

ウ 1555年の「アウクスブルクの和議」について，その内容を説明せよ。

② イギリス国教会が確立されるまでの過程を，ヘンリ8世からエリザベス1世までの歴代の王の名をあげて説明せよ。

(3) 20世紀前半に起こった出来事について，次の①～④の問いに答え

よ。

①　次の文を読み，以下のア～エの問いに答えよ。

> 　1919年1月，連合国代表が集まり，_Aパリ講和会議が開かれた。この会議では，その前年にアメリカ合衆国大統領ウィルソンが発表した十四か条の平和原則が基礎とされた。しかし，戦勝国であるイギリスやフランスが自国の利益を主張したため，この原則は部分的にしか実現しなかった。_B民族自決権が適用された地域も一部に留まり，アジアやアフリカでは適用されなかった。
>
> 　1919年6月，パリ郊外のヴェルサイユ宮殿で，ドイツとの_Cヴェルサイユ条約が締結されたが，その内容はドイツを厳しく制約するものだった。
>
> 　ヴェルサイユ条約をはじめとする_D敗戦国ごとの講和条約によって，ヴェルサイユ体制と呼ばれるヨーロッパの戦後国際体制が始まった。

ア　下線部Aに関して，この会議に出席したフランス首相は誰か
答えよ。

イ　下線部Bに関して，民族自決権が適用された地域について，
戦勝国である英仏の立場からその理由を簡潔に説明せよ。

ウ　下線部Cに関して，この時ドイツに課せられた講和条約のう
ち，領土に関する条件を2つ，軍事に関する条件を2つ，具体的
に箇条書きで記せ。

エ　下線部Dに関して，連合国とオーストリアとの間で締結され
た講和条約は何か答えよ。

②　第一次世界大戦後のドイツで台頭したナチ党(国民社会主義ド
イツ労働者党)に関する次の文を読み，以下のア～ウの問いに答
えよ。

　　ヒトラー率いるナチ党は，1923年のミュンヘン一揆に失敗した後，合法路線に転じ，ヴェルサイユ条約破棄やユダヤ人排斥などを唱えた。その過激な主張は，初めは支持されなかったが，A社会状況の変化に伴い，支持を広げていき，1930年の総選挙で第2党に，1932年の総選挙では第1党に躍進した。

　　1933年，B保守派や産業界の協力を得て，ヒトラーは首相に任命された。Cヒトラー政権は，国会の立法権を政府に移し，ナチ党以外の政党や団体を解散させて，わずか半年で一党独裁体制を確立した。

ア　下線部Aに関して，ナチ党が躍進した背景について，簡潔に説明せよ。

イ　下線部Bに関して，保守派や産業界がナチ党に協力した理由を，簡潔に説明せよ。

ウ　下線部Cに関して，ヒトラー政権が成立させた，政府に立法権を委ねる法律は何か答えよ。

③　1938年のミュンヘン会談に関する次のア～ウの問いに答えよ。

ア　この会談が行われた都市の位置を，地図中1～4から選び，記号で答えよ。

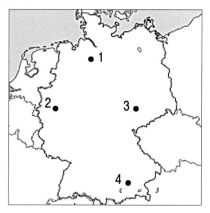

　　イ　この会談に参加したイギリス首相は誰か答えよ。

　　ウ　この会談の開催理由や参加国，及び成立した協定の内容を説明せよ。

　④　第二次世界大戦におけるヨーロッパ戦線について，開戦から終戦までの経緯(1939年9月～1945年5月)を次の語句を用いてまとめよ。

【　ヴィシー　　　　ロンドン空襲　　スターリングラード

　　バドリオ政府　　ノルマンディー　】

(☆☆☆◎◎◎)

【地理】

【1】次の(1)～(9)の問いに答えよ。

　(1)　次の図1は，赤道が通る位置を示したアフリカ大陸の地図である。以下の1～5のうち，図1中の地点Xと地点Yとを結ぶ直線が通る地点の標高を模式的な地形断面図で表したとき，正しいものはどれか。1～5から一つ選べ。ただし，地点X・Yはいずれも赤道上の地点とし，模式的な地形断面図については，標高0m未満は省略し，水平距離に対して垂直距離は約300倍で表現している。

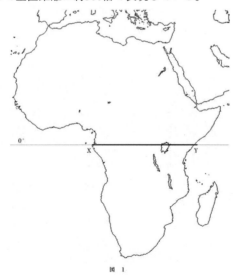

図　1

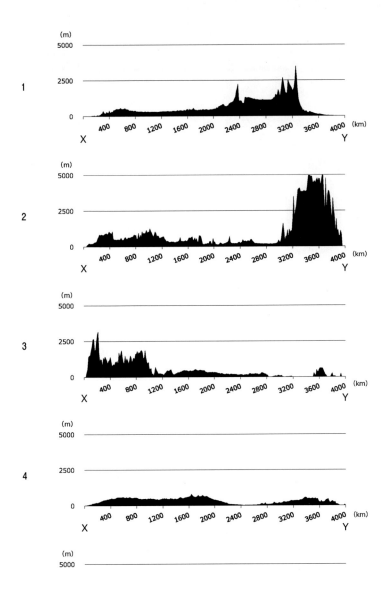

5

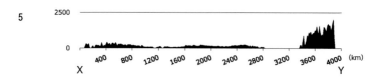

(2)　次の1～5のうち，古期造山帯に属する山脈として誤っているもの
　　はどれか。1～5から一つ選べ。

1　ウラル山脈

2　アトラス山脈

3　チンリン山脈

4　アパラチア山脈

5　グレートディヴァイディング山脈

(3)　次の文章は，中東の国について述べたものである。該当する国は
　　どれか。1～5から一つ選べ。

　　　アラビア半島の80％を領有し，国土面積は220.7万km²である。
　ほとんどが砂漠地帯であり，北部にはネフド砂漠，南部には
　ルブアルハーリー砂漠が広がっている。2020年における人口
　は約3,481万人，2019年における原油の埋蔵量は409億tで世界2
　位，原油の輸出量は世界1位である。首都はリヤド。

1　イエメン

2　オマーン

3　カタール

4　イスラエル

5　サウジアラビア

(4)　次の図2は，三陸海岸付近とその沖合の海底地形の鳥瞰図に記号
　　を入れて加工したものである。これを見て，以下の①～②の問いに
　　答えよ。

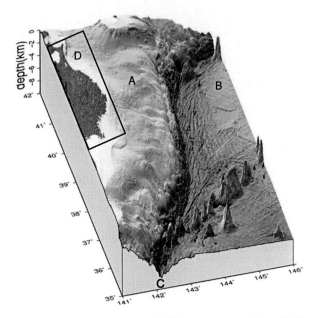

（海上保安庁海洋情報部ホームページより作成）

図　2

① 図2中のAとBはプレート，Cは細長い溝状の地形をそれぞれ示
している。A～Cのそれぞれの名称の組合せとして正しいものは
どれか。1～5から一つ選べ。

	A	B	C
1	ユーラシアプレート	フィリピン海プレート	相模トラフ
2	ユーラシアプレート	太平洋プレート	相模トラフ
3	北アメリカプレート	フィリピン海プレート	日本海溝
4	北アメリカプレート	太平洋プレート	日本海溝
5	太平洋プレート	フィリピン海プレート	日本海溝

② 次の1～5は，いずれも図2中のDの範囲にみられる典型地形の地
形図である。地形図から読み取ることのできる典型地形の説明と
して，下線部の記述が誤っているものはどれか。1～5から一つ選

307

べ。

1

『田野畑』（平成27年発行）

海成の段丘面と段丘崖が分布していることから，<u>海岸線に広が</u>
<u>る浅海底が離水して海岸線より陸側に階段状になった地形であ</u>
ると考えられる。

2

『小野』（令和元年発行）

多数の島々が点在していることから，<u>海面の下降または地盤が</u>
<u>隆起したことにより，海面上に陸地が生じた地形である</u>と考え
られる。

3

『八戸東部』（令和元年発行）

海岸には岩石が露出し，海食崖もみられることから，<u>岩石海岸</u>
<u>であり，波浪や海水の侵食作用によって形成された地形である</u>
と考えられる。

『安家』(平成18年発行)

斜面には露出した岩石が多数みられ，安家洞(鍾乳洞)があることから，<u>石灰岩等の可溶性の成分からなる岩石がみられるところで，溶食作用に関連して生じた地形</u>であると考えられる。

『猿ヶ森』(平成25年発行)

海岸線に沿って，砂浜が丘状になっていることから，<u>風のために内陸側に吹き寄せられた砂により形成された地形</u>であると考えられる。

(5) 次の表1は，2019(平成31／令和元)年における山梨県，奈良県，香川県，徳島県，鳥取県の人口，可住地面積，総面積に占める可住地面積の割合を示したものである。香川県に該当するものはどれか。1〜5から一つ選べ。

表 1

	人口 (千人)	可住地面積 (km²)	総面積に占める 可住地面積の割合（%）
1	556	847	24.1
2	728	881	21.2
3	811	863	19.3
4	956	947	50.4
5	1,330	780	21.1

(『データでみる県勢』第30版より作成)

(6)　次の表2は，ユーラシア，アフリカ，北アメリカ，南アメリカ，オーストラリアのそれぞれの大陸に占める気候区の割合を示したものである。オーストラリアに該当するものはどれか。1～5から一つ選べ。

表　2

単位（％）

大陸 ＼ 気候区	Af	Aw	BS	BW	Cs	Cw	Cf	Df	Dw	ET	EF
1	2.8	2.4	10.7	3.7	0.8	2.0	10.7	43.4	-	17.3	6.2
2	19.8	18.8	21.5	25.2	1.3	13.1	0.3	-	-	-	-
3	7.9	9.0	25.8	31.4	7.9	6.8	11.2	-	-	-	-
4	26.9	36.5	6.7	7.3	0.3	6.7	14.0	-	-	1.6	-
5	3.5	3.9	15.9	10.2	2.2	9.6	5.7	25.8	13.4	9.8	-

（『データブック　オブ・ザ・ワールド』2021年版より作成）

(7)　次のア～エの気候区における植生及び土壌の説明として正しいものを○，誤っているものを×とした場合，正しい組合せはどれか。1～5から一つ選べ。

ア　Afの気候区では，湿度が高く日射も豊富であることから，さまざまな常緑広葉樹が繁茂している。また，土壌は赤色のラテライト性土壌が主で，あまり肥沃でなく保水力も弱い。

イ　BSの気候区のうち，温帯草原においては，年平均気温や年平均降水量によって短草型草原や長草型草原となる。また，土壌は栗色やチェルノーゼム等の黒色の肥沃な土壌となる。

ウ　DfやDwの気候区のうち，針葉樹林が発達する地域では，常緑針葉樹からなるきわめて単純な森林をタイガと呼ぶ。また，土壌は強酸性で灰白色のポドゾルとなっており，泥炭地も多い。

エ　ETの気候区では，年間を通じて低温なため，高木は育たず，多年草と矮生低木に蘚苔類や地衣類を交えた植物群落が優占する。また，厚い永久凍土層が形成され，土壌は酸性でやせている。

	ア	イ	ウ	エ
1	○	○	○	○
2	○	○	×	×
3	×	○	○	×

4	×	×	○	○
5	×	×	×	×

(8) 次の図3は，北緯50度付近に位置する都市における月平均気温と月降水量を示したハイサーグラフである。図4中に示した北緯50度付近に位置する都市1〜5のうち，図3のハイサーグラフが示す月平均気温と月降水量に該当する都市はどれか。図4中の1〜5から一つ選べ。

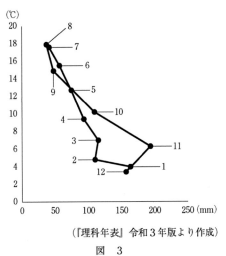

(『理科年表』令和3年版より作成)

図　3

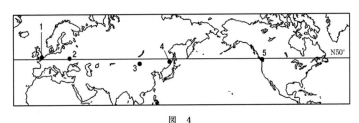

図　4

(9) 次の表3は，2019(平成31／令和元)年の日本におけるバナナの輸入量が多い上位5か国についてまとめたものである。図5中に示した1〜5の国のうち，表3中のAの国の位置を示しているものはどれか。図5中の1〜5から一つ選べ。

表　3

	輸入量（ t ）
フィリピン	836,618
A	119,294
メキシコ	54,284
グアテマラ	12,599
ペルー	5,668

（財務省貿易統計により作成）

図　5

(☆☆☆○○○)

【2】次の問1，問2の問いに答えよ。(※　拡大・縮小率は紙面の都合上
変更している。)

問1　次の(1)～(3)の問いに答えよ。

(1)　次の図1は，江戸時代後期に，日本で初めて実際の測量によっ
て作成された大図である。これを見て，以下の①～③の問いに答
えよ。

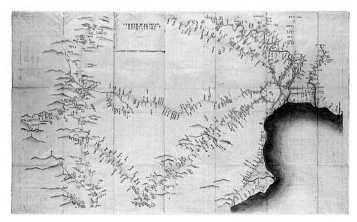

図　1

① 　門弟らとともに，図1を含む214枚の大図，8枚の中図，3枚の小図からなる全図を作成した人物を漢字4字で答えよ。

② 　図1中には，測量を行っていないために生じた空白部分がある。図1から読み取れる範囲において，主にどのような箇所を歩いて測量を行ったか，簡潔に説明せよ。

③ 　次の文章は，地図作成や測量の基準点について述べたものである。文中a〜cに当てはまる語句を，それぞれ漢字2字で答えよ。

> 　地図を作成する際，__a__点と呼ばれる経緯度が正確に求められた標識をもとに測量を行う。また，土地の高さを精密に求める際は，主要な幹線国道に設定されている__b__路線に沿って約2km間隔で設置された__b__点を使用している。この他，GNSSを利用して土地の測量等を行うため，国土地理院はGNSSからの電波を常時観測する__c__基準点を設置している。

(2) 　次の図2は，国土地理院が発行する2万5千分の1地形図『宮津』

313

(平成14年10月1日発行)の一部に記号を入れて加工したものである。これを見て，以下の①，②の問いに答えよ。

図　2

①　図2中の「天橋立」及び「阿蘇海」について，「潮流」「湾央」「外海」の3語を用いて，それぞれにみられる典型地形の名称と特徴を説明せよ。

②　次の図3は，大日本帝國陸地測量部が発行した正式2万分の1地形図『天橋立』(大正8年5月30日発行)を，図2中のAの範囲について225％に拡大したものであり，図4は，図2中のAの範囲について350％に拡大し，記号を入れて加工したものである。これらを見て，以下の(i)，(ii)の問いに答えよ。

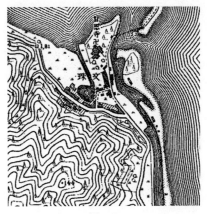

図 3

図 4

(i)　図3と図4とを比較した時，地形図中から読み取れる交通手段の変化について，「大正8年から平成14年までの間に」という書き出しで説明せよ。

(ii)　図4中の「もんじゅ駅」から「ビューランド駅」までの地図上の長さを1.36cmとする時，平均勾配(%)を求めよ。なお，標高差は図4中の●の地点間で測ることとし，解答は百分率に直した後，小数点以下は切り捨てること。

(3)　次の図5は，国土地理院が発行する『剱岳』の地形図の一部を
128％に拡大したものである。これを見て，以下の①～③の問い
に答えよ。

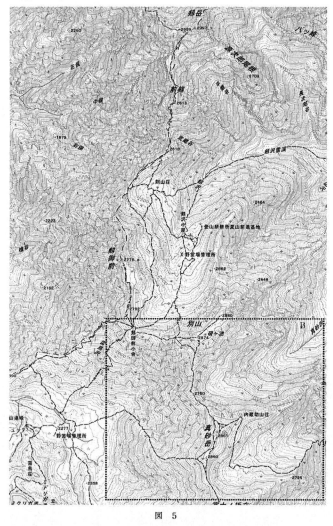

図　5

①　図5中の「前剱」から「剱岳」へ向かう尾根は，「ホルン(ホ

ーン・チンネ)」と呼ばれる岩峰である。「ホルン」はどのような作用で形成され，どのような形をしているか。簡潔に説明せよ。

② 図5中の「内蔵助山荘」の南北にみられる地形のうち，山稜直下の谷頭部につくられる円形ないし馬蹄形の平面形をもつ谷は何と呼ばれているか。カタカナ3字で答えよ。

③ 次の図6は，図5中のBの範囲について290％に拡大したものである。図6中の「別山」から「真砂岳」を通る尾根線の東側に万年雪が多くみられる理由について，尾根の向きと風の向きを踏まえて説明せよ。

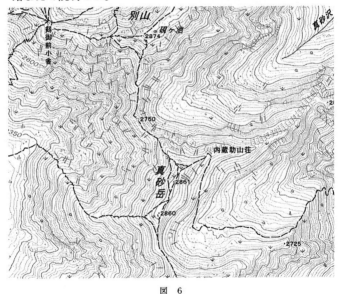

図　6

問2　次の図7で示されたヨーロッパに関する次の(1)〜(8)の問いに答えよ。なお，図7中の あ〜お は国，点a〜dは首都，点xは都市の位置をそれぞれ示している。

図　7

(1) 図7中の A の山脈名，B の海名，C の山脈名，D の山脈名，E の海名，F の河川名を答えよ。

(2) 図7中の点xは，北緯70度付近に位置するノルウェーの都市ハンメルフェストを示している。ハンメルフェストの港が不凍港となる要因について，沿岸を流れる海流との関係を踏まえて簡潔に説明せよ。

(3) 図7中の う の国の首都パリは，ケスタと呼ばれる地形の上に形成されている。次の①，②の問いに答えよ。

① 図7中の点a～dのうち，パリと同じようにケスタの上に形成された首都はどれか。点a～dから一つ選べ。

② ケスタについて，地層の特徴を踏まえて，「侵食」「非対称」の2語を用いて簡潔に説明せよ。

(4) 次の表1は，2018年における図7中の あ～お の国の輸出上位4品
目をそれぞれ示したものである。図7中の あ の国に該当するもの
はどれか。1～5から一つ選べ。

表　1

	1位	2位	3位	4位
1	機械類	自動車	金（非貨幣用）	医薬品
2	機械類	自動車	航空機	医薬品
3	機械類	自動車	医薬品	精密機械
4	自動車	機械類	野菜・果実	石油製品
5	機械類	自動車	医薬品	衣類

（『世界国勢図会』2020／21年版より作成）

(5) ヨーロッパ諸国の加盟国間では，出入国審査なしで国境を自由
に往来できることを定めた協定がある。次の①，②の問いに答え
よ。

① 1985年にルクセンブルクで結ばれた協定で，ヨーロッパ諸国
の加盟国間において出入国審査なしで国境を自由に往来できる
ことを定めた協定は何と呼ばれているか。

② 次の表2は，西ヨーロッパと東ヨーロッパ各国における2018
年の一人当たり名目GDPと一人当たり実質GDPの伸びを示した
ものである。表2から読み取れる東ヨーロッパの経済発展の特
徴について，西ヨーロッパと比較して，簡潔に答えよ。

表　2

	国名	一人当たり名目GDP （ユーロ）	一人当たり実質GDPの 伸び
西ヨーロッパ	あ	25,800	113
	い	36,000	108
	う	35,100	105
	え	40,900	107
	お	29,000	103
東ヨーロッパ	ルーマニア	10,300	134
	リトアニア	16,100	129
	ラトビア	15,300	127
	ハンガリー	13,500	125
	ポーランド	12,900	124

一人当たり実質GDPの伸びについては、2012年の一人当たり実質GDPを100として2018年の水準を
見たもの。

（欧州連合日本政府代表部の資料により作成）

(6)　図7中の あ～お の国のうち，それぞれの国内で最も多くの人が使用する公用語がゲルマン諸語に属する国はどれか。あ～お から二つ選べ。

(7)　図7中の お の国の主に北東部・中央部において，中小企業を主体とした分業ネットワークによる柔軟な生産システムを構築し，1960～1980年代に大きく経済発展を遂げた地域は何と呼ばれているか。

(8)　図7中の う の国において，2020年以降の温室効果ガス排出削減等のための新たな国際枠組みとしてパリ協定が採択された。パリ協定は京都議定書の後継となるもので，公平かつ実効的な枠組みといわれる。パリ協定が公平かつ実効的な枠組みといわれる理由について，「途上国」「排出削減目標」の2語を用いて簡潔に答えよ。

(☆☆☆◎◎◎)

公 民 科

【共通問題】

【1】次の(1)，(2)の問いに答えよ。

(1)　次の文章は，『高等学校学習指導要領(平成30年告示)解説　公民編』の一部である。この文章を読み，以下のア～オの問いに答えよ。

> 　議会制民主主義については，国民主権，議会制民主主義，権力分立，A議院内閣制，違憲審査制などの概念やそれらに関わる政治理論の理解を基に，B日本国憲法の下でそれらの政治制度や政治機構がどのような理由で設けられたのか，制度や機構の背景にあるC民主政治の考え方について理解を深めることができるようにする。また，議会制民主主義が理念的には権力分立制の下，国民代表制と多数決の原理に基づく議会を通じて運営されていることを理解できるようにする。

> D地方自治については，地方自治が住民自らの意思と責任の下で行われるものであり，民主政治の基盤をなすものであることについて理解を深めることができるようにする。また，我が国では，E地方自治の政治制度においては，直接民主制の考え方が国政よりもより多く取り入れられていることや，執行機関の最高責任者である首長と議会の議員とが，住民を代表するものとして，それぞれ独立に選出され，相互に抑制と均衡の関係を保っていることなどを理解できるようにするとともに，地方自治に対する関心を高めるように指導することが大切である。

ア　下線部Aに関連して，日本の政治制度に関する説明として誤っているものを1～5から一つ選べ。

1　内閣は，憲法や法律の規定を実施するために政令を定めることができる。

2　内閣総理大臣は，国会議員の中から国会の議決で，指名される。

3　現在の国会法における常会は，毎年1月中に召集することを常例としている。

4　内閣は，最高裁判所長官の任命を行う。

5　天皇の国事行為は，内閣の助言と承認に基づき行われる。

イ　下線部Bに関連して，日本国憲法における基本的人権に関する説明として誤っているものを1～5から一つ選べ。

1　日本国憲法第11条では，基本的人権は，侵すことのできない永久の権利として，現在及び将来の国民に与えられるとしている。

2　日本国憲法第24条では，婚姻について規定しており，夫婦が同等の権利を有することとし，相互の協力により維持されなければならないとしている。

3　日本国憲法第25条では，国は，すべての生活部面について，

社会福祉，社会保障及び公衆衛生の向上及び増進に努めなければならないとしている。

4　日本国憲法第26条では，保護する子女に普通教育を受けさせる義務について規定しており，義務教育は無償とするとしている。

5　日本国憲法第27条では，勤労の義務について規定するとともに，賃金，就業時間，休息その他の勤労条件に関する基準は，条例でこれを定めるとしている。

ウ　下線部Cに関連して，各国の民主政治に関する説明として，正しいものを1〜5から一つ選べ。

1　アメリカ連邦議会における上院議員は，各州から人口比例で選出され，任期は2年である。

2　アメリカ連邦議会における下院議員は，各州から2名ずつ選出され，任期は6年である。

3　アメリカ連邦議会における議員は，上下両院とも選挙人による間接選挙で選出される。

4　イギリス議会における上院は，任期の途中で解散させられることがある。

5　イギリス議会における下院議員は，有権者による直接選挙で選出される。

エ　下線部Dに関連して，地方公共団体の組織に関する説明として，誤っているものを1〜5から一つ選べ。

1　地方自治法では，都道府県，市町村及び東京都23区が普通地方公共団体に分類されている。

2　日本国憲法第92条では，地方公共団体の組織及び運営に関する事項は，地方自治の本旨に基いて，法律でこれを定めるとしている。

3　日本国憲法第94条では，地方公共団体は，法律の範囲内で条例を制定することができるとしている。

4　普通地方公共団体の議会において，首長の不信任の議決をし

たときは，首長はその通知を受けた日から10日以内に地方議会を解散することができる。

5 　選挙管理委員会は，地方自治法に基づき普通地方公共団体に設置される行政委員会である。

オ 　下線部Eに関連して，地方公共団体における住民の直接請求の説明として正しいものを1～5から一つ選べ。

1 　当該自治体の有権者の$\frac{1}{50}$以上の署名により，選挙管理委員会に対して，副知事の解職を請求できる。

2 　当該自治体の有権者の$\frac{1}{50}$以上の署名により，地方議会に対して，首長の解職を請求できる。

3 　当該自治体の有権者の$\frac{1}{50}$以上の署名により，首長に対して，条例の制定を請求できる。

4 　当該自治体の有権者の$\frac{1}{3}$以上の署名により，首長に対して，議員の解職を請求できる。

5 　当該自治体の有権者の$\frac{1}{3}$以上の署名により，地方議会に対して，監査を請求できる。

(2) 　次の文章は，『高等学校学習指導要領(平成30年告示)解説　公民編』の一部である。この文章を読み，以下のア～オの問いに答えよ。

　　A高校生にとって政治や社会は一層身近なものとなるとともに，自ら考え，積極的にB国家や社会に参画する環境が整いつつある。

　　このような中で新設された「公共」は，人間と社会の在り方についての見方・考え方を働かせ，現代のC倫理，社会，D文化，政治，E法，経済，国際関係などに関わる諸課題を追究したり解決したりする活動を通して，グローバル化する国際社会に主体的に生きる平和で民主的な国家及び社会の有為な形成者に必要な公民としての資質・能力を育成することを目標としている。

ア 　下線部Aに関連して，一般に，高校生は青年期に属すると言わ

れている。人間の発達の過程を，達成すべき発達課題によって八つの発達段階に区分したライフサイクルを説いた，ドイツに生まれてアメリカ合衆国に渡った精神分析学者は誰か。1～5から一つ選べ。

1　ピアジェ(J.Piaget)

2　フロイト(S.Freud)

3　マズロー(A.H.Maslow)

4　エリクソン(E.H.Erikson)

5　オールポート(G.W.Allport)

イ　下線部Bに関連して，『戦争と平和の法』を著し，国際法学を基礎的に体系づけ，人間の社会関係は全て理性的，社会的で自由・平等な人間相互間の基本的社会秩序としての自然法に服すると説いた，「近代自然法学の父」，「国際法学の祖」と呼ばれるオランダの法学者は誰か。1～5から一つ選べ。

1　ボシュエ(J.B.Bossuet)

2　フィルマー(R.Filmer)

3　ブラクトン(H.d.Bracton)

4　リースマン(D.Riesman)

5　グロティウス(H.Grotius)

ウ　下線部Cに関連して，『人間の学としての倫理学』を著し，倫理学を人と人との間柄の学，つまり「人間の学」としてとらえ，個人と全体の弁証法的対抗関係が人間存在の本質であると説いた，日本の倫理学者は誰か。1～5から一つ選べ。

1　折口信夫

2　鈴木大拙

3　津田左右吉

4　西田幾多郎

5　和辻哲郎

エ　下線部Dに関連して，互いに異なる文化が交流する時に，円滑に交流が進まずに文化上の対立や摩擦が生じることがある。一般

に，自分の属している民族の文化を強調し，他民族の文化に対して否定的，抑圧的，敵対的な態度をとる自民族優越の意識傾向は何と呼ばれているか。1〜5から一つ選べ。

1　エスノセントリズム

2　ノーブレスオブリッジ(ノブレスオブリージュ)

3　プラグマティズム

4　フロネーシス(プロネーシス)

5　マルチカルチュラリズム

オ　下線部Eに関連して，ドイツの哲学者ヘーゲル(G.W.F.Hegel)は『法の哲学』などを著し，市民法(抽象法)だけではなく，倫理学を含んだ社会・政治哲学を説いた。ヘーゲルに関する記述として誤っているものを1〜5から一つ選べ。

1　抽象法の外面性と道徳の内面性とを一つに総合したものが人倫であるとし，社会的諸制度を，客観的な制度と主観的な自己意識との統一の上に成立しているとした。

2　概念を廃棄すると同時に保存することによって，より高い段階の概念へと高める論理は，止揚(揚棄)(アウフヘーベン)と呼ばれる。

3　国家は，市民社会・家族へとつづく人倫の最初の段階であるとし，国家における個と全体の関係は家族や市民社会に比べて低い段階であるとした。

4　市民社会は，個人が自己利益を追求する「欲求の体系」であるとし，富裕と貧困への両極分解に至るとした。

5　家族は，自然的な人倫的共同体であるとし，人間が単にばらばらの個別的存在であるのではなく，共同的存在であることの現実的な表現であるとした。

【政治・経済】

【1】現代社会の諸課題に関する，次の(1)〜(3)の問いに答えよ。

(1)　第二次世界大戦後，ソビエト社会主義共和国連邦(ソ連)を中心と

した社会主義諸国と，アメリカ合衆国を中心とした資本主義諸国の2つの体制が対立しており，この対立は冷戦と呼ばれた。次の年表は第二次世界大戦後からソ連解体までの国際社会の出来事をまとめたものである。次のア～エの問いに答えよ。

年	出来事
1946	イギリスの元首相である【 あ 】がアメリカにおいて「鉄のカーテン」演説を行った。
1947	アメリカがヨーロッパの復興のためのマーシャル・プランを発表した。
1949	アメリカやイギリス、ベルギーなどの12か国で【 い 】機構が成立した。その後、【 い 】に基づいた常設軍事機構化が進んだ。
A 1950	朝鮮戦争が勃発した。
1954	中華人民共和国の周恩来首相とインドの【 う 】首相が会談を行い、平和五原則に合意した。
1955	ソ連やポーランド、ハンガリーなどの8か国でワルシャワ条約機構が成立した。インドネシアの【 え 】において、第1回アジア・アフリカ会議が開催され、平和十原則が決議された。
1962	ソ連が【 お 】に配備した核ミサイルをめぐってアメリカとソ連が対立した。
1970	B 核兵器の不拡散に関する条約（ＮＰＴ）が発効した。
1979	ソ連がアフガニスタンに侵攻した。
1989	ベルリンの壁が崩壊した。
1990	イラクが【 か 】に侵攻し、【 か 】を併合した。これを契機に、その後湾岸戦争が勃発した。
C 1991	ソ連が解体されて独立国家共同体が成立した。

ア　年表中の【　あ　】～【　か　】に当てはまる適切な語句を答えよ。ただし，【　あ　】・【　う　】には人物名をカタカナで，【　い　】は漢字で，【　え　】には都市名をカタカナで，【　お　】・【　か　】には国名をカタカナでそれぞれ答えよ。

イ　下線部Aについて，国際連合の総会において1950年11月に採択された「平和のための結集」決議では，総会が武力の行使をも含む集団安全保障措置を加盟国に勧告することができるとしたが，どのような場合に勧告を行うことができるのかを次の語句をすべて使って説明しなさい。

　　　全会一致　　　安全保障理事会

ウ　下線部Bに関連して，次の文章は核兵器の不拡散に関する条約

(NPT)の内容を説明したものである。【 i 】～【 iii 】に当てはまる適切な語句を答えよ。

> 核兵器の不拡散に関する条約(NPT)の締約国は191か国・地域(2021年5月現在)で、非締約国はインド、【 i 】、イスラエル、南スーダンである。アメリカ、ロシア、イギリス、フランス、【 ii 】の5か国を核兵器国と定め、核兵器国以外への核兵器の拡散を防止する。原子力の平和的利用の軍事技術への転用を防止するため、非核兵器国が【 iii 】機関(IAEA)の保障措置を受諾する義務を規定している。

エ 下線部Cについて、1991年に起こった出来事として正しいものを次のa～fの中からすべて選んで記号で答えよ。

a 日本において、テロ対策特別措置法が施行された。

b 大韓民国(韓国)と朝鮮民主主義人民共和国(北朝鮮)が国際連合に加盟した。

c 南アフリカ共和国において、デ・クラーク大統領がアパルトヘイト政策の撤廃を宣言した。

d イスラエルとパレスチナ解放機構(PLO)との間で、オスロ合意が成立した。

e アメリカで民間航空機が世界貿易センターや国防総省に突入する同時多発テロが起こった。

f 日中共同声明が出され、日本と中国の国交が正常化した。

(2) 次の文章は、令和元年7月に内閣府が発表した「令和元年度年次経済財政報告」の一部である。この文章を読み、ア～オの問いに答えよ。

　「令和」新時代の_A我が国経済は，雇用・所得環境の改善が続き，企業収益が高水準で推移する中，内需の柱である個人消費や設備投資が増加傾向で推移するなど，緩やかな回復が続いている。ただし，中国経済の減速や情報関連財の調整の影響を受け，_B輸出や生産の一部に弱さがみられ，多くの日本企業がグローバルなサプライチェーンを展開している中で，通商問題や海外経済の動向が日本経済に与える影響には，十分注視する必要がある。

　一方，少子高齢化が進む中で_C企業では人手不足感が高まっており，その対応が喫緊の課題となっている。日本経済の潜在成長率を高めていくためには，技術革新や人材投資等によって生産性を大幅に向上させるとともに，多様な人材に活躍の場を拡げていくことが重要である。

　本報告では，こうした日本経済の課題に焦点を当てて，日本経済の現状と課題について分析を行うとともに，高齢者，女性，外国人材等の多様な_D働き手の活躍を促す方策，_Eグローバル化の進展を経済の発展に活かすための課題について論じる。

ア　下線部Aに関連して，経済活動は拡張期と後退期を繰り返して推移するのが一般的であり，このような総体としての経済活動の波は景気循環(景気変動)と呼ばれている。次の表はこの景気循環(景気変動)の種類について，名称・原因・周期についてまとめたものである。表中の【　i　】と【　ii　】に当てはまる適切な語句を答えよ。

名称	原因	周期
キチンの波	【　i　】投資	約40カ月
ジュグラーの波	設備投資	約10年
クズネッツの波	建設投資	約20年
【　ii　】の波	技術革新	約50年

イ　下線部Bに関連して，1930年代の関税の引上げとブロック経済化への反省に立って，関税及びその他の貿易障壁を低減し，国際通商における差別待遇を廃止することを目的とし，自由，多角的かつ無差別的な国際貿易を実現させるために，1948年に発足した国際協定は何と呼ばれているか。

ウ　下線部Cに関連して，市場支配を目的として，複数の企業で価格協定，生産制限及び市場分割などを行うことにより不当な利益を得て，市場における競争を実質的に制限する行為は何と呼ばれているか。カタカナで答えよ。

エ　下線部Dに関連して，日本の労働基準法では様々な働き方について規定されているが，そのうち，一定の期間についてあらかじめ定めた総労働時間の範囲内で，労働者が日々の始業・終業時刻，労働時間を自ら決めることができる制度は何と呼ばれているか。

オ　下線部Eに関連して，次の①及び②の問いに答えよ。

①　国際収支における経常収支とはどのような収支のことか。次の語群から適切な語句を使って説明しなさい。なお，語群には使わない語句も含まれている。

【語群】

| 貿易・サービス収支 | 金融収支 | 資本移転等収支 |
| 第一次所得収支 | 第二次所得収支 | 投資収支 |

②　イギリスの経済学者リカードが唱えた比較生産費説について，次の表を使って考える。次の表は，X国とY国で，綿織物とぶどう酒をそれぞれ1単位生産するのに必要な労働者数を表したものである。次の表から読み取ることができる内容をまとめた以下の文章中の【　ⅰ　】には適切な語句を，【　ⅱ　】には適切な数をそれぞれ答えよ。

	綿織物	ぶどう酒
X国	4人	8人
Y国	20人	10人

※　労働者は各国とも表内の数のみとする。

※　労働者は完全雇用されることとする。

※　労働者の国家間の移動はないこととする。

> 　いずれの製品もＹ国よりＸ国の方が労働の生産性が【　ⅰ　】。ここでＸ国は綿織物に生産を特化し，Ｙ国はぶどう酒の生産を1単位増やした場合，両国合わせたぶどう酒の生産量は変わらないが，綿織物の生産量は【　ⅱ　】単位増える。

(3)　世界の宗教に関する次のア～ウの問いに答えよ。

ア　次の文は，新型コロナウイルス感染症の拡大により，在京のイスラム外交団等を招待してのイフタールの開催を見送ったことを踏まえ，令和2年5月23日に日本の外務大臣が，イスラム諸国向けに発出したメッセージである。文中の空欄[　]には同じ語句が入る。文中の空欄[　]に入る語句を漢字3字で記せ。

> 　「イスラム教[　]明けの祭日に際し，日本国内及び世界中の全てのイスラム教徒の方々に対し，心よりお祝いを申し上げます。
> 　またイスラム教徒の方々におかれては，[　]や[　]明けの祭日においても，新型コロナウイルスの感染拡大防止に向けて懸命に取り組まれていることに敬意を表します。
> (中略)
> 　[　]明けの祭日に際して，イスラム教徒の友人達との連帯を表明するとともに，新型コロナウイルス感染症の一刻も早い収束と，皆様の健康と御多幸を祈念いたします。」

イ　『新約聖書』を構成する，イエス＝キリスト(J.Christ)の生涯や言葉などが記されたマタイやマルコらによる四つの文書を包括的に何と言うか。漢字3字で記せ。

ウ　仏教教理の特徴をあらわすしるしである「諸行無常」，「諸法無

我」,「涅槃寂静」,「一切皆苦」は四法印と呼ばれている。このうち,「涅槃寂静」とはどのような境地か。「炎」の語句を用いて簡潔に説明せよ。

(☆☆☆☆◎◎◎)

【倫理】

【1】現代社会の諸課題に関する,次の(1)〜(3)の問いに答えよ。

(1) 次の文章は,令和元年7月に内閣府が発表した「令和元年度年次経済財政報告」の一部である。この文章を読み,ア〜オの問いに答えよ。

「令和」新時代の_A_我が国経済は,雇用・所得環境の改善が続き,企業収益が高水準で推移する中,内需の柱である個人消費や設備投資が増加傾向で推移するなど,緩やかな回復が続いている。ただし,中国経済の減速や情報関連財の調整の影響を受け,_B_輸出や生産の一部に弱さがみられ,多くの日本企業がグローバルなサプライチェーンを展開している中で,通商問題や海外経済の動向が日本経済に与える影響には,十分注視する必要がある。

一方,少子高齢化が進む中で_C_企業では人手不足感が高まっており,その対応が喫緊の課題となっている。日本経済の潜在成長率を高めていくためには,技術革新や人材投資等によって生産性を大幅に向上させるとともに,多様な人材に活躍の場を拡げていくことが重要である。

本報告では,こうした日本経済の課題に焦点を当てて,日本経済の現状と課題について分析を行うとともに,高齢者,女性,外国人材等の多様な_D_働き手の活躍を促す方策,_E_グローバル化の進展を経済の発展に活かすための課題について論じる。

ア 下線部Aに関連して,経済活動は拡張期と後退期を繰り返して推移するのが一般的であり,このような総体としての経済活動の

波は景気循環(景気変動)と呼ばれている。次の表はこの景気循環(景気変動)の種類について，名称・原因・周期についてまとめたものである。表中の【　i　】と【　ii　】に当てはまる適切な語句を答えよ。

名称	原因	周期
キチンの波	【　i　】投資	約40カ月
ジュグラーの波	設備投資	約10年
クズネッツの波	建設投資	約20年
【　ii　】の波	技術革新	約50年

イ　下線部Bに関連して，1930年代の関税の引上げとブロック経済化への反省に立って，関税及びその他の貿易障壁を低減し，国際通商における差別待遇を廃止することを目的とし，自由，多角的かつ無差別的な国際貿易を実現させるために，1948年に発足した国際協定は何と呼ばれているか。

ウ　下線部Cに関連して，市場支配を目的として，複数の企業で価格協定，生産制限及び市場分割などを行うことにより不当な利益を得て，市場における競争を実質的に制限する行為は何と呼ばれているか。カタカナで答えよ。

エ　下線部Dに関連して，日本の労働基準法では様々な働き方について規定されているが，そのうち，一定の期間についてあらかじめ定めた総労働時間の範囲内で，労働者が日々の始業・終業時刻，労働時間を自ら決めることができる制度は何と呼ばれているか。

オ　下線部Eに関連して，次の①及び②の問いに答えよ。

①　国際収支における経常収支とはどのような収支のことか。次の語群から適切な語句を使って説明しなさい。なお，語群には使わない語句も含まれている。

【語群】

貿易・サービス収支　　金融収支　　　　　資本移転等収支
第一次所得収支　　　　第二次所得収支　　投資収支

②　イギリスの経済学者リカードが唱えた比較生産費説につい

て，次の表を使って考える。次の表は，X国とY国で，綿織物とぶどう酒をそれぞれ1単位生産するのに必要な労働者数を表したものである。次の表から読み取ることができる内容をまとめた以下の文章中の【　i　】には適切な語句を，【　ii　】には適切な数をそれぞれ答えよ。

	綿織物	ぶどう酒
X国	4人	8人
Y国	20人	10人

※　労働者は各国とも表内の数のみとする。

※　労働者は完全雇用されることとする。

※　労働者の国家間の移動はないこととする。

> 　いずれの製品もY国よりX国の方が労働の生産性が【　i　】。ここでX国は綿織物に生産を特化し，Y国はぶどう酒の生産を1単位増やした場合，両国合わせたぶどう酒の生産量は変わらないが，綿織物の生産量は【　ii　】単位増える。

(2)　『高等学校学習指導要領(平成30年告示)』において，倫理は「現代に生きる自己の課題と人間としての在り方生き方」「現代の諸課題と倫理」の二つの大項目により構成される。

　　次のア，イの問いに答えよ。

ア　「現代に生きる自己の課題と人間としての在り方生き方」に関して，次の①～③の問いに答えよ。

①　次の文章は，『エミール』の一部である。フランスの思想家ルソー(J.J.Rousseau)が『エミール』で述べた「第二の誕生」について，空欄[　A　]，空欄[　B　]に入る語句を記せ。

> 　「私たちは，いわば，二度生まれる。一度めは[　A　]ために，二度めは[　B　]ために。(中略)これが私の言う第二の誕生である。」(ルソー全集　第六巻より)

②　ドイツの心理学者レヴィン(K.Lewin)は，葛藤(コンフリクト)

には接近－接近型，回避－回避型，接近－回避型の三つの型が
あることを指摘した。葛藤(コンフリクト)について，次の(1)～
(3)を接近－接近型，回避－回避型，接近－回避型に分けた場
合，その組合せとして正しいものはどれか。以下のa～fから一
つ選び，記号を記せ。

(1)　二つの大学に合格したが，どちらも入学したい大学であ
る。

(2)　水に恐怖心を抱いている子どもが，波打ち際にあるボー
ルを取りたがっている。

(3)　英語と数学の勉強をしなければならないが，両方の教科
ともに苦手であり，どちらの勉強も気が進まない。

	接近－接近型	回避－回避型	接近－回避型
a	(1)	(2)	(3)
b	(1)	(3)	(2)
c	(2)	(1)	(3)
d	(2)	(3)	(1)
e	(3)	(1)	(2)
f	(3)	(2)	(1)

③　葛藤に関連した次の文中の空欄[　　]には同じ語句が入る。
文中の空欄[　　]に入る語句を9字で記せ。

> 　葛藤は，[　　]の源泉となる。ヒトや動物が目標へ到達
> するための欲求充足行動の途中で，何らかの障壁によっ
> てその行動が妨害された状態を[　　]状況と呼び，欲求阻
> 止の結果としてもたらされる不快な緊張状態を[　　]状態
> と呼ぶ。ヒトや動物は，[　　]という不快な緊張状態を解
> 消するために何らかの対処を行うが，これが[　　]反応で
> ある。

イ　「現代の諸課題と倫理」に関して，次の文章は，『高等学校学習
指導要領(平成30年告示)』の一部である。この文章を読み，次の

①～④の問いに答えよ。

> 　人間としての在り方生き方についての見方・考え方を働かせ，現代の諸課題を追究したり解決に向けて構想したりする活動を通して，広い視野に立ち，_A人間尊重の精神と_B生命に対する畏敬の念に基づいて，グローバル化する国際社会に主体的に生きる_C平和で民主的な国家及び社会の有為な形成者に必要な公民としての資質・能力を次のとおり育成することを目指す。

①　下線部Aに関連して，インドの政治家・独立運動指導者であったガンディー(M.K.Gandhi)の根本思想に「サティヤーグラハ(サチャグラハ)」(真理の把握)，「アヒンサー」，「ブラフマチャリアー(ブラーマチャリヤー)」がある。「アヒンサー」と「ブラフマチャリアー(ブラーマチャリヤー)」について，それぞれの日本語訳にも触れながら簡潔に説明せよ。

②　下線部Bに関連して，アルザス出身の医師・神学者・哲学者・音楽家であったシュヴァイツァー(A.Schweitzer)は，『文化と倫理』を著し，生への畏敬(生命に対する畏敬)が倫理(道徳)の根本原理であると説いた。シュヴァイツァーが『文化と倫理』で説いた倫理(道徳)の根本原理について，次の語句を用いて簡潔に説明せよ。

　　「生きようとする意志」　　「善」　　「悪」

③　下線部Cに関連して，1955年，イギリスの数学者・哲学者ラッセル(B.A.W.Russell)とドイツからアメリカ合衆国へ渡った物理学者アインシュタイン(A.Einstein)を中心として核兵器による人類の危機を訴えた「ラッセル・アインシュタイン宣言」が出された。この宣言に署名した11人の中には，日本人最初のノーベル賞受賞者も含まれている。この日本人最初のノーベル賞受賞者は誰か。また，「ラッセル・アインシュタイン宣言」をきっかけとして，世界の科学者が集まり創設された会議は，1957

　　年7月に第1回会議が開催された地名に由来して何会議と呼ばれ
　　ているか。それぞれ記せ。

④　スペインの画家ピカソ(P.R.Picasso)が描いた次の作品は，戦
　　争に対する怒りと憎しみが表現されていると言われている。ス
　　ペイン北部の町の名前でもある，次の作品名を記せ。

(3)　世界の宗教に関する次のア～ウの問いに答えよ。

ア　次の文は，新型コロナウイルス感染症の拡大により，在京のイ
　　スラム外交団等を招待してのイフタールの開催を見送ったことを
　　踏まえ，令和2年5月23日に日本の外務大臣が，イスラム諸国向け
　　に発出したメッセージである。文中の空欄[　　]には同じ語句が
　　入る。文中の空欄[　　]に入る語句を漢字3字で記せ。

> 「イスラム教[　　]明けの祭日に際し，日本国内及び世界中
> の全てのイスラム教徒の方々に対し，心よりお祝いを申し
> 上げます。
> 　またイスラム教徒の方々におかれては，[　　]や[　　]明
> けの祭日においても，新型コロナウイルスの感染拡大防止
> に向けて懸命に取り組まれていることに敬意を表します。
> (中略)
> 　[　　]明けの祭日に際して，イスラム教徒の友人達との連
> 帯を表明するとともに，新型コロナウイルス感染症の一刻
> も早い収束と，皆様の健康と御多幸を祈念いたします。」

イ 『新約聖書』を構成する，イエス＝キリスト(J.Christ)の生涯や言葉などが記されたマタイやマルコらによる四つの文書を包括的に何と言うか。漢字3字で記せ。

ウ 仏教教理の特徴をあらわすしるしである「諸行無常」，「諸法無我」，「涅槃寂静」，「一切皆苦」は四法印と呼ばれている。このうち，「涅槃寂静」とはどのような境地か。「炎」の語句を用いて簡潔に説明せよ。

(☆☆☆☆◎◎◎)

解答・解説

中学社会・高校世界史・地理・公民　共通(日本史)

【1】問1 (1) A 1　B 4　(2) A 2　B 3　(3) 1
(4) 2　問2 (1) 3　(2) 4　(3) 5　(4) 4

〈解説〉問1 (1) A 『御堂関白記』は藤原道長の日記で，998〜1021年までの自筆本14巻が現存し，ユネスコの「世界の記憶」に登録されている。摂政になった道長は関白の経験はないが，江戸時代からこの通称が定着している。「御堂」は道長が晩年に建立した法成寺無量寿院に由来する。　B ア 『小右記』は藤原実資の日記。1021年に右大臣になり，邸宅の場所から小野宮右大臣と呼ばれたのに由来する。
イ 『権記』も道長と同時代の藤原行成の日記。極官の大納言に由来する。　ウ 『西宮記』は969年の安和の変で失脚した源高明が撰述した儀式書。西宮(右京)に邸宅をかまえたことに由来する。　エ 『北山抄』は道長と同時代の藤原公任が撰述した儀式書。晩年に北山に隠棲したことに由来する。　オ 『歎異抄』は鎌倉時代前期に浄土真宗(一向宗)を開いた親鸞の教えを，死後に弟子の唯円がまとめた書。

(2)　A　室町時代，自立性が強く自治を行う村は惣(惣村)と呼ばれ，村民自身が村内の秩序や治安を維持するために警察権を行使する地下検断(自検断)を行う惣もあった。なお，4の地下請は領主へ納める年貢などを惣がひとまとめにして請け負うことで，村請・百姓請ともいう。B　1428年，近江の馬借が借金(負債)を帳消しにする徳政を要求して正長の土一揆を起こし，京都・奈良をはじめ近畿地方とその周辺にまで広がった。興福寺大乗院門跡の尋尊がのちにまとめた年代記『大乗院日記目録』には「一天下の土民蜂起す。徳政と号し，酒屋・土倉・寺院等を破却せしめ…日本開白以来，土民蜂起是初也。」と記されている。　(3)　ア　「天下布武」と刻印されているので織田信長。なお，近年「天下布武」などの「天下」は全国ではなく畿内を意味するという説が有力になっている。　イ　「Curo NGMS」と刻印されている。Curoは黒田，NGMSは「長政」を表す。初代福岡藩主の黒田長政は洗礼名ダミアンのキリシタン大名だったが，のちに棄教した。　ウ　甲斐の戦国大名武田信玄・勝頼父子は龍の印章を好んで用いた。　(4)　フランスの法学者ボアソナードは1873年に来日したお雇い外国人。1887年に外国人判事を任用する井上馨外相の条約改正案に反対した意見書でも知られる。政府はボアソナードの『日本民法草案』をもとに，1890年に民法を公布し，1893年の施行を決定したが，帝国大学法科大学教授穂積八束は1891年に論文「民法出デ，忠孝亡ブ」を発表して激しく批判した。これを機に反対論が強まり(民法典論争)，1896年と1898年に大幅修正されて，戸主権の強い新民法が公布された。　問2　(1)　1は芥川龍之介，2は志賀直哉，4は三島由紀夫，5は村上春樹の作品である。　(2)　A　利根川進に関する説明である。朝永振一郎は量子力学における超多時間理論を完成させてノーベル物理学賞を受賞した。D　2012年にノーベル医学生理学賞を受賞した山中伸弥に関する説明である。　(3)　佐藤栄作内閣は1964年11月(東京オリンピックの直後)から1972年7月まで。第1回先進国首脳会議(サミット)は1975年にフランスのランブイエで開かれた。1の沖縄返還協定の発効は1972年5月，2の日韓基本条約調印は1965年，3の公害対策基本法制定は1967年，4

の非核三原則の提唱は1967年(1971年に国会決議)の出来事である。
(4)　1966〜70年の好景気は，天の岩戸の神話より前の伊弉諾尊以来の好景気という意味でいざなぎ景気と呼ばれた。1は1954〜57年。3は1958〜61年。なお，2の朝鮮特需は朝鮮戦争期の1950〜53年，5のバブル経済は1986〜91年である。

中学社会・高校日本史・地理・公民　共通(世界史)

【1】(1)　4　　(2)　2　　(3)　3　　(4)　1　　(5)　5　　(6)　2
　　　(7)　4　　(8)　3　　(9)　5　　(10)　5

〈解説〉(1)　ホルテンシウス法により貴族と平民の法的平等が実現したとされる。　1　慣習法を成文化したのは十二表法である。　2　陶片追放は古代ギリシアのアテネで実施された制度である。　3　毎年2名選出されるコンスルの1名は平民から選ばれるように定めたのはリキニウス・セクスティウス法である。　5　「ローマ法大全」は東ローマ(ビザンツ)帝国のユスティニアヌス1帝(大帝)が編纂させた。　(2)　両税法は唐の780年に楊炎の建議により施行され，明代に一条鞭法が導入されるまで続いた。　1　均田制は北魏の孝文帝の時代に創始された。　3　一条鞭法は明代の後期に両税法に代わって導入された新税制で，租税と徭役を銀に換算して一括して納入させた。　4　魚鱗図冊は土地台帳，賦役黄冊は租税台帳である。　5　地丁銀は清代に康熙帝により始められた税制で丁税(人頭税)を地税に繰り入れて一本化したもの。　(3)　ヴェルダン条約(843年)でフランク王国は中央のロタールの国と東西フランスに分裂したが，メルセン条約(870年)でロタールの国のアルプス以北が東西フランクにより分割された。この結果，現在のフランス・ドイツ・イタリアの三国のもとが形成されたとされる。　(4)　カリフが世襲制となったのはウマイヤ朝からである。ブワイフ朝はイラン系の軍事政権でアッバース朝のカリフから大アミールの称号を授けられた。　2　スルタンはセルジューク朝以後，イスラーム世界の君主の称号の一つとなった。　3　シーア派の一派である

イスマイール派を奉じるファーティマ朝は建国当初からカリフを称し，アッバース朝の権威を認めなかった。　4　ハールーン＝アッラシードはアッバース朝の5代目のカリフである。　5　スンナ派では正統カリフに加え，ウマイヤ朝やアッバース朝のカリフもムハンマドの正統な後継者と認めている。シーア派は一方，正統カリフの第4代目アリーとその子孫のみを政治的・宗教的指導者として認める。

(5)　ア　十字軍が提唱されたのはクレルモン宗教会議である。コンスタンツ公会議は教会大分裂(大シスマ)の解消のために開催された。イ　大憲章(マグナ＝カルタ)を認めたイングランド王はジョンである。オ　ロマネスク様式の後は，高さを強調したゴシック様式があらわれた。　(6)　フレンチ＝インディアン戦争後，北米大陸からフランスの勢力が一掃されると，イギリスは13植民地に対する支配の強化を図り，外国産の砂糖に対して高関税を課す一方，英領西インド砂糖を13植民地に独占販売させようとする砂糖法(ウ，1764年)などを制定した。本国の制定した茶法(1773年)を不満とする植民地側は同年ボストン茶会事件を引き起こし(ア)，これが契機となって独立の機運が生じた。植民地側は1775年に独立戦争を開始し，1776年には独立宣言を公布し(エ)，フランスとの同盟を成立させるなど，独立戦争を有利に進め，ヨークタウンの戦い(イ，1781年)で決定的な勝利をおさめ，1783年のパリ条約で独立を達成した。　(7)　ローラット法は民族運動弾圧法で令状無しの逮捕，裁判無しの投獄を定めていた。　1　スミス法はアメリカで1940年に制定された外国人登録法である。　2　タウンゼンド諸法はイギリスが1767年に13植民地に課した4つの法令で，植民地側の抵抗で1770年に茶税以外は撤廃されたが，独立戦争の遠因となったとされる。　3　ホームステッド法は自営農地法とも呼ばれアメリカで1862年に制定された。公有地に5年定住し，耕作したものに160エーカーの土地を無償で与えるとし，自作農の創設を図った。　5　ワグナー法はアメリカでニューディール期の1935年に定められた法令で，労働者の権利の保護を定めていた。　(8)　ア　ムスタファ＝ケマルが戦勝国と結んだのはローザンヌ条約である。　ウ　ラパロ条約で

はロシアとドイツの国交を樹立した。 エ レザー＝ハーンがパフラ
ヴィー朝をたてたのはイランである。 (9) イギリスでは第2次選挙
法改正で都市労働者が，第3次改正で農業労働者や鉱業労働者が選挙
権を獲得した。なお，地主は当初から選挙権を保持しており，第1次
選挙法改正で産業資本家が選挙権を獲得した。 (10) 部分的核実験
禁止条約は1963年に調印された。1の中距離核戦力(INF)全廃条約の調
印は1987年，2の第4次中東戦争の勃発は1973年，3の日中平和友好条
約の締結は1979年，4のイラン＝イラク戦争がおこったのは1980年の
ことである。

中学社会・高校日本史・世界史・公民　共通(地理)

【1】(1) 1　　(2) 2　　(3) 5　　(4) 2　　(5) 4　　(6) 1
　　　(7) 4　　(8) 4　　(9) 3　　(10) 5
〈解説〉(1)　日本周辺の気団は主に4つあり，「やませ」はオホーツク海
　　気団から吹き出す低温・湿潤の風で，夏季，東北地方の太平洋岸に吹
　　く北東季節風。シベリア気団から吹き出す低温・湿潤の風は冬季，日
　　本海岸に吹く北西季節風。小笠原気団から吹き出す高温・湿潤の風は
　　夏季，太平洋岸に吹く南東季節風。 (2)　Aはペルーの首都リマで，
　　寒流の影響で降水量が少なく砂漠気候の2。問われているのはAだけだ
　　が，アマゾン川中流のBマナオスのやや北が赤道であることを目安に
　　したい。Bは熱帯雨林気候(最少雨月降水量が60mm未満の場合はAm)の
　　3。Cはボリビアのチチカカ湖南岸ラパスで，4000mを越える高地にあ
　　るため高山気候の1。Dはアルゼンチンの首都ブエノスアイレスで，東
　　京と同じ温暖湿潤気候で4。Eはチリ南端に位置するプンタアレナス。
　　西岸海洋性気候で5。 (3)　正積図法は面積を正しく表すもので，長
　　半径と短半径の比が2：1の楕円で表されるのはモルワイデ図法。正積
　　図法にはほかにボンヌ図法，サンソン図法がある。正距方位図法は図
　　の中心点からの距離と方位が正しく，縁辺部のひずみが大きい。メル
　　カトル図法は円筒図法による正角図法で，等角コースは直線で，大圏

航路は曲線で表される。　(4)　東京とニューヨークの時差は(135＋75)÷15＝14時間で，ニューヨークが14時間遅い。東京が12月31日午後6時のとき，ニューヨークは同日午前4時であるから，それからフライト時間13時間を加算すると，同日17時，すなわち31日午後5時となる。

(5)　2万5千分の1地形図では，計曲線が50m，主曲線が10m間隔で描かれている。薬師の間の線は50mで，地点1は10m未満。安田トンネルの北に162.1mの三角点があることから数えて地点2も10m未満。地点4は少し南の計曲線に50の表示があることからおよそ70m。地点4からたどって，地点3は10m未満。地点5はおよそ20〜30m。　(6)　小麦，米の生産量が最も多いAは，世界最大の人口を抱える中国。続いてBはインド。中国は自国消費が多く，輸出に回らない。大豆は輸出用作物で，ブラジル，アルゼンチンにおける生産及び輸出が増加している。大豆の輸出が最も多いCがブラジル，Dがアルゼンチン。

(7)　金や白金族から1は南アフリカ共和国。BRICSの一員となり工業製品の輸出も増加している。2は黄金海岸と呼ばれたガーナ。隣国コートジボワールとともにカカオ豆も産出・輸出するが，価格としては原油の占める割合が高い。エジプトもモロッコも海に面し，乾燥気候にあるが，OAPECに加盟しているエジプトは4。3のモロッコは日本にタコやマグロの輸出をしている。5は原油のモノカルチャー経済が著しいナイジェリア。　(8)　セメント工業は石灰石の産地に立地することが多く，原料指向型工業である。ビールは製品の重量が重いため，市場指向型。衣服は一般的に労働力を必要とする労働力指向型だが，市場指向型の場合もある。時計など精密機械の生産は熟練労働者を必要とする労働力指向型。製紙工業は，原料地指向または輸入原料を元にする場合は臨海指向型となる。　(9)　鹿児島県は全体的に畜産業が盛んだが，中でも豚の出荷が非常に多い。大きな特徴は餌として鹿児島特産のサツマイモを与えていることで，それにより旨味のある黒豚を飼育できる。　(10)　環境問題に対する意識の高いドイツにおいて削減率が最も高いのは自明である。一方で増加率が高いのは，1990年からの30年間で発展した国であると考えることができる。中国が1，

インドが2，微増の3がアメリカ，次いで4が日本。ソビエト連邦が崩壊してロシアが誕生したのは1991年。ロシア自身の削減努力の結果というよりも，ソ連崩壊後の経済不振が原因である。

は終結した。

中学社会・高校日本史・世界史・地理　共通(公民)

【1】問1　(1)　ア　4　　イ　1　　　(2)　ア　2　　イ　4　　ウ　1
　　問2　ア　2　　イ　2　　ウ　1　　エ　3　　オ　5

〈解説〉問1　(1)　ア　「1人の女性が一生の間に生むとされる子どもの数」とは，合計特殊出生率のこととされている。資料によると，出生数が初めて100万人を下回ったのは2016年だが，この年の合計特殊出生率は1.44であり，前年の1.45を下回っている。　イ　2は2013年，3は1947年，4は2012年，5は1971年に制定された。　(2)　ア　高齢化率は1994年に14％を超えた。図を見ても，1995年の高齢化率は14.6％となっている。　1　1970〜1975年には上昇している。　3　高齢化率が20％超で推移しているのは2005年以降。　4　ひょうたん型から釣り鐘型ではなく，釣り鐘型から紡錘型に変化した。　5　2008年以降，人口は減少局面にある。　イ　高齢社会とは高齢化率が14％を超えた社会のこと。わが国は，1994年に高齢社会となった。7％に達すると高齢化社会，21％を超えると超高齢社会と呼ばれる。　ウ　国民所得倍増計画は1960年に池田内閣によって策定された。　2　2007年に小泉内閣の「聖域なき構造改革」の結果として実現した。　3　1989年の出来事。　4　1985年の出来事。　5　1973年の出来事。

問2　ア　安全保障理事会は，常任理事国であるアメリカ，イギリス，フランス，ロシア，中国と，非常任理事国である10か国の計15か国によって構成されている。非常任理事国の任期は2年で，連続再選は認められていない。また，地域別に毎年半数ずつ改選されている。

イ　WHOは世界保健機関の略称。1は国際労働機関，3は国際連合食糧

農業機関，4は国際通貨基金の略称。これらも国際連合の専門機関である。5は世界貿易機関の略称。　ウ　国際連合憲章が定める国際連合公用語は，中国語，英語，フランス語，ロシア語，スペイン語の5つ。だが，総会，安全保障理事会，経済社会理事会では，アラビア語も公用語となっている。　エ　ツバルは2000年，東ティモールは2002年，南スーダンは2011年に国際連合に加盟した。1のエストニアと2のウズベキスタン，5のリトアニアは1991年，4のトルクメニスタンと5のカザフスタンは1992年，4のスイスは2002年，2のモンテネグロは2006年に加盟したが，その他の国々は1989年以前に加盟済。

オ　a　2010～2016における日本の分担率の順位は2位のままだったが，分担率は減少している。　b・c　2010～2019年にかけ，米国の分担率は変わっていないが，2位と3位の分担率は変化している。

d　BRICSとはブラジル，ロシア，インド，中国，南アフリカ共和国の総称。

中 学 社 会

【1】問1　(1)　尺度　　(2)　①　A　和同開珎　　B　秤量　　C　厘　②　イ　　③　科挙(制)　　④　ア　　⑤　将軍…徳川綱吉　　勘定吟味役…荻原重秀　　⑥　渋沢栄一　　⑦　通貨の発行高を金保有量との関係に依拠することなく，中央銀行が政策目標を達成するために適切な金融政策の下で通貨発行量を管理する制度のこと。(68字)

問2　(1)　4月，5月における降水量は他の月よりも少ないが，冬の時期に降った雪が気温の上昇とともにとけて川へ流れ込み，他の月と比べ4月，5月における平均流量の値が大きくなっている。(84字)

(2)　日本のカロリーベースによる食料自給率38％は，諸外国と比べて低い。そのため，日本は食料の大部分を海外に依存しており，アメリカをはじめとして世界各地域ではその生産に大量の水が使われている。結果，日本の仮想水総輸入量640億m³/年は，日本の年間灌漑用水使用量590億m³/年を超えるほど多くなっている。(139字)

(3)　①　田中正造　　②　富栄養　　③　ダイオキシン　　④　海水中で植物性プランクトンが異常繁殖する赤潮が発生すると，プランクトンが魚のえらに触れ，魚が呼吸できなくなったり，プランクトンが大量に酸素を消費するため，海水の酸素が欠乏したりして大量の魚が死んでしまうことで漁業被害が発生する。(114字)

〈解説〉問1　(1)　商品が売買されるとき，貨幣は商品の値打ちをはかるものさしの役割となる。　　(2)　①　A　和同開珎は元明天皇時代に律令国家確立を目指して発行されたものであり，唐の開元通宝を模したものである。　　B　秤量銀貨は主に商取引用として流通し，取引毎に天秤で測定して使用された。　　C　厘と銭は補助単位として導入されたものであり，十進法で100銭を1円，10厘を1銭とした。　　②　武蔵国は現在の埼玉県，東京都，神奈川県の一部を含む地域である。アは越後，ウは大和，エは伯耆，オは筑前である。　　③　科挙は隋の楊堅が初めて導入した，家柄や身分に関係なく受験できる公平な試験である。日本以外では朝鮮やベトナムにも普及した。　　④　i　『一遍上人絵伝』は時宗の開祖である一遍の主な事跡と二祖他阿真教の遊行上人時代の事跡を描いた絵巻であり，鎌倉時代の写実主義的な傾向が強く見られる。　　ii　『駿河町越後屋呉服店大浮絵』である。真ん中に「ゑちごや本店」と書いてある看板や左側手前で布を見ている人から見取れる。　　iii　明治維新後旧武士の職場を廃止されたため商業に転進した士族が事業に失敗する様子を描いている。特にiiiの絵は西南戦争をあてこんだ風刺画である。　　⑤　徳川綱吉時代は明暦の大火や寺社造営等により財政破綻寸前であり，より多くの貨幣をつくるために元禄小判の前の慶長貨幣から金・銀の含有量を減らして幕府が発行した。幕府としては成功となったが，物価高騰を引き起こし経済を混乱させたと言われている。　　⑥　不換紙幣の整理のために定められた国立銀行条例は渋沢栄一が中心となって作られた。新一万円札の肖像と関連した時事的な出題であるといえる。　　⑦　管理通貨制度は，1929年に起こった世界恐慌によって各国が金本位制を放棄しこれに代わって新しく導入された仕組みである。イギリスの経済学者であるジョン・メ

イナード・ケインズが提唱した。　問2　(1)　図のように4〜5月に平均流量が増加することで，信濃川流域では豊富な水を生かした稲作栽培が盛んになっている。気候について学習する際には，図の読み取りを正確に行うことはもちろん，気候条件を生かした人間の営みについて考えることも学習の連続性を考える上で重要である。　(2)　仮想水(バーチャルウォーター)の輸入量が高いことは，海外の食料生産への依存度が高いことを示している。そのため，海外の輸出国で発生する水不足などの問題が輸入国にも多大な影響を与えることを示す指標として用いられている。このように，独自の指標を用いて地理的事象を説明することも可能であるため，授業を構想する際に参考にされたい。また，日本の食料自給率は，近年35〜40％の付近で推移している。具体的な品目で見ると米は100％に近い値を示しているが，大豆や小麦は非常に低い値を示している。日本の食料自給率の明確な数値を覚えておく必要はないが，おおよその数値は覚えておきたい。　(3)　①田中正造はこの件以降に議員を辞職したものの，足尾銅山の鉱毒被害を訴える活動は続けていた。公害の被害については高度経済成長期で大きく取り扱われるが，足尾銅山鉱毒事件は日本初の公害事件であるため，日本の環境史における重大事項の一つとしても押さえておきたい。　②　富栄養化によって発生する現象は，海では赤潮，内水面ではアオコと呼ばれる。　③　ダイオキシンはプラスチックなどを燃焼させた際に発生する有害物質であるが，近年ではダイオキシンの発生しない製品など，環境に配慮したものも開発されている。　④　赤潮は上記の他にも，大量にプランクトンや魚の死骸が発生することによる悪臭などの被害も存在する。また，内水面でも同様のメカニズムでアオコと呼ばれる現象が発生するため，併せて覚えておきたい。

地　理・歴　史

【日本史】

【１】問1　(1)　3　　(2)　5　　(3)　5　　(4)　5　　問2　(1)　1

(2)　5　　(3)　3　　問3　(1)　5　　(2)　4　　(3)　3

〈解説〉問1　(1)　ア　「憲法十七条を作る」から「推古」とわかる。604年，大王を中心とする国造りをめざす推古天皇の摂政厩戸王(聖徳太子)は，豪族に役人としての心得を示すため憲法十七条を制定した。イ　次の文の「近江朝廷の令なり」から「天智」とわかる。天智天皇は即位した668年に日本初の近江令を制定したといわれる(否定説もある)。　ウ　「大宝元年に逮び」から，701(大宝元)年に大宝律令を施行した「文武」天皇とわかる。　(2)　法隆寺救世観音像は東院夢殿の本尊で，飛鳥時代後期の7世紀半ばごろの作。長らく秘仏とされてきたが，1884年，政府の依頼を受けた岡倉天心とフェノロサによって開扉された。フェノロサはのちに「驚嘆すべき無二の彫像」と記している。(3)　1　稲の収穫を祝ったのは新嘗祭。祈年祭は豊作を祈った春の祭りである。　2　心身の汚れを清める風習は禊，病気・災厄などを除く風習は祓である。太占は占い，盟神探湯は神判の風習。

3　国造・県主は氏ではなく地方官。　4　「臣」と「連」の説明が逆。

(4)　1　民政・租税を司るのは民部省，大学・国学などの教育を司るのは式部省。　2　家人・私奴婢には良民男女の3分の1の口分田が班給された。　3　京・畿内でも調は課され，銭納が多かった。　4　「八虐」と「五刑」が逆。　問2　(1)　1221年の承久の乱(史料B中の「去々年兵乱」)ののち，後鳥羽上皇方から没収した3000を超す所領では，新たに置かれた地頭(新補地頭)の給与(得分)が少なかったり先例がなかったりするケースが多く，混乱が生じた。そこで鎌倉幕府は1223年に新補地頭に対し，史料Bのように田畑11町につき1町の土地，段別5升の加徴米，山や川からの収益の半分を与えることからなる新補率法を制定した。　(2)　1223年当時の執権は2代の北条義時。1205年，対立した父の初代執権北条時政を引退に追い込んで，鎌倉幕府の実権を握った。　(3)　aの日蓮が『立正安国論』を北条時頼に提出したのは1260年。bは和田合戦で1213年。cは宮騒動で1246年。dは霜月騒動で1285年。eの宗尊親王が初の皇族将軍となったのは1252年。

問3　(1)　史料Cは禁中並公家諸法度。1615年に徳川家康が2代将軍秀

忠の名で，朝廷運営の基準を明示するため，天皇・公家の務めなどについて規定した全17カ条の一部で，ほぼ同時に出された武家諸法度とともに，「黒衣の宰相」と呼ばれた臨済宗の僧以心崇伝が起草したものである。　(2)　1615年5月，幕府は大坂夏の陣で豊臣氏を滅ぼした。同年閏6月には一国一城令，7月には武家諸法度と禁中並公家諸法度を出すなど，支配体制を固めていった。　1　柳川一件は対馬藩のお家騒動で1631～35年。　2　関ヶ原の戦いは1600年。　3　島原の乱は1637～38年。　5　元和大殉教は1622年。　(3)　江戸時代初期，中国は明清交替期に当たり，多くの明僧が日本に渡来した。黄檗宗は1654年に来日した隠元隆琦によって伝えられた。隠元は後水尾上皇から京都の南の宇治に寺地を賜り，黄檗山万福寺を開いた。黄檗宗は朝廷・幕府の保護を受けて発展し，臨済宗・曹洞宗と並ぶ日本の禅宗三派となった。幕府から信仰を禁止された仏教の宗派は，幕府の命令よりも法華経の教えが大事と説いた日蓮宗不受不施派である。

【2】問1　(1)　吉田松陰　(2)　集成館　(3)　岩崎弥太郎　(4)　1，2　(5)　2，5　(6)　三重津海軍所跡…E　橋野鉄鉱山…H　(7)　日本初の民営鉄道である日本鉄道会社による建設や1880年代後半の企業勃興の結果，民営は官営を営業キロ数で上回った。日清戦争後も民営は発達したが，1906年第1次西園寺内閣が鉄道国有法を制定し，経済上・軍事上の必要から民営鉄道を買収して国有化が進んだため，官営が鉄道の大半を占めた。(140字)　問2　(1)　4　(2)　4　(3)　牧野伸顕　(4)　排日移民法　(5)　石川達三　(6)　満州事変以降，治安維持や対ソ戦略の手段として満州の人口増加を図るとともに，昭和恐慌で疲弊した農村を救済するため，政府は満州移民を推進した。とくに日中戦争の勃発後は分村移民が進められたが，国内で兵力や労働力の需要が高まり成人男性の移住が難しくなると，満蒙開拓青少年義勇軍を送り出した。(140字)　問3　(1)　内村鑑三　(2)　桂太郎　(3)　黒岩涙香　(4)　石橋湛山　(5)　青島　(6)　ドイツ　(7)　ブリアン　(8)　田中義一　(9)　人民

(10)　斎藤隆夫　　(11)　米内光政　　(12)　汪兆銘　　(13)　丸山真男　　(14)　久米邦武　　(15)　1，3

〈解説〉問1　(1)　長州藩士の吉田松陰は1854年に下田沖に停泊中のペリー艦隊の軍艦を訪れて密航を企てたが失敗し，故郷の萩で投獄，その後幽閉された。幽閉中に叔父の玉木文之進から受け継いだ松下村塾を主宰し，多くの人材を育てたが，1859年に安政の大獄で処刑された。
(2)　1851年に薩摩藩主になった島津斉彬は富国強兵・殖産興業をめざして洋式工場群集成館の建設を進め，反射炉・溶鉱炉・ガラス工場・砂糖工場などが建設された。1858年に斉彬が没すると事業は縮小され，1863年の薩英戦争で焼失したが，1865年に藩主島津忠義によって再興された。　(3)　三菱会社は1870年に土佐藩士岩崎弥太郎が監督していた藩営の九十九商会を翌年の廃藩置県によって譲り受けて改称した三川商会が起源で，1873年に三菱商会，1875年に三菱会社となった。1880年代の松方財政による緊縮・デフレ政策で，政府は1884年ごろから軍事工場と鉄道を除く官営事業の払下げを進め，長崎造船所は1887年に三菱会社に払い下げられた。　(4)　3　高島炭坑ではなく足尾銅山。　4　三池争議は1960年に福岡から熊本にかけての三池炭鉱で起きた。　5　「軍艦島」と呼ばれたのは長崎市の端島。海底炭坑の三菱端島炭坑があった。　(5)　1　日露戦争ではなく日清戦争。日露戦争では賠償金は得られなかった。　3　大冶鉄山は中国湖北省にあり，黄河ではなく長江流域。　4　日本製鋼所ではなく日本製鉄会社。
(6)　三重津海軍所跡は，図1中のEの佐賀市川副町にある佐賀藩の海軍養成所および製造所跡。「藩主鍋島斉正(直正)」から判断できる。1858年に佐賀藩が設けた御船手稽古所が起源で，1861年までに総合的な海軍所として整備された。橋野鉄鉱山は，「釜石」からHの岩手県。1858年に盛岡藩士大島高任が指導して洋式高炉が建設された鉄山である。1871年に明治新政府の鋳銭禁止令によって閉鎖されるまで銭を鋳造した。大島は維新後，岩倉使節団に加わってヨーロッパの鉱山を視察し，帰国後は政府の鉱山開発政策を指導した。　(7)　1881年，華族を主体とする出資によって日本鉄道会社が設立され，上野－青森間などの鉄

道建設を進めた。1880年代後半には鉄道の分野でも企業設立ブームとなる企業勃興がおこり，鉄道建設を後押しした。日露戦争後の1906年，第1次西園寺公望内閣によって鉄道国有法が公布された。戦時の朝鮮・中国への円滑な軍事輸送のため，また重工業が発展して物資輸送のためにも，鉄道を国有化して車両規格を統一し，ダイヤを一本化して効率化を図る必要があったからである。　問2　(1)　柴四朗は会津藩士として1868年の会津戦争を経験したのちアメリカに留学し，帰国した1885年から1897年まで，東海散士のペンネームで国権の伸長を主張する政治小説『佳人之奇遇』全8篇を刊行した。1の『雪中梅』は末広鉄腸，2の『安愚楽鍋』は仮名垣魯文，3の『経国美談』は矢野龍溪，5の『西国立志編』は中村正直(訳書)，6の『文明論之概略』は福沢諭吉の著作である。　(2)　4は，1905年に来日中のタフト米国特使と桂太郎首相兼外相との間で結ばれた，日本による韓国の外交権掌握とアメリカによるフィリピン支配を相互承認した秘密協定の桂・タフト協定。1は1909年，2は高平・ルート協定で1908年，3は石井・ランシング協定で1917年，5は日米紳士協約で1908年のことである。

(3)　1861年に大久保利通の次男として生まれた牧野伸顕は遠縁の牧野家を継ぎ，外交官・政治家の道を歩んだ。1919年のパリ講和会議では次席全権として首席全権の西園寺公望を補佐し，人種的差別撤廃の提案を行ったが，アメリカ・イギリスなどの反対により採択されなかった。　(4)　日露戦争後，アメリカでは日本の国力伸長に対する警戒感が強まり，特に日本人移民が多い西海岸では，低賃金で長時間働く日本人移民の労働者によって仕事が奪われているとして，日本人移民排斥運動が起こった。その後，1908年の日米紳士協約による日本人労働者の移民規制を経て，1924年には「帰化不能外国人の入国禁止」(前々年に日本人がその対象とされていた)を付帯条項に入れた移民法改正，いわゆる排日移民法が施行された。　(5)　早稲田大学英文科中退後に国民時論社に勤めていた石川達三は，1930年にブラジルに移民して農場で働いたが，まもなく帰国した。1935年，この経験をもとにした小説『蒼氓』を発表し，第1回芥川賞を受賞した。　(6)　1932年，満州

国が建国されると，日本から満蒙(満州と内蒙古)開拓移民が送られる
ようになった。当初は満州国内の治安維持やソ連の侵攻に備えての武
装移民(屯田兵移民)を主体として日本人の人口増加を図ったが，1930
年に昭和恐慌が起こると，長野県や東北地方などの疲弊した農村から
家族そろって移民する人々が増えた。1937年の日中戦争勃発後は町村
単位で「過剰農家」を選別して移民させる分村移民が行われるように
なり，また満16歳から19歳の青少年による満蒙開拓青少年義勇軍が多
数送られた。　問3　(1)　札幌農学校で学び，クラークに感化されて
プロテスタントの洗礼を受けた内村鑑三(新渡戸稲造らとともに札幌バ
ンドと呼ばれる)は無教会派の絶対的平和主義の立場から，史料Ⅰのよ
うな「戦争絶対的廃止論」を唱えた。当時は万朝報の記者だったが，
同社が日露開戦是認論に転じると，4か月後の1903年10月にこれに反
対して，幸徳秋水・堺利彦とともに退社した。　(2)　1901年6月，第4
次伊藤博文内閣のあとを受けて第1次桂太郎内閣が成立し，日露戦争
に勝利する1905年の末まで続いた。桂太郎は長州藩出身の陸軍大将で
ある。これ以後，1913年2月に第3次桂太郎内閣が第1次護憲運動で退
陣するまでの12年間は，桂と公家出身で立憲政友会総裁の西園寺公望
が交互に政権を担ったため，桂園時代と呼ばれる。　(3)　『万朝報』は
1892年に黒岩涙香が創刊した日刊紙。紙名は「よろず重宝」をもじっ
たもので，囲碁・将棋・五目並べ・百人一首などの趣味欄にも力を入
れるなどして部数を伸ばし，最盛期には東京で一番の25万部の発行部
数を誇った。　(4)　史料Ⅱは1914年に第一次世界大戦で日本軍がドイ
ツの租借地だった山東半島の青島を占領した直後に『東洋経済新報』
主筆の石橋湛山が発表した青島非領有論で，石橋の小日本主義(政府の
拡張主義的政策を「大日本主義」として批判する主張)を代表する論説
である。　(5)　青島は中国の山東半島の南岸，膠州湾岸の港湾都市。
1897年，ドイツは宣教師2人が殺害された事件を理由に上海にいた東
洋艦隊を派遣して膠州湾岸に上陸，占領した。そして翌1898年に清国
政府との間で膠州湾岸を99年間租借する条約を結んで実質的に植民地
化し，中心都市の青島の要塞化を進めた。1914年に日本に占領された

のちは日本の租借地となったが，1922年のワシントン会議で結ばれた山東還付条約によって中国に返還された。　(6)　史料Ⅱ中に「我が国が【　イ　】と開戦し」とあるのでドイツ。1914年8月，第一次世界大戦が起こると，日本(第2次大隈重信内閣)は日英同盟を理由に三国協商(連合国)側で参戦し，ドイツに宣戦布告して青島や赤道以北のドイツ領南洋諸島の一部を占領した。　(7)　史料Ⅲは第一条で「国家ノ政策ノ手段トシテノ戦争ヲ放棄スルコトヲ…宣言ス」と，国際紛争の解決の手段として戦争に訴えないことを定めているので，1928年にパリで15か国によって調印された不戦条約。提唱者のアメリカ国務長官ケロッグとフランス外務大臣ブリアンの名を取ってケロッグ・ブリアン条約ともいう。　(8)　1927年に成立した田中義一内閣(首相が外相を兼任)は東方会議を開いて「対支政策綱領」を決定し，これ以降，3次にわたる山東出兵を行うなど，中国への積極外交を展開した。その一方で，欧米に対しては1924〜27年に加藤高明内閣・第1次若槻礼次郎内閣の外相幣原喜重郎が行った幣原外交と呼ばれる協調外交の方針を継承し，不戦条約にも内田康哉枢密顧問官を全権として派遣して調印した。　(9)　不戦条約第一条では「人民ノ名ニ於テ厳粛ニ宣言ス」と定めていた。そのため，翌1929年の批准に際し，日本では枢密院や右翼勢力がこれを天皇大権の侵犯，国体を毀損するものとして問題化した。世論も賛否両論に分かれて紛糾したが，田中内閣はこの部分は適用されないと宣言して批准した。　(10)　史料Ⅳは立憲民政党の衆議院議員斎藤隆夫が1940年2月の本会議で米内光政内閣の施政方針演説に対して行った，いわゆる「反軍演説」。日中戦争の目的と解決方法を質問したが，政府は明確に答えることができなかった。軍部，特に陸軍はこの演説を「聖戦目的の侮辱，英霊への冒瀆」と激しく攻撃して議会に圧力をかけ，斎藤は翌月に議員を除名された。　(11)　1940年1月，物価抑制政策などに失敗して総辞職した阿部信行内閣のあとを受けて，海軍大将米内光政を首班とする米内内閣が発足した。しかし「親英米的」と批判され，6月に近衛文麿が新体制運動に乗り出すと，陸相が辞任して陸軍が後任の陸相を推薦しない形で総辞職に追い

込まれ，第2次近衛内閣が発足した。　(12)　1938年1月に近衛首相が「国民政府を対手とせず」との第1次近衛声明を発して以降，日本は傀儡政権の統合をめざし，同年11月に「東亜新秩序建設」をめざす第2次近衛声明，12月には「善隣友好・共同防共・経済提携」の3条件を示した第3次近衛声明を発表した。その直前に国民政府の本拠の重慶から脱出させた汪兆銘に期待をかけたものだった。汪は1940年3月，南京に新国民政府を樹立させ，11月に主席となったが，弱体の傀儡政権のまま終わった。　(13)　史料Ⅴの「超国家主義の論理と心理」は，東京帝国大学法学部助教授の政治学者・思想史学者丸山真男による戦後初の論文である。丸山は戦争末期の徴兵経験などをもとに日本の軍国主義・超国家主義の特質を分析し，戦後日本の民主主義・自由主義の形成に大きな影響を与えた。　(14)　佐賀藩出身の久米邦武は維新後に太政官に出仕し，1871～73年の岩倉使節団に同行して記録係を務めた。その後，歴史学者になって帝国大学教授になったが，1891年に『史学会雑誌』に発表した論文「神道は祭天の古俗」が神道家や国学者に批判され，翌年に辞職した。　(15)　咢堂は尾崎行雄の号。もとの号は学堂だったが，1887年の保安条例で東京から追放された際の驚愕から愕堂に変え，のちに咢堂に改めた。　2　治安警察法ではなく保安条例。　4　司法大臣ではなく文部大臣。1898年のことで，共和演説事件で辞任した。　5　1912～13年の第1次護憲運動の時は立憲政友会に属していた。立憲国民党に属していたのは犬養毅らである。

【世界史】

【1】(1)　4　　(2)　4　　(3)　3　　(4)　2　　(5)　1　　(6)　1
　　(7)　3　　(8)　5　　(9)　2　　(10)　3
〈解説〉(1)　フェニキア人は海洋商業民族で，その文字がギリシアのアルファベットのもとになったことで知られる。1・2はヘブライ人について述べたもので，1は「バビロン捕囚」，2は出エジプトについて説明である。3はアラム人について，5は「海の民」についての説明である。　(2)　オの「エリュトゥラー海案内記」は季節風を利用したイン

ドとの交易について述べている。アはリディア(リュディア)についての説明，イはローマについての説明，ウはイスラームのカーリミー商人についての説明である。　(3)　義浄はインドからの帰路，シュリーヴィジャヤに立ち寄り，ここで『南海寄帰内法伝』を著したとされる。B群の『仏国記』は東晋の法顕，『大唐西域記』は唐の玄奘の旅行記である。　(4)　カーリミー商人はアイユーブ朝からマムルーク朝の時代にエジプトを拠点に紅海経由の香辛料貿易を行ったムスリム商人である。　1　唐の時代に広州や泉州に外国人居留地として蕃坊が置かれた。　3　ダウ船はムスリム商人の利用した三角帆の帆船である。
4　西欧の東方貿易(レヴァント貿易)の説明である。　5　東南アジアではマラッカ王国などがイスラーム化した。　(5)　ソグド人はイラン系の民族である。　4　安禄山は突厥とソグド人の混血児である。
5　「酔胡王」などの伎楽面にはソグド人を含むアーリア系人種の特徴(胡人型)が顕著だとされている。　(6)　ヴェネツィアは第4回十字軍を利用してビザンツ帝国を滅ぼし，ジェノヴァはビザンツ帝国の復興を援助するなど，両市は通商上のライバル関係にあった。　2　北ドイツではリューベックを盟主とするハンザ同盟が成立した。ロンバルディア同盟は神聖ローマ皇帝に対抗して北イタリアのロンバルディア地方に成立した都市同盟である。　3　シャンパーニュは定期市で知られた。また，ブレーメンは北ドイツの都市である。　4　司教座都市とはローマ帝政末期以来の司教座の置かれた都市で，こうした都市から自治都市が生まれた。　5　商人ギルドや同職ギルドは自由競争を抑えた排他的性格を持つ組織であった。　(7)　ウ　元代では補助通貨として交鈔が使われた。　キ　元代の駅伝制(ジャムチ)では大都を中心とする幹線道路に一定区間ごとに駅が置かれ，駅の周辺住民が馬や食料を提供した。　コ　元代に大運河が改修され，河道が従来の大運河より東寄りになり，大都までの距離が短縮された。アは唐，イとカは明，エは後漢，オは遼(契丹)，クは清，ケは宋の説明である。
(8)　モガディシュはアフリカ東岸に位置するスワヒリ文化圏の都市の一つ。20世紀にイタリア領ソマリランドの一部となった。　ア　カリ

カットは④のインド西岸の都市で説明はB。　イ　パレンバンは③のスマトラ島の都市で説明はA。　ウ　ホルムズは①のペルシア湾の都市で説明はC。　エ　マラッカは②のマレー半島の都市で説明はDとなる。　(9)　A　後期倭寇は明の海禁策を不満として活動した。B　明代後半に海禁策が緩和されたのは事実だが，後期倭寇の多くは中国人であったとされる。　D　アユタヤの日本町の指導者・山田長政がアユタヤ朝で影響力を持ったことが伝わっている。　E　アメリカから流入する銀は日本から輸入される銀とともに，一条鞭法導入の背景となったとされる。　(10)　A　ゴッホ(1853～90年)は19世紀オランダの後期印象派の画家である。　B　オランダ東インド会社が平戸に商館を建てたのは17世紀初め。　C　フリードリヒ2世(位1740～86年)は18世紀のプロイセンの国王である。

【2】(1)　①　ラス＝カサス　②　インディオの保護とキリスト教化を条件として，インディオとその土地に対する支配がスペイン人入植者に委託される制度。　(2)　①　ア　95か条の論題　イ　カール5世　ウ　諸侯はカトリック派とルター派のいずれも採用することができるが，領民個人には信仰の自由はなく，それぞれの諸侯の宗派に従うという原則を確認した。　②　ヘンリ8世が自身の離婚問題で教皇と対立，国王至上法(首長法)を制定しイギリス国教会を設立した。次のエドワード6世の時代には，一般祈祷書が制定されるなど教義面の改革が進んだ。次のメアリ1世はスペイン王室と結んでカトリック復活を企てた。その後，エリザベス1世が統一法を制定し，国教会が確立した。　(3)　①　ア　クレマンソー　イ　ドイツを包囲する戦線の一環として，東ヨーロッパやバルカン半島の国々を独立させた。また，ロシアが革命により社会主義国となったことで，社会主義がヨーロッパに波及することを防ぐ防疫線の役割をこの地域に期待した。ウ　領土面…・全ての海外植民地を放棄　・アルザス・ロレーヌをフランスに返還　・ドイツ東辺部(ポーランド回廊)をポーランドに割譲　・ダンツィヒやザールを国際連盟の管理下におく　から2つ

軍事面…・徴兵制禁止　　　・陸軍は10万人に制限　　　・航空機・戦車・潜水艦などの保有禁止　　・ラインラント非武装化　から2つ
エ　サン＝ジェルマン条約　　②　ア　1929年の世界恐慌により，ドイツでは失業者が急増し，社会不安が増大したにも関わらず，当時の政府は有効な手立てを打てなかった。こうした中，ナチ党は精力的な大衆宣伝により，既存政党に代わる受け皿として期待され，農民や中間層を中心に支持を広げていった。　　　イ　保守派や産業界は，共産党の台頭に危機感を抱いており，共産党に対抗できる勢力としてナチ党に期待した。　　　ウ　全権委任法　　③　ア　4　　イ　(ネヴィル＝)チェンバレン　　ウ　ヒトラーは1938年にオーストリアを併合した後，チェコスロヴァキアに対して，ドイツ人居住者が多いことを理由にズデーテン地方の割譲を迫った。この事態に対応するため，ミュンヘン会談が行われた。会議には英仏独伊の4カ国首脳が参加した。英仏側の宥和政策により，ズデーテン地方はヒトラーの要求通りドイツに割譲された。　　　④　1939年9月，ドイツはポーランドに侵入，英仏はドイツに宣戦し，第二次世界大戦が始まった。西部戦線において，当初は戦闘のない「奇妙な戦争」状態が続いたが，1940年5月，ドイツは攻撃を開始し，オランダ，ベルギー，ルクセンブルクを占領，フランスに侵攻して，パリを占領した。フランスは，北半はドイツに占領され，南半はペタン率いるヴィシー政府が統治したが，ド＝ゴールらはロンドンに亡命し，抗戦を主張した。イギリスはロンドン空襲などに耐え，ドイツ軍のイギリス上陸を阻止した。1941年，ドイツは不可侵条約を破り，ソ連に侵攻，独ソ戦が始まった。当初は，ドイツが優勢であったが，1943年，スターリングラードの戦いをきっかけに，戦いの主導権はソ連に移った。イタリアでは，ムッソリーニが失脚し，同年9月，連合軍がイタリア本土に上陸すると，バドリオ政府は無条件降伏し，枢軸国陣営の一角が崩れた。1944年，ノルマンディー上陸によって，第二戦線が形成された。これにより，ドイツは東西から挟撃されることになり，1945年5月，ベルリンが陥落し，ドイツは降伏した。

〈解説〉(1)　①　ラス＝カサスはエンコミエンダ制によりアメリカ先住民(インディオ)が疲弊していることを，『インディアスの破壊についての簡潔な報告』によって国王カルロス1世に伝えた。　②　エンコミエンダ制は植民者に統治を委託し，アメリカ先住民のキリスト教化を条件に，先住民を使役することを許可した制度で，この制度により先住民は酷使され，スペイン人の持ち込んだ旧大陸の病気の感染拡大とあいまって，人口を激減させたとされる。　(2)　①　ア　95か条の論題はマルティン＝ルターがローマ教会の贖宥状販売を問題視してヴィッテンベルク教会の門の扉に貼りだした。　イ　カール5世はハプスブルク家出身でスペイン王カルロス1世としても知られる。ヴォルムス帝国議会(1521)でルターが自説撤回を拒否すると帝国追放処分にした。　ウ　アウクスブルクの和議ではルター派は公認された。この結果，諸侯は領邦内でルター派かカトリックかを選択できるようになったが，領民は領主の宗派を信仰する形となったため，個人に信仰の自由は無く，またカルヴァン派は認められなかった。　②　イギリス国教会は，教義はプロテスタントからとりいれたが，儀式はカトリックの形を残した。プロテスタントではあるがピューリタンなど非国教徒とは対立し，名誉革命後は国家宗教として確立した。

(3)　①　ア　クレマンソーは急進社会党の政治家で，パリ講和会議では対独強硬路線を主張して，フランスの国威回復を図った。　イ　民族自決の原則はドイツ・オーストリア・ロシアの三帝国崩壊後に生まれたヨーロッパの新興国に対してしか適用されなかった。こうした新興国はドイツを東方から取り囲むような形に位置しており，ポーランドとチェコスロヴァキアはロカルノ条約に加盟してドイツ包囲の一環を担った。また一方で，ポーランドがソ連との戦争で国土を東方に広げているようにソ連の勢力が西方に及ぶのを封じ込める意味も持たされていた。　ウ　これらの厳しい条件はドイツ人の不満を招き，のちにナチスの政権掌握の一因となった。　エ　この条約により，オーストリアからはチェコスロヴァキア，セルブ＝クロアート＝スロヴェーン王国(後のユーゴスラヴィア)，ポーランド，ハンガリーなどが独立

し，面積・人口が大戦前の4分の1となった。　②　ア　ナチ党のユダヤ人排斥，ヴェルサイユ体制打破などの過激な主張は当初支持を得なかったが，世界恐慌の影響で社会不安が広がると，ナチ党の大衆宣伝に動かされた農民や中間層がナチ党を支持するようになった。

イ　世界恐慌後，共産党が勢力を伸ばすと，これを警戒する保守層・軍部が抑止力としてナチ党に期待するようになり，支持に回ったことで，ナチ党の党勢は急速に拡大していった。　ウ　全権委任法は授権法とも呼ばれ，政府に国会や大統領の承認無しでの立法を認めた法だった。この結果，立法権を得た政府の権限が拡大し，ナチ党の独裁へとつながったとされる。　③　ア　ミュンヘンは南ドイツのバイエルンの都市。現在はバイエルン州の州都となっている。第一次世界大戦後，ヒトラーが一揆を起こした都市としても名高い。　イ　ネヴィル＝チェンバレンは南アフリカ戦争を引き起こしたジョセフ＝チェンバレンの次男。ナチス・ドイツを共産勢力への抑止力と考えて，対独宥和政策を行ったことで知られる。　ウ　ミュンヘン会談はドイツがチェコスロヴァキアに対し，ドイツ人居住地域であるズデーテン地方の割譲を要求した問題を解決するために開催された。会談にはイギリスのネヴィル＝チェンバレン，フランスのダラディエ，ドイツのヒトラー，イタリアのムッソリーニが参加したが，チェコスロヴァキアやソ連の代表は招かれず，会談は当事者の一方を欠いた形で進められた。この会談でも英仏は宥和政策を採用した結果，ミュンヘン協定ではドイツはこれを最後の領土的要求とするとした上で，ズデーテン地方のドイツへの割譲が勧告された。　④　第二次世界大戦は，世界経済恐慌後ファシズム政治体制を確立した日・独・伊などの枢軸国と，米・英・仏・ソなどの連合国との間で行なわれた世界的規模の戦争。1939年9月，ドイツのポーランド侵入によって開始され，英・仏の対独戦争，独ソ戦争，太平洋戦争と拡大した。はじめ，枢軸国が優勢であったが，1942年頃から連合国側の総反撃が始まり，1943年2月の日本軍のガダルカナル撤退，スターリングラード(ボルゴグラード)におけるドイツ軍の壊滅で枢軸国側の敗色が濃厚となり，同年9月にイタリア，

1945年5月にはドイツが降伏。そして日本もソ連の対日参戦とアメリカの広島・長崎への原子爆弾投下によって同年8月15日に降伏，大戦

【地理】

【1】問1　(1)　1　　(2)　2　　(3)　5　　(4)　①　4　　②　2

(5)　4　　(6)　3　　(7)　1　　(8)　5　　(9)　5

〈解説〉(1)　アフリカは全体的に海岸沿いの低地が少なく，台地状の大陸だが，赤道を西から進んだとき，ガボン，コンゴ共和国，コンゴ民主共和国，ウガンダ，ケニア，ソマリアで，コンゴ民主共和国にはコンゴ川が流れるコンゴ盆地があることに注意。次に，アフリカ東部は大地溝帯が南北に走り，ビクトリア湖は東西に分かれた溝の中にあり，標高は1,000m近い。5,000mを越えるケニア山はほぼ赤道直下にある。公開解答は1となっているが，3200km～3600kmの最も標高が高い部分が5000mのラインを超えておらず，この部分が5000mを超えれば正しいと思われる。　(2)　アフリカ北部のアトラス山脈は地中海に面する新期造山帯である。　(3)　アラビア半島の大部分を占める国はサウジアラビア。首都はリヤドで，聖地メッカを有する。原油の埋蔵量1位はベネズエラ。イエメンはアラビア半島南西部の国で，エリトリア，ジブチ，ソマリアと近い。オマーンはアラビア半島東部の国。カタールはペルシア湾に面した小国だが，天然ガスの生産が多く，日本の輸入先第3位。イスラエルは地中海に面している。　(4)　①　日本列島は4つのプレートの上にある。東北地方は大陸プレートの北アメリカプレートの下に，海洋プレートの太平洋プレートが沈み込んでおり，そこに日本海溝が形成されている。日本列島の南西部はユーラシアプレートにフィリピン海プレートが沈み込んでいて，南海トラフが形成されている。相模トラフは，北アメリカ，太平洋，そしてフィリピン海プレートが複雑に交差した位置にある。　②　海岸の地形には，陸地が隆起あるいは海面の低下によって形成される離水地形と，陸地が沈降あるいは海面の上昇によって形成される沈水地形がある。前者は主に海岸平野，海岸段丘，後者はリアス海岸，フィヨルド，多島海な

どがある。選択肢2の地形は多島海で，海面の上昇または陸地が沈降することによってできる。　(5)　香川県は平野の割合が大きいので，可住地面積の割合が大きい4が香川県。　(6)　亜寒帯気候は北半球にしかないことから，候補は2，3，4。そのうちETのある4は南アメリカ。熱帯気候区の割合の高い2がアフリカ，3がオーストラリアと考える。Dwのある5がユーラシア大陸，1は北アメリカ。　(7)　文意から迷わせるような部分もあるが(ラテライト性はラトソルのこと。)，丁寧に判読し，選択肢の組合せで確認するとよい。　(8)　月平均気温が最高で18度，最低で3度であるから温帯気候。降水量は冬に多く夏に少ないが，最少雨月でも40mm程度はあるため，地中海性気候に近い西岸海洋性気候に該当する。地名は断定できないがおおよそ1はロンドン，2はキエフ，3はウランバートル，4はハバロフスク，5はヴァンクーバーとすると，ロンドンは年間を通じて降水量は変わらないため5を選ぶことになるが，判定は微妙である。　(9)　バナナの世界の生産量ではインドと中国が多いが，輸出よりも国内消費が多い。世界の貿易量における輸出第1位はエクアドル，次いでフィリピン，コスタリカ。エクアドルは日本の輸入先第2位。図5中の1はフランス，2はタイ，3はベトナム，4はオーストラリア，5はエクアドルである。

【2】(1)　①　伊能忠敬　　②　主に海岸線や街道筋の測量を行った。③　a　三角　　b　水準　　c　電子　　(2)　①　天橋立は湾内を流れる潮流と風によって運ばれた砂が堆積して湾央にできた砂州(湾央砂州)と呼ばれる地形であり，阿蘇海は天橋立によって外界と隔てられたラグーン(潟湖)と呼ばれる地形である。　　②　(i)　大正8年から平成14年までの間に，智恩寺の東を発着する渡船の航路が変更されている。また，海岸線に沿って単線の鉄道が開通しており，「あまのはしだて駅」の南には，特殊鉄道(鋼索鉄道・リフト・ケーブルカー)が出来た。(ii)　35％　　(3)　①　氷河の侵食作用によって形成された，鋭く尖った岩峰である。　　②　カール　　③　この尾根は南北に伸びており，尾根の東側は積雪に都合のよい谷地形となっていることから，西(北

西)から吹く冬の季節風に対して風下となる東側の斜面には，風上側で吹き払われた雪が多く積もり，その雪が夏にも溶けきらずに残るため。

問2 (1) [A] スカンディナヴィア山脈 [B] バルト海
[C] ペニン山脈 [D] ピレネー山脈 [E] アドリア海
[F] ドナウ川 (2) 沿岸を北上する暖流の北大西洋海流の影響で海水温が高いため。 (3) ① b ② 緩傾斜した硬岩層と軟岩層の互層が侵食されてできた非対称の断面形をもつ丘陵状の地形である。 (4) 4 (5) ① シェンゲン協定 ② 一人当たりのGDPの水準は東ヨーロッパ諸国が相対的に低い一方，一人当たりGDPの伸びは東ヨーロッパが高くなっている。 (6) い，え (7) 第3のイタリア(サードイタリー) (8) 途上国を含むすべての参加国が，温室効果ガス削減に向けて自国の決定する排出削減目標を提出し，目標達成に向けた取り組みを実施することを規定しているため。

〈解説〉問1 (1) ① 日本最古の地図は，奈良時代の僧，行基によるとされる行基図がある。米俵のような形状を並べたもので，日本のおおよその形がわかる。伊能忠敬は江戸時代後期の人物で，日本全国を歩いて測量し，大日本沿海輿地全図を作ったが，本人は完成を見ずに死去。 ② 伊能忠敬らは，基本的に徒歩で海岸線を歩き測量を行ったため，海岸線は非常に正確に描かれているが，そこから離れた未踏の内陸部などについては測量が及ばなかった。 ③ GNSSは全地球測位システム(Global Navigation Satellite System)のことで，現代では，日本の国土地理院が全国1,300カ所にGNSSの観測点である電子基準点を設けている。これによって測量は，より正確に，より迅速に行われるようになった。三角点は距離と方位を，水準点は高さを測量する際に用いる。 (2) ① 天橋立は砂州の地形だが，日本海に面した宮津湾の湾口ではなく，その奥の湾央に砂礫が堆積してできており，湾内の潮流と風積作用によって，砂礫が堆積したと考えられている。外海と隔てられた阿蘇海はラグーン(潟湖)。潟湖を形成しない伸びたままの砂礫は砂嘴，陸地とつながっていない場合は沿岸州，陸地と島を結ぶと陸繋砂州。 ② (i) 図4を見ると渡船(通常はフェリー，ここでは

観光船)が見られるが，図3では対岸と結んでいる。図4では小天橋，大天橋ができたため不要となったことがわかる。「あまのはしだて駅」を通る単線の鉄道，「もんじゅ」と「ビューランド」を結ぶ索道と特殊鉄道(実際はリフトとモノレール)もできたことがわかる。

(ii)　2万5千分の1地形図において，1.36cmは1.36×25000＝34000〔cm〕＝340〔m〕。ビューランド駅の標高は130m，もんじゅ駅10mとすると，標高差は120m。勾配は120÷340＝0.353，したがって35％となる。　(3)　①　氷河地形は，氷河が重みで滑り落ちるときに地表を削り，様々な特徴のある地形を形成する。大きなものではU字谷，尖った岩峰はホルンまたはホーン，丸くお椀状にえぐられたカール(圏谷)，削られた跡地に水がたまると氷河湖，さらに，削った岩石を平野部に堆積させるモレーン(氷堆石)などがある。　②　上記①の通り，氷河は流下する際に大きく削り取るとホルンができる一方で，えぐり取られた地形はカールとなる。　③　別山から真砂岳に至る東側のドット(実際の地形図では水色)が，万年雪の地図記号である。別山から真砂岳にかけては，尾根線を通る徒歩道があり，西側が急斜面，東側がカールになっていることがわかる。等高線を横切るような線は雨裂という溝を表す。日本の冬は北西の季節風が風雪をもたらすが，尾根の西側に降った雪は急斜面を流出するのに対し，東斜面ではカールに堆積するため，万年雪が融解せずに残る。　問2　(1)　Ａ　スカンディナビア半島にあるスカンディナビア山脈で，ノルウェー，スウェーデンにまたがる。　Ｂ　バルト海はスウェーデンとフィンランド，バルト3国とポーランド，ドイツ，デンマークなどに囲まれる。

Ｃ　イギリスの脊梁山脈はペニン山脈。イタリアはアペニン山脈。Ｄ　フランスとスペインの間はピレネー山脈。　Ｅ　イタリアとクロアチアの間はアドリア海。　Ｆ　ドナウ川はライン川と共にヨーロッパの水運を担う国際河川で，黒海に注ぐ。　(2)　ハンメルフェストは北緯70度にあるノルウェーの都市。暖流の北大西洋海流が北極圏以北にまで到達するため，海が凍ることはなく，不凍港である。スカンディナビア半島ではキルナやイェリヴァレなどの鉄山があるが，冬季

はボスニア湾が凍結するため，ノルウェーのナルヴィク港を利用している。 (3) ケスタは，傾斜した構造平野における地層のうち，軟層が侵食され，硬層が残ることによって，急崖と平野が交互に現れる地形である。ロンドンはパリ同様，ケスタにある。 a マドリードはスペインの高原メセタ上の盆地にある。 c・d ベルリンは北ドイツ平原に，ローマは海には面していないが，テヴェレ川の下流に広がる平野部にある。一般的にケスタは非対称の断面形と言われる。

(4) 2018年ということなので，イギリスのEU離脱前として検討するが，いずれも機械類の相互貿易が多く判別は難しい。機械類と自動車以外の品目をヒントに解答する。 1 ロンドンは国際金融センターの役割を果たしておりイギリスは金が多い。 2 航空機が多いフランス。 3 世界的に有名な医薬品企業であるバイエル製薬があるドイツ。 4 地中海性気候で野菜・果実の輸出が多いスペイン。

5 衣類からイタリア。 (5) ① EUの取組みのなかで，統一通貨ユーロとともに，出入国管理をなくしたシェンゲン協定の存在は大きい。国境を自由に行き来できるようになったが，EU加盟国の中でも既に離脱したイギリスのほか，アイルランドやブルガリア，キプロスなどは非加盟。一方でEU加盟国ではないが，スイスやリヒテンシュタインは加入している。 ② 一人当たり名目GDPは，西ヨーロッパと比較して東ヨーロッパが低いことがわかる。しかし旧ソ連の中でもバルト3国のラトビアとリトアニアは，ロシア連邦が中心となるCISには加入せずに既にEUに加盟しているように，西側入りを果たし，実質GDPの伸びが大きい。またポーランドは，安価な労働力が豊富なことから人件費削減を求める西側からの工場の移転が多く，GDP伸長に貢献している。 (6) ゲルマン諸語を話し，キリスト教プロテスタントを信仰する民族をゲルマン民族といい，北西ヨーロッパに多い。あ〜おの中では，イギリスとドイツが該当する。スペイン，フランス，イタリアの3国はラテン系言語で，キリスト教カトリックを信仰するラテン民族。 (7) イタリアは第二次世界大戦後，伝統的な技術を持つ北部を中心に，第3のイタリアと呼ばれる地域の発展が進んだ。服飾品・皮

革・宝飾・家具などにおいて，大企業による工場生産品ではなく腕の
いい職人による伝統があり，安価な大量生産品とは一線を画し，ブラ
ンドとしての価値を誇っている。　　(8)　地球温暖化防止京都会議にお
いて決議された京都議定書では，先進国における温室効果ガス排出削
減目標を設定したが，最大の排出国である中国には削減義務がないこ
と，アメリカが離脱を表明するなど，公平さに欠けるものであった。
2015年COP21において採択されたパリ協定は，すべての参加国が削減
目標を定めるという画期的な協定となった。

公 民 科

【共通問題】

【1】(1)　ア　4　　イ　5　　ウ　5　　エ　1　　オ　3　　(2)　ア　4
　　イ　5　　ウ　5　　エ　1　　オ　3
〈解説〉(1)　ア　最高裁長官の任命を行うのは天皇である。内閣が行う
　のは最高裁長官の指名と，長官以外の最高裁裁判官の任命。また，下
　級裁判所の裁判官の任命も最高裁による指名名簿に基づいて内閣が行
　う。　イ　憲法第27条第2項には「賃金，就業時間，休息その他の勤
　労条件に関する基準は，法律でこれを定める」とあり，条例は地方公
　共団体が制定する法令である。　ウ　イギリスでは，上院は貴族院で
　あり，公選議員はいないが，下院議員はすべて小選挙区制によって選
　出されている。　1　下院に関する記述。　2　上院に関する記述。
　3　直接選挙で選出される。　4　下院に関する記述。　エ　東京23区
　(特別区)は市町村に準じる存在だが，特別地方公共団体に分類される。
　普通地方公共団体は都道府県と市町村のみである。　オ　住民によっ
　て制定の請求がなされた条例案は，議会で制定の可否が決する。
　1　原則として$\frac{1}{3}$以上の署名が必要で，請求先は知事。　2　原則とし
　て$\frac{1}{3}$以上の署名が必要で，請求先は選挙管理委員会。　　5　事務の

監査は原則として$\frac{1}{50}$以上の署名が必要で，請求先は監査委員。

(2)　ア　エリクソンは，青年期の発達課題をアイデンティティの確立に求め，青年期をその達成のために社会的責任が免除されたモラトリアムの期間とした。　2　精神分析学の祖。　3　欲求階層説を唱えた。5　人格の形成について研究した。　イ　グロティウスは「公海自由の原則」を唱えた『海洋自由論』も著している。　1，2　いずれも王権神授説の論者。　3　「王といえども神と法の下にある」と唱えた法律家。　4　現代人の社会的性格を他人指向型とした社会学者。

ウ　和辻哲郎は人間を間柄的存在とした。　1　日本の神の原型を「まれびと」に求めた民俗学者。　2　禅を世界に紹介した仏教学者。3　戦前に自説を弾圧されたこと(津田事件)で知られる歴史学者。4　主客未分の純粋経験を真の実在とした哲学者。　エ　他民族の文化を劣ったものとする態度を，エスノセントリズムという。　2　高貴な者が負う責務のこと。　3　パース，ジェームズ，デューイらが唱えた哲学。行為の結果によって真理を判断しようとする。　4　アリストテレスが唱えた実践知のこと。　5　多文化共生主義のこと。オ　ヘーゲルは，人倫の最初の段階は家族であり，国家は家族と市民社会が止揚することで成立する人倫の最高形態とした。

【政治・経済】

【1】(1)　ア　あ　チャーチル　い　北大西洋条約　う　ネルーえ　バンドン　お　キューバ　か　クウェート　イ　国際平和への脅威，平和の破壊および侵略行為が存在すると思われるにもかかわらず，常任理事国の全会一致の合意が得られないために安全保障理事会が行動をとれない場合。　ウ　i　パキスタン　ii　中国iii　国際原子力　エ　b, c　(2)　ア　i　在庫　ii　コンドラチェフ　イ　関税及び貿易に関する一般協定(GATT)　ウ　カルテルエ　フレックスタイム制　オ　①　貿易・サービス収支と第一次所得収支と第二次所得収支の合計　②　i　高い　ii　1.5(3)　ア　断食月　イ　福音書　ウ　煩悩の炎が吹き消された悟り

の世界(涅槃)は，安らぎの境地であるということ。

〈解説〉(1)　ア　あ　チャーチルは東西ヨーロッパの分断を「鉄のカーテン」と表現した。　い　NATOのこと。冷戦後も現存する。う　ネルーはインドの初代首相であり，第三世界の結集を提唱した。え　第1回アジア・アフリカ会議はバンドン会議とも呼ばれることがある。　お　米ソはキューバ危機と呼ばれる核戦争寸前の対立におちいった。　か　クウェートの解放のため，安保理決議により多国籍軍が派遣された。　イ　安全保障理事会の実質事項の決議では，常任理事国には拒否権が認められている。そのために安保理が有効に機能しない場合に，緊急特別総会が招集され，安保理に代わって必要な措置を勧告できるとしたのが，「平和のための結集」決議。朝鮮戦争時にアメリカの主導で決議された。　ウ　i　インドの隣国で対立関係にあるパキスタンも，核兵器を保有している。　ii　NPT締結以前に核兵器を保有していた国々の核兵器保有は認められている。　iii　IAEAは国際原子力機関の略称。核兵器の開発を行っていないことを明らかにするため，核兵器の非保有国はIAEAによる査察などを受けることになっている。　エ　aとeは2001年の出来事。テロ対策特別措置法に基づき，「テロとの戦い」のためにアフガニスタン侵攻した多国籍軍に対し，日本の海上自衛隊が給油支援などを実施した。dは1993年の出来事で，合意に基づきパレスチナ自治政府が発足した。fは1972年の出来事。同年に中国との関係改善を目指し，アメリカのニクソン大統領が訪中していた。　(2)　ア　i　キチンの波は在庫投資の変動が要因とされている。　ii　経済学者のコンドラチェフがその存在を指摘したことにちなみ，シュンペーターによってコンドラチェフの波と命名された。　イ　第二次大戦後，ITO(国際貿易機構)の設立が計画されたが頓挫し，その代替としてGATTが締結された。1980年代から実施されたGATTの多角的貿易交渉であるウルグアイラウンドの合意により，1995年にWTO(世界貿易機関)が設立され，GATTの機能が発展的に継承された。　ウ　カルテルは，独占の形態の一つ。企業連合と訳される。わが国の現行の独占禁止法では，カルテルは全面的に禁止されて

いる。また，同種の企業同士の合併をトラスト(企業合同)，様々な業種の複数の企業を傘下に置くことをコンツェルン(企業連携)という。
エ　わが国では，フレックスタイム制は変形労働時間制の一種として，労働基準法によって導入が認められている。フレックスタイム制において，労働者が必ず勤務していなければならない時間帯をコアタイム，勤務の有無を労働者の判断に委ねられる時間帯をフレキシブルタイムという。　オ　①　第一次所得収支は海外投資によって得た利子や配当などの所得が計上され，第二次所得収支は海外への義援金などが計上される。なお，経常収支＋資本移転等収支－金融収支＋誤差脱漏＝0の関係にある。　②ⅰ　いずれの財もX国の方が少ない労働力で生産できる。　ⅱ　X国は綿織物の生産に特化すれば，綿織物を12÷4で3単位生産できる。Y国は，ぶどう酒の生産を1単位増やそうとすれば，綿織物を生産する労働者は10人に減るため，綿織物の生産量も10÷20で0.5単位に減る。両国による綿織物の生産量合計は3.5単位となり，特化前の2単位より1.5単位増える。　(3)　ア　断食月とはラマダーンの訳。ラマダーンはイスラム暦の第9月であり，この期間中，イスラム教徒は日中の飲食を控えることになっている。また，この断食のことをサウムというが，これはイスラム教徒の5つの義務(五行)の一つとされている。　イ　福音書とは，イエスの言行録であり，『新約聖書』には「マルコによる福音書」「マタイによる福音書」「ルカによる福音書」「ヨハネによる福音書」があり，四福音書と呼ばれている。なお，福音とは本来，「良い知らせ」の意味。　ウ　諸行無常は世の中のものは絶えず変化していること，諸法無我はすべての事物は因果によって成り立っており，個として独立した実体は存在しないことを意味する。また，四法印のうち，一切皆苦を除いた3つは三法印と呼ばれている。

【倫理】

【1】(1)　ア　ⅰ　在庫　　ⅱ　コンドラチェフ　　イ　関税及び貿易に関する一般協定(GATT)　　ウ　カルテル　　エ　フレックスタイム制
オ　①　貿易・サービス収支と第一次所得収支と第二次所得収支の合

計　②　i　高い　　ii　1.5　　(2)　ア　①　A　存在する
B　生きる　　②　b　　③　フラストレーション　　イ　①　「アヒン
サー」は不殺生・非暴力と訳される。常に非暴力的な手段で暴力に抵
抗するよう促した。「ブラフマチャリアー」は自己浄化と訳される。
欲望などを制限することによって，身体と精神を浄化し，真理を実現
しようとした。　　②　倫理は，自己の生に対すると同様な生への畏
敬をすべての生きようとする意志にささげたいという要求を体験する
ことにある。これによって，道徳の根本原理は与えられたのである。
すなわち，生を保持し，促進するのは善であり，生を破壊し，生を阻
害するのは悪である。　　③　人名…湯川秀樹　　会議名…パグウォ
ッシュ会議　　④　ゲルニカ　　(3)　ア　断食月　　イ　福音書
ウ　煩悩の炎が吹き消された悟りの世界(涅槃)は，安らぎの境地であ
るということ。

〈解説〉(1)　ア　i　キチンの波は在庫投資の変動が要因とされている。
ii　経済学者のコンドラチェフがその存在を指摘したことにちなみ，
シュンペーターによってコンドラチェフの波と命名された。　　イ　第
二次大戦後，ITO(国際貿易機構)の設立が計画されたが頓挫し，その代
替としてGATTが締結された。1980年代から実施されたGATTの多角的
貿易交渉であるウルグアイラウンドの合意により，1995年にWTO (世
界貿易機関)が設立され，GATTの機能が発展的に継承された。
ウ　カルテルは，独占の形態の一つ。企業連合と訳される。わが国の
現行の独占禁止法では，カルテルは全面的に禁止されている。また，
同種の企業同士の合併をトラスト(企業合同)，様々な業種の複数の企
業を傘下に置くことをコンツェルン(企業連携)という。　　エ　わが国
では，フレックスタイム制は変形労働時間制の一種として，労働基準
法によって導入が認められている。フレックスタイム制において，労
働者が必ず勤務していなければならない時間帯をコアタイム，勤務の
有無を労働者の判断に委ねられる時間帯をフレキシブルタイムとい
う。　　オ　①　第一次所得収支は海外投資によって得た利子や配当な
どの所得が計上され，第二次所得収支は海外への義援金などが計上さ

れる。経常収支＋資本移転等収支－金融収支＋誤差脱漏＝0の関係にある。　②　いずれの財もX国の方が少ない労働力で生産できる。X国は綿織物の生産に特化すれば，綿織物を12÷4で3単位生産できる。Y国は，ぶどう酒の生産を1単位増やそうとすれば，綿織物を生産する労働者は10人に減るため，綿織物の生産量も10÷20で0.5単位に減る。両国による綿織物の生産量合計は3.5単位となり，特化前の2単位より1.5単位増える。　(2)　ア　①　『エミール』はルソーによる書で，エミールという名の一人の少年の成長を描くとともに，自身の教育論を展開している。同書の中で，ルソーは青年期を，自我を持つ社会的存在としての新たな誕生，すなわち「第二の誕生」の時期とした。

②　(1)　どちらも「～したい」欲求だから，接近―接近型。

(2)「～したい」欲求と「～したくない欲求」の組み合わせだから，接近―回避型。　(3)　どちらも「～したくない」欲求だから，回避―回避型。　③　フラストレーションとは欲求不満のこと。フラストレーション反応は，合理的反応，近道反応，防衛機制に大別できる。また，防衛機制とは，欲求不満から無意識的に心を守ることをいい，例としては，昇華，合理化，抑圧，反動形成などがある。　イ　①　ガンディーはヒンドゥー教の思想に基づく，非暴力・不服従運動によって，インド独立を実現した。その思想は，南アフリカで人種差別に対する反対運動に関わる中で育まれ，後のアメリカ公民権運動の指導者であるキング牧師らにも影響を与えた。　②　シュヴァイツァーは，アフリカで医療活動やキリスト教の伝道に従事する中で，「生命の畏敬」の思想にたどり着いた。また，ノーベル平和賞を受賞し，「密林の聖者」とも呼ばれたが，その思想は白人優位主義的とする批判もある。　③　湯川秀樹は，中間子の存在を予想した業績により，1949年にノーベル物理学賞を受賞した。これが日本人初のノーベル賞受賞だった。また，パグウォッシュは，カナダの小都市である。パグウォッシュ会議は，1995年にノーベル平和賞を受賞している。　④　ゲルニカとは，スペイン北部のバスク地方にある町。1937年4月，反政府側であるフランコ軍を支援するため，ナチス・ドイツ軍がこの町を無差別爆撃し，

一般市民を大量殺戮した。ピカソの作品『ゲルニカ』は，その際の市民たちを描いた作品である。　(3)　ア　断食月とはラマダーンの訳。ラマダーンはイスラム暦の第9月であり，この期間中，イスラム教徒は日中の飲食を控えることになっている。また，この断食のことをサウムというが，これはイスラム教徒の5つの義務(五行)の一つとされている。　イ　福音書とは，イエスの言行録であり，『新約聖書』には「マルコによる福音書」「マタイによる福音書」「ルカによる福音書」「ヨハネによる福音書」があり，四福音書と呼ばれている。なお，福音とは本来，「良い知らせ」の意味。　ウ　諸行無常は世の中のものは絶えず変化していること，諸法無我はすべての事物は因果によって成り立っており，個として独立した実体は存在しないことを意味する。また，四法印のうち，一切皆苦を除いた3つは三法印と呼ばれている。

●書籍内容の訂正等について

　弊社では教員採用試験対策シリーズ（参考書，過去問，全国まるごと過去問題集），公務員試験対策シリーズ，公立幼稚園・保育士試験対策シリーズ，会社別就職試験対策シリーズについて，正誤表をホームページ（https://www.kyodo-s.jp）に掲載いたします。内容に訂正等，疑問点がございましたら，まずホームページをご確認ください。もし，正誤表に掲載されていない訂正等，疑問点がございましたら，下記項目をご記入の上，以下の送付先までお送りいただくようお願いいたします。

---

① **書籍名，都道府県（学校）名，年度**
　（例：教員採用試験過去問シリーズ　小学校教諭 過去問　2025年度版）
② **ページ数**（書籍に記載されているページ数をご記入ください。）
③ **訂正等，疑問点**（内容は具体的にご記入ください。）
　（例：問題文では"ア〜オの中から選べ"とあるが，選択肢はエまでしかない）

〔ご注意〕

○ 電話での質問や相談等につきましては，受付けておりません。ご注意ください。

○ 正誤表の更新は適宜行います。

○ いただいた疑問点につきましては，当社編集制作部で検討の上，正誤表への反映を決定させていただきます（個別回答は，原則行いませんのであしからずご了承ください）。

●情報提供のお願い

　協同教育研究会では，これから教員採用試験を受験される方々に，より正確な問題を，より多くご提供できるよう情報の収集を行っております。つきましては，教員採用試験に関する次の項目の情報を，以下の送付先までお送りいただけますと幸いでございます。お送りいただきました方には謝礼を差し上げます。

（情報量があまりに少ない場合は，謝礼をご用意できかねる場合があります）。

◆あなたの受験された面接試験，論作文試験の実施方法や質問内容

◆教員採用試験の受験体験記

送付先
○電子メール：edit@kyodo-s.jp
○FAX：03-3233-1233（協同出版株式会社　編集制作部 行）
○郵送：〒101-0054　東京都千代田区神田錦町2-5
　　　　　　協同出版株式会社　編集制作部 行
○HP：https://kyodo-s.jp/provision（右記のQRコードからもアクセスできます）

※謝礼をお送りする関係から，いずれの方法でお送りいただく際にも，「お名前」「ご住所」は，必ず明記いただきますよう，よろしくお願い申し上げます。

教員採用試験「過去問」シリーズ

大阪府・大阪市・堺市・豊能地区の 社会科 過去問

編　集	Ⓒ 協同教育研究会
発　行	令和6年1月25日
発行者	小貫　輝雄
発行所	協同出版株式会社
	〒101-0054　東京都千代田区神田錦町2‐5
	電話　03−3295−1341
	振替　東京00190−4−94061
印刷所	協同出版・POD工場

落丁・乱丁はお取り替えいたします。